O ECONOMISTA CLANDESTINO ATACA NOVAMENTE!

TIM HARFORD

O ECONOMISTA CLANDESTINO ATACA NOVAMENTE!

Tradução de
PEDRO SETTE-CÂMARA

1ª edição

EDITORA RECORD
RIO DE JANEIRO • SÃO PAULO
2016

CIP-BRASIL. CATALOGAÇÃO NA PUBLICAÇÃO
SINDICATO NACIONAL DOS EDITORES DE LIVROS, RJ

H241e
Harford, Tim
O economista clandestino ataca novamente! Como arrumar ou arruinar uma economia / Tim Harford; tradução de Pedro Sette-Câmara. – 1ª ed. – Rio de Janeiro: Record, 2016.

Tradução de: The undercover economist strikes back!
How to run or ruin an economy
Inclui índice
ISBN 978-85-01-10771-8

1. Economia – Macroeconomia – História econômica.
I. Sette-Câmara, Pedro. II. Título.

16-34621
CDD: 330.9
CDU: 330(09)

Copyright © Tim Harford, 2013

Título original em inglês: The undercover economist strikes back! How to run or ruin an economy

Todos os direitos reservados. Proibida a reprodução, armazenamento ou transmissão de partes deste livro, através de quaisquer meios, sem prévia autorização por escrito.

Texto revisado segundo o novo Acordo Ortográfico da Língua Portuguesa.

Direitos exclusivos de publicação em língua portuguesa para o Brasil adquiridos pela
EDITORA RECORD LTDA.
Rua Argentina, 171 – 20921-380 – Rio de Janeiro, RJ – Tel.: (21) 2585-2000, que se reserva a propriedade literária desta tradução.

Impresso no Brasil

ISBN 978-85-01-10771-8

Seja um leitor preferencial Record.
Cadastre-se e receba informações sobre nossos lançamentos e nossas promoções.

Atendimento e venda direta ao leitor:
mdireto@record.com.br ou (21) 2585-2002.

Para Herbie.

Sumário

Introdução   9

1. A economia: manual do usuário   23
2. A recessão do *baby-sitting*   39
3. Moeda, moeda, moeda   59
4. Inflação na medida certa   83
5. Estímulo   103
6. A recessão no campo de prisioneiros   127
7. Hiatos de produção   143
8. A invenção do desemprego   155
9. A economia da gestão   177
10. As sereias da macroeconomia   187
11. O culto do PIB   207
12. A economia da felicidade   225
13. Pode o crescimento continuar para sempre?   239
14. Desigualdade   251
15. O futuro da macroeconomia   271

Fontes   283
Agradecimentos   285
Notas   287
Índice   297

Introdução

1. Uma apresentação extravagante

London School of Economics, poucas semanas antes do Natal de 1949. O Seminário Lionel Robbins está prestes a começar; esse prestigioso evento figura na mais absoluta vanguarda do pensamento econômico do pós-guerra. Robbins, um gigante da economia, fez da LSE a rival da Cambridge de John Maynard Keynes, recrutando futuros prêmios Nobel como Friedrich Hayek, John Hicks, Arthur Lewis e James Meade. Mas esse seminário será diferente — Meade convenceu Robbins a convidar um palestrante improvável: um neozelandês baixinho e tímido que fuma sem parar, um aluno mais velho que acabou de fracassar em sua tentativa de obter um diploma com honras em Sociologia.

Não é o homem — nem seu inseparável cigarro — que atrai os olhares. O protegido de James Meade trouxe consigo um aparelho extraordinário — uma excêntrica engenhoca que parece um *playground* de aventuras para peixes inexistentes, com mais ou menos meia dúzia de tanques transparentes unidos por uma rede de tubos, diques e comportas cheios de água tingida de um rosa profundo com corante de cochinilha. Algo que um gênio insano talvez produzisse caso lhe encomendassem um relógio d'água. O que aquilo poderia ter a ver com a economia é algo que fica só na imaginação. Mas a curiosidade é grande, e muitos dos melhores economistas da universidade londrina estão presentes para bocejar, e até para rir, diante do que promete ser uma apresentação extravagante.[1]

O objeto de toda essa atenção súbita, Alban "Bill" William Phillips, nascera numa fazenda de gado leiteiro em Te Rehunga, na Nova Zelândia rural, 35 anos atrás. Seu pai, Harold, tinha equipado a fazenda com uma privada com caixa de descarga acoplada, um gerador movido por um moinho d'água e luz elétrica, muito antes de as fazendas vizinhas terem qualquer um desses prodígios. O resultado foi que Bill Phillips e seus irmãos podiam ficar lendo noite adentro, ao menos até a hora em que Harold dissesse "hora de desligar" e colocasse uma alavanca num sarilho no quarto das crianças, que puxava um fio, que por sua vez puxava uma corrente, que — lá longe na noite da fazenda — desconectava o moinho do gerador e mergulhava o cômodo na escuridão.

Harold ensinou seus filhos a construírem rádios de galena, zootrópios e brinquedos; sua esposa Edith, professora, incentivava-os a estudar. A escola secundária ficava a 15 quilômetros dali, e Bill logo começou a achar tedioso ficar indo e voltando de bicicleta. Foi quando ele pegou um velho caminhão quebrado que muitos consideravam sem qualquer chance de conserto — e o consertou. Aos 14 anos, Bill costumava levar seus amigos para a escola, tendo o cuidado de estacionar o veículo a uma discreta distância, longe dos olhos dos professores.

Talvez fosse esperado que Bill frequentasse a universidade — ele passou em todos os exames —, mas havia um problema. Em 1929, um colapso dos valores das ações na bolsa de Nova York, do outro lado do mundo, tinha dado início à Grande Depressão. Os efeitos duraram anos e chegaram até uma fazenda de gado leiteiro em Te Rehunga. Os preços das *commodities* agrícolas ficaram baixíssimos, e Harold e Edith simplesmente não podiam pagar a universidade para o filho. Assim, Bill Phillips acabou virando aprendiz de eletricista numa usina hidrelétrica.

2. O nascimento da macroeconomia

A Grande Depressão fez com que a produção industrial dos Estados Unidos caísse praticamente pela metade. A renda per capita chegou a quase um terço do valor original. A taxa de desemprego ficou numa média de 25% durante a década de 1930. Numa tentativa de conter o sangramento da própria economia, os Estados Unidos aplicaram tarifas punitivas a produtos importados — com consequências desesperadoras para os países que exportavam para os mercados americanos. O desemprego em massa na Alemanha lançou as sementes da ascensão de Adolf Hitler. As garras da Grande Depressão arranhavam o mundo inteiro.[2]

Além de mudar o curso da história e de impedir um jovem neozelandês cheio de iniciativa de frequentar a universidade, a Grande Depressão revolucionou profundamente a macroeconomia — e como poderia ter sido diferente? Os economistas se perguntavam o que estava acontecendo, e por que, e se era possível fazer alguma coisa. Eles tomaram novas medidas, formularam novas teorias e propuseram novas políticas, todas preocupadas com a questão central da performance econômica como um todo. A Grande Depressão pariu a macroeconomia.

Um macroeconomista olha o mundo por uma lente diferente daquela usada por um microeconomista. A microeconomia, sobre a qual escrevi em meus dois primeiros livros, *O economista clandestino* e *A lógica da vida*, considera as decisões tomadas pelos indivíduos e pelas firmas. Consideremos uma visita recente que fiz a meu centro de empregos local, lugubremente designado "uma filial da agência

Jobcentre Plus",* num dia apropriadamente chuvoso e triste. Um fluxo constante de jovens e idosos, de homens e mulheres, entrava em busca de emprego. As firmas que procuravam funcionários tinham dado nomes chamativos às funções, em anúncios repletos de erros de digitação num robusto monitor sensível ao toque. O salário oferecido contava outra história.

"Segurança, Oxford, £ 7,88 a £ 7,88 por ho"
"Gerente de fim de semana, Oxford, Oxfo, £ 7,50 por hora"
"Supervisor de Varejo, Oxford, superior ao sal. mín."

Como um microeconomista veria esse nexo entre empregos de aparência não muito boa e candidatos que os aceitam? Ele pensaria em incentivos, preços e produtividade. Quanto aquela mãe que de temperamento aparentemente estressado vale para um empregador? Quanto £ 7,50 por hora valem caso ela precise pagar por uma creche ou perca alguns benefícios do Estado? Quanto aquele adolescente magricela e cheio de espinhas investiu em "capital humano" na escola? Será que os candidatos a empregos são racionais? Será que, com um "empurrãozinho" de intuições da economia comportamental, eles podem procurar empregos de maneira mais eficiente? (A resposta, baseada num teste aleatório num centro de empregos em Loughton, perto de Londres, é "sim".[3])

O macroeconomista observa a cena de uma perspectiva totalmente diversa. Em vez de analisar os incentivos das firmas e dos candidatos individuais, ela vai estudar a perspectiva de cima: o fato de que há uma recessão, de que os salários médios estão caindo por toda a economia e de que o número de pessoas desempregadas está

---

* A agência de empregos do governo do Reino Unido. [*N. do T.*]

aumentando. O que poderia explicar mudanças tão amplas? Alguma espécie de colapso em todo o sistema, a exemplo do aumento no preço do petróleo ou de uma retração na capacidade de empréstimo dos bancos, reduzindo sua capacidade de ofertar produtos e serviços? Ou uma diminuição da demanda, na disposição das pessoas de gastarem? O que pode causar essas mudanças tectônicas no cenário econômico? O que pode consertá-las, ou impedi-las? Essas perguntas parecem abstratas demais. Mas não pode haver dúvidas de sua importância para a vida de milhões de pessoas.

Durante as agonias da Grande Depressão, macroeconomistas pioneiros buscaram algum sentido naquela queda incompreensível, tentando compreender a economia como um todo, como algo bem diferente da soma de suas partes. O que essa nova linhagem de economistas tinha em comum era o senso de que a economia era algo que podia *quebrar* — e algo que podia ser consertado. O mais famoso desses economistas foi John Maynard Keynes, que ganhou proeminência com sua veemente crítica ao Tratado de Versalhes publicada em *As consequências econômicas da paz* e criticou duramente a política econômica do Reino Unido durante a depressão na década de 1920. Mas houve outros — como Simon Kuznets, que arquitetou a construção de contas nacionais para os Estados Unidos; ou o mentor de Bill Phillips, James Meade, que no fim da década de 1920 trocou seus estudos em literatura pela economia, horrorizado com o desemprego generalizado que via à sua volta e determinado a fazer alguma coisa. Meade veio a ser uma figura influente na governança da economia britânica. Todos esses homens tinham um toque de genialidade econômica, mas também compartilhavam uma outra coisa: uma determinação de agir.

Ficou célebre a afirmação de Keynes no começo da Depressão de que a economia estava sofrendo de um "problema no alternador" — isto é, de uma falha técnica que podia fazer a máquina inteira parar —, mas que podia ser consertado simplesmente com o entendimento e as ferramentas corretos. Em outras palavras, os macroeconomistas encaravam a economia deprimida exatamente como Bill Phillips, aos 14 anos, encarou aquele velho caminhão condenado. Todos os outros podiam ter abandonado a esperança, mas o jovem Bill achava que era capaz de entendê-lo e de consertá-lo. E foi o que fez.

3. O Indiana Jones da economia

De volta a Te Rehunga, um aprendiz de eletricista tinha decidido ver o mundo.

Certa vez, o *Wall Street Journal* deu a Steven Levitt, coautor de *Freakonomics*, o epíteto de "Indiana Jones da economia", mas, se algum economista merece esse rótulo fanfarrão, é Bill Phillips. Entre sua saída da Nova Zelândia em 1935 e seu primeiro contato com a economia em 1946, Phillips trabalhou numa mina de ouro, caçou crocodilos, tocou violino nas ruas (aprendeu a tocar sozinho), percorreu a ferrovia Transiberiana, foi preso pelos japoneses e acusado de espionagem. Acabou indo parar em Londres e se inscreveu na London School of Economics. Então a guerra começou, e o jovem entrou para a Força Aérea Real, que imediatamente o mandou de volta para o outro lado do mundo.

Phillips imediatamente estabeleceu-se como um engenheiro extraordinário, trabalhando para modernizar os aviões obsoletos que deveriam defender Cingapura, possessão britânica, dos japoneses. Dias antes da rendição da ilha, ele se viu no último comboio a fugir da cidade, no *Empire Star* — um navio cargueiro refrigerado projetado para levar 23 passageiros, mas que estava lotado com mais de 2 mil pessoas, muitas das quais mulheres e crianças aterrorizadas. Quando o comboio foi descoberto e atacado por aviões japoneses, Phillips encontrou uma nova utilidade para seus talentos de engenheiro. Levou uma metralhadora para o convés e, mais importante, montou um suporte improvisado para ela. E ficou ali por horas, afugentando os agressores enquanto bombas atacavam o navio à sua volta.

Essa performance extraordinária garantiu-lhe a medalha da Ordem do Império Britânico por sua bravura, mas não o poupou de passar mais de três anos num campo japonês para prisioneiros de guerra. As condições eram ruins. Posteriormente Phillips contou que os homens mais baixos sobreviviam e que os mais altos morriam de fome; ele era um dos baixinhos. (Ao fim da guerra, pesava apenas 44 kg.) Para manter todos alegres e atualizados com as notícias do mundo exterior, Phillips continuava com seus improvisos de engenheiro. Construía rádios clandestinos, um dos quais pequeno o bastante para ser escondido dos guardas no salto de seu sapato. Se o tivessem descoberto, ele teria sido torturado e morto.

Phillips também projetou e construiu pequenos aquecedores de imersão, usados pelos prisioneiros todas as noites para fazer centenas de xícaras de chá, que levantavam o moral. Os guardas nunca entendiam por que as luzes do campo piscavam e diminuíam toda noite.

Ainda que o próprio Phillips fizesse pouco-caso de suas experiências no campo de prisioneiros, foi só muitos anos depois que o episódio mais sinistro daqueles anos foi revelado: no verão de 1945, Phillips e milhares de outros homens foram transferidos para um campo de extermínio, onde observavam os japoneses montarem metralhadoras nos muros, apontando para o interior, e onde foram forçados a cavar suas próprias valas comuns. Um dos prisioneiros era o escritor Laurens van der Post. Em seu livro de memórias *The Night of the New Moon* [A noite da lua nova], ele descreve o campo de extermínio, e uma ousada fuga com um "jovem oficial neozelandês" capaz de realizar "praticamente um milagre" com suas capacidades de engenheiro. Phillips, Van der Post e outro oficial invadiram o escritório do comandante do campo em busca de partes sobressalentes para o pequeno rádio de Phillips. Ele consertou-o bem a tempo de ouvir as notícias: os americanos tinham soltado uma bomba em Hiroshima. O fim da guerra estava próximo.

4. A Máquina Phillips

Quando Phillips voltou a Londres ao fim da guerra, depois daquela pausa inenarrável, ele simplesmente retomou seus estudos interrompidos na London School of Economics. Foi cursar Sociologia, que partilhava alguns módulos básicos do arcabouço econômico, e ficou intrigado com as equações matemáticas, do mesmo estilo da engenharia, que apareciam na nova disciplina da macroeconomia. Começou a faltar às aulas de sociologia e a se enfurnar na garagem de sua senhoria no subúrbio londrino de Croydon, onde montou uma representação hidráulica das equações que seus professores ficavam esboçando nos quadros-negros da LSE.

Um desses professores era James Meade. Meade poderia facilmente ter ficado transtornado quando um aluno que tinha praticamente abandonado o curso o abordou com uma proposta para refazer o cálculo econômico como estudo de encanamento. Graças ao apoio de Meade, porém, Phillips teve a oportunidade de demonstrar o funcionamento de sua máquina desconcertante no rigoroso fórum do Seminário Robbins, em 1949. Era sua grande chance — sua última oportunidade de demonstrar que, longe de ser um fracasso acadêmico, ele tinha uma contribuição séria a dar ao admirável mundo novo da macroeconomia.

Sempre com um cigarro na boca, Phillips começou sua apresentação mexendo na parte de trás dos conjuntos de canos e tanques translúcidos e dando a partida numa bomba que tinha sido

INTRODUÇÃO

aproveitada de um bombardeiro Lancaster. A água tingida de rosa começou a esguichar num tanque na parte de cima da máquina, e, dali, a escorrer de um recipiente para outro. A bomba guinchava no fundo como um liquidificador enquanto Phillips demonstrava o que a máquina podia fazer.

Os professores ficaram perplexos. Talvez teriam ficado menos se conhecessem a formação nada ortodoxa de Phillips — as equações diferenciais nas quais tinha se aprofundado num curso por correspondência; a engenharia hidráulica que tinha estudado como aprendiz; a capacidade para reaproveitar componentes mecânicos que tinha adquirido na fazenda e aperfeiçoado na defesa de Cingapura (não só a bomba recolhida dos destroços do bombardeiro; até os tanques transparentes, cortados a partir das janelas do Lancaster) — e, claro, sua coragem.

A máquina funcionava perfeitamente. Em cinco minutos, o salão inteiro mal continha a empolgação diante da criação de Phillips: o primeiro modelo computadorizado da economia de um país.

O MONIAC, ou *Monetary National Income Analogue Computer* [Computador Analógico de Renda Monetária Nacional] — hoje em dia chamado apenas de "Máquina Phillips" —, cuspia soluções para equações, usando a hidráulica em vez do cálculo diferencial para chegar às respostas. Era um computador simples, ainda que não tão simples quanto se possa presumir. A máquina era capaz de resolver nove equações diferenciais simultaneamente em poucos minutos. Era impossível realizar uma proeza como essa à mão; mesmo em 1950, os modelos econômicos não eram calculados por computadores digitais, mas por salas repletas de "computadores" humanos — normalmente mulheres munidas de papel e calculadoras mecânicas, gerando o equivalente matemático de um *pool* de secretárias. Levaria anos para que os computadores digitais suportassem modelos econômicos tão complexos quanto os do MONIAC. Duplicatas do MONIAC Mark II — uma versão expandida da máquina original — foram vendidas não só para Cambridge e Harvard, mas para governos ambiciosos de países em desenvolvimento, e até para a Ford Motor Company.

Hoje, com mais de 2 metros de altura e cerca de 1,5 de largura, o MONIAC Mark II parece um equipamento imponente, ainda que um tanto exótico. Na região central da máquina há uma coluna de plástico transparente, seccionada aproximadamente a cada 30 centímetros por barragens e comportas que levam a câmaras laterais. As seções nas colunas estão ordenadamente marcadas com RENDA LÍQUIDA, DESPESA DE CONSUMO e DESPESA DOMÉSTICA. Em um compartimento do tamanho de um pequeno aquário, lê-se o rótulo: FUNDOS DE INVESTIMENTO; ao longo de uma parede, há um dique curvado de um plástico cor de carne indicando FUNÇÃO DE PREFERÊNCIA POR LIQUIDEZ. Nos cantos superiores da máquina há dois rolos de papel, posicionados para se desenrolarem delicadamente enquanto quatro canetas conectadas a boias aguardam, prontas para, como um sismógrafo, desenharem linhas para cima ou para baixo, registrando o fluxo e o contrafluxo da "economia". Alguns canos de plástico, como se tivessem sido reaproveitados de máquinas de lavar (talvez tenham sido), ficam atrás da máquina. Na parte de baixo há um grande tanque chamado RENDA NACIONAL; um pequeno cano liga este recipiente de volta ao topo da máquina, de onde o fluxo monetário pode recomeçar.

Se o MONIAC era o resultado de uma capacidade engenheira fora do comum, a inspiração de Phillips — de que a hidráulica poderia ser usada para resolver complexos sistemas de equações — se aproximava da genialidade. Claro que o computador hidráulico era menos flexível do que viriam a ser os computadores digitais. Cada equação tinha de ser literalmente entalhada no sistema de controle de fluxo do MONIAC, em quadradinhos de plástico colocados numa elegante moldura branca, com uma escala ao lado semelhante a um termômetro. As próprias equações eram fendas marcadas em peças de plástico individuais, cada qual com formato e ângulo particulares, e presas a uma cavilha que deslizava suavemente por trilhos de latão. Cada cavilha estava presa a uma boia e a uma comporta, de modo que, à medida que o nível d'água do tanque subisse, a cavilha se moveria para cima, e — dependendo do formato da abertura — também se moveria para o lado, abrindo ou fechando a comporta. Phillips tinha calibrado cuidadosamente suas equações para aquilo que então se sabia sobre a economia britânica: quanto da renda as pessoas tendiam a guardar na poupança, por exemplo, ou o comportamento geral da oferta e da demanda aos preços da economia. E, para sua surpresa, o engenheiro descobriu que a máquina era impermeável o bastante para que sua margem de erro fosse de 2% — um nível de precisão maior do que o exigido, considerando a qualidade esperada das estatísticas econômicas da época.

Para os entendidos, a máquina de Bill Phillips era mais do que uma brilhante realização técnica. Ela também considerava inovações econômicas. Por exemplo, ao passar de uma antiga condição estável para uma nova condição após alguma mudança na economia, a máquina produzia ciclos e até turbulência por algum tempo, meticulosamente registrados pela subida e descida das canetas sismográficas. Essas turbulentas transições estavam muito à frente dos teóricos, que simplesmente tinham de ignorar essas dinâmicas à época e que ainda hoje não conseguem lidar inteiramente com elas. Outro exemplo: o MONIAC também permitia taxas de câmbio flutuantes: hoje o dólar, a libra, o euro e o iene possuem taxas de câmbio que flutuam livremente entre si, mas Bill vivia num mundo em que os países tentavam atrelar suas moedas umas às outras, ou até mesmo ao ouro.

O *establishment* da LSE apressou-se em dar um emprego a Phillips. Em uma década ele foi transformado em professor titular, até então uma posição extremamente elevada no Reino Unido; nada mau para um homem sem diploma com honras e sem nenhuma qualificação econômica de qualquer espécie.

O MONIAC foi muito amado em sua época pela capacidade computacional e pela pura exuberância de sua genialidade. A máquina foi celebrada na revista humorística *Punch* — e, muito depois, no romance *Making Money* [Fazendo dinheiro], de Terry Pratchett. Tornou-se um influente auxílio ao ensino: na LSE, James Meade costumava interligar dois MONIACs plugando o tubo de "exportação" de um no de "importação" do outro — um deles representando os EUA e outro o Reino Unido, a fim de criar um modelo de comércio internacional. Então ele convidava duplas de alunos para brincar de Chanceler do Tesouro e de Presidente do Federal Reserve (FED), manipulando taxas de juros ou outras variáveis, numa tentativa de aumentar a renda de suas respectivas nações. Entre os futuros criadores de políticas públicas que aprenderam seu ofício nas palestras de Meade, estava o presidente do FED que talvez tenha tido mais sucesso, Paul Volcker.

Enfim — inevitavelmente —, os MONIACs caíram em desuso. Um professor de engenharia de Cambridge, Allan McRobie, reformou um deles, que hoje funciona perfeitamente. O banco central do país natal de Phillips, a Nova Zelândia, também tem um MONIAC em exibição. E a London School of Economics manteve uma máquina para auxílio ao ensino até 1992, quando foi transferida ao Museu das Ciências de Londres, onde fica, num grande salão, de frente para a máquina diferencial de Charles Babbage, construída postumamente.

5. Consertando a máquina macroeconômica

A água que circula pela Máquina Phillips é uma boa analogia para o modo como um macroeconomista pensa a respeito da economia em termos de fluxos e reservas financeiras, de grandes quantidades em vaivém. Os macroeconomistas contemplam grandes doses de poder de compra dedicadas a finalidades distintas:

consumo privado, gastos do governo, investimentos e compra de produtos importados. E esses fluxos financeiros não se aprofundam simplesmente ou evaporam por vontade própria, mas podem ser contidos, redirecionados e bombeados pelas escolhas dos cidadãos e, em particular, pelas escolhas das autoridades econômicas, que podem alterar taxas de juros, tributos ou a quantidade de moeda produzida por bancos centrais como o Banco da Inglaterra ou o Federal Reserve.

Bill Phillips revolucionou o estudo da economia, mas não resolveu para sempre o problema de como manter a máquina macroeconômica girando sem problemas. Isso fica óbvio pelo simples fato de ainda sofrermos as consequências da crise econômica que começou em 2007. Ela não é tão severa quanto a Grande Depressão, nem (ainda) tão duradoura, mas não é comparar os dois acontecimentos. Essa recessão, assim como a Depressão, instigou uma enorme fome de agir. Precisamos, mais uma vez, de economistas com a mesma atitude diante dessa economia disfuncional que Bill Phillips teve com relação àquele caminhão condenado: a atitude de que podemos consertá-la.

Mas, para isso, precisamos entendê-la. É exatamente o que este livro pretende. Ele não é um chamado estridente à ação, nem uma rancorosa lista dos culpados pela crise. (Você pode achar essas duas coisas em outras obras.) Nem é o tipo de livro de economia popular que oferece ideias práticas aplicáveis à sua vida pessoal ou profissional. (Você também pode encontrar bastante disso em outros livros — inclusive em meus anteriores.) Se o que você está procurando são intuições do funcionamento da vida numa escala humana, então a flexibilização quantitativa terá tanta utilidade para você quanto a física quântica.

E o mesmo também pode ser aplicado inversamente: nossa experiência da vida cotidiana em escala humana mostrará ter valor limitado quando quisermos entender como funcionam economias por si sós. Por mais tentador que seja pensar que é apenas uma questão de bom senso gerir uma economia moderna extrapolando a partir de nossas experiências pessoais da gestão de uma casa ou de uma empresa, veremos que, se pensarmos assim, podemos ficar totalmente perdidos. Se manter uma grande economia funcionando não fosse um desafio maior do que equilibrar uma conta-corrente, eu não teria a necessidade de escrever este livro, nem você teria interesse em lê-lo.

O que tenho a oferecer nas páginas seguintes é, na verdade, um exame determinado e prático do que está sob o capô do nosso sistema econômico. Eu gostaria que descobríssemos, juntos, o máximo que pudermos sobre seu funcionamento. E, feito isso, adoraria entender se existe alguma coisa que possamos fazer para que ele funcione melhor.

Outra coisa: essa é uma tarefa difícil. Espero que você não se importe por eu tê-lo colocado no papel de guia.

1
A economia: manual do usuário

A microeconomia trata das coisas a respeito das quais os economistas estão especificamente equivocados; ao passo que a macroeconomia, a respeito das quais os economistas se equivocam de modo geral.

P. J. O'Rourke, Eat the Rich

Espere aí — de repente a economia é problema meu?

Relaxe. A responsabilidade é grande, eu sei: a economia é para a vida toda, não só para o Natal. Mas você é uma pessoa zelosa e cheia de vontade de aprender.

Sou mesmo?

Tenho certeza de que sim, do contrário você não teria comprado este livro. Você vai se sair bem.

Mas eu nunca estudei economia.

Rá! Você não é o único! Há algumas poucas pessoas com as mãos nas alavancas da economia mundial que estudaram — por exemplo, o primeiro-ministro David Cameron, ou Ben Bernanke, presidente do Federal Reserve dos Estados Unidos. Este não apenas estudou Economia como deu aulas disso em Princeton. Mas a maior parte das pessoas do tipo que faz e acontece parecem contentar-se em não ter diploma em Economia. George Osborne, ministro da Fazenda do Reino Unido, formou-se em História, assim como o presidente George W. Bush. O presidente Obama, o presidente Hollande, da França, e Mariano Rajoy, primeiro-ministro da Espanha, estudaram Direito. Angela Merkel, chanceler da Alemanha, estudou Química.

Não me surpreende que a economia mundial esteja essa bagunça. Eu não pediria a um economista que desenvolvesse um novo produto químico industrial, nem que me defendesse no tribunal; por que um advogado ou uma química seriam capazes de gerir a economia?

Você está sendo gentil demais com os economistas. Eis uma das coisas de que eu quero convencê-lo: ainda que saber economia possa ajudar, efetivamente gerir uma economia demanda muito mais do que isso. John Maynard Keynes certa vez afirmou que "o economista-mestre deve possuir uma rara combinação de dons... Deve ser matemático, historiador, estadista e filósofo — numa certa medida. Ele precisa entender símbolos e falar em palavras. Precisa contemplar o particular desde a perspectiva do geral, e tocar o abstrato e o concreto no mesmo pensamento. Precisa estudar o presente à luz do passado, tendo em vista o futuro. Parte nenhuma da natureza do homem ou de suas instituições pode ficar inteiramente fora de seu olhar".

Fácil não é, mas você há de admitir que não parece um trabalho chato.

Certo. Então — por onde eu começo?

Acabei de colocar você no banco do motorista, então vamos começar olhando o painel. A sua economia está indo rápido ou devagar? Está acelerando ou desacelerando?

    Felizmente, você terá à sua disposição um pequeno exército de estatísticos do governo para lhe fornecer esse tipo de informação. Nem sempre foi assim. Se você permitir que eu apresente um pouco a situação histórica, os governos vêm tentando coletar dados econômicos por muitos séculos, mas até muito recentemente a motivação era sempre a ganância: queriam saber quanta riqueza as pessoas tinham para ter ideia de quanto imposto cobrar delas. Assim nasceram exercícios históricos de coleta de dados como o famoso censo de César Augusto (o "Censo de Quirino"), aquele que aparentemente fez com que Maria e José viajassem a Belém por razões fiscais 2 mil anos atrás. O *Domesday Book* de 1086 era o catálogo de Guilherme, o Conquistador, de seus súditos recém-conquistados, de suas posses e de seu valor tributável. Na década de 1660, William Petty produziu a primeira estimativa da renda nacional de um país (a do Reino Unido), como algo distinto de sua riqueza ou de seus estoques de prata e ouro. Normalmente se considera que o número de Petty, £ 40 milhões, teria surgido das primeiras "contas de renda nacional". Intelectualmente, foi algo admirável. Menos admirável é o fato de Petty ter aprendido seu ofício fazendo um levantamento da Irlanda para que Oliver Cromwell pudesse confiscar partes dela e distribuí-las a seus soldados.

    Foi só na década de 1930, com a Grande Depressão — e talvez com a possibilidade da guerra — que os governos começaram a levar realmente a sério a mensuração da economia com o fim não de pegar uma fatia do bolo econômico, mas de consertar problemas na máquina econômica. (Não estou sugerindo que os políticos não queiram mais uma fatia do bolo; mas a transparência e a democracia restringiram desejos tão inapropriados.) A Depressão apresentou novos problemas para os governos, em parte por ter sido tão severa, e em parte porque democraticamente eles tinham mais obrigação de responder do que antes. O presidente Franklin D. Roosevelt, por exemplo, foi eleito com a expectativa de que algo seria feito para acabar com a crise econômica. Mas o quê? Não estava claro o motivo de uma crise ser tão profunda e duradoura, tampouco se podiam entender os detalhes de como a economia estava. Por exemplo, o governo poderia aliviar o sofrimento causado pelo desemprego, fazendo pagamentos previdenciários, ou atacando diretamente o problema a partir de grandes projetos de infraestrutura concebidos para criar muitos empregos. Mas em que medida o desemprego era um problema? Quantas pessoas realmente estavam desempregadas? Simplesmente não havia estatísticas confiáveis, e por isso o governo de Roosevelt começou a coletá-las.

Entre os economistas modernos pioneiros na coleta de dados econômicos, tem destaque Simon Kuznets, futuro Nobel de economia. Kuznets desenvolveu um sistema de "contas de renda nacional", um arcabouço logicamente coerente para somar toda a renda da economia — ou toda a produção, o que acaba dando o mesmo resultado. A principal peça da contabilidade nacional é um número chamado Produto Interno Bruto, ou PIB. Ele mede o valor de tudo o que é produzido na economia. Por exemplo, hoje em dia o PIB mundial fica em torno de US$ 70 trilhões. Todos os *smartphones*, *tablets*, barris de petróleo e quilowatts-hora de energia eólica, cortes de cabelo e depilações completas, sacas de arroz e porções de asinhas de frango fritas — e tudo o mais que é produzido no mundo inteiro, valem coletivamente cerca de US$ 70 trilhões por ano. Isso dá cerca de US$ 10 mil por pessoa, ainda que a distribuição seja muito irregular.

Mas espere um momento. Isso é só dinheiro. Uma depilação completa pode ter o mesmo valor monetário que o de uma semana de comida para uma família pobre.

Você tem toda a razão. Na verdade, se a depilação for cara à medida que a família é pobre, podemos estar falando de um mês de comida. Quando falo em "valor", não me refiro a valor estético, nem a valor prático, nem à satisfação que esses produtos e serviços podem trazer. O Produto Interno Bruto não tenta incorporar conceitos tão escorregadios, uma vez que pessoas razoáveis podem ter abordagens subjetivas distintas em relação a eles. Aquilo que se pode medir objetivamente é quanto dinheiro alguém está disposto a pagar por alguma coisa. Se um exemplar da Bíblia é vendido pelo mesmo preço de *Cinquenta tons de cinza*, ou deste livro que você está lendo, eles são todos idênticos *para efeitos de PIB*.

Isso não é de certo modo uma deficiência? Se você vai me colocar no comando da economia, é melhor saber que eu me importo mais com comida para os pobres do que com depilações completas.

Muito louvável. E, sim, pode ser uma certa deficiência; por outro lado, é também uma vantagem. Se, como Simon Kuznets, você está procurando um número único para medir o tamanho da economia, ter tudo mensurável na mesma escala vem a calhar. Pense da seguinte maneira: é um pouco como a massa. Seu cérebro provavelmente pesa menos do que 1,5 quilo, e um saco de açúcar costuma pesar 500 gramas. O fato de que você dá mais valor ao seu cérebro do que a três sacos de açúcar não leva à conclusão de que massa é um conceito inútil.

Mas me leva à conclusão de que, se minha principal preocupação é com o bem-estar do meu povo, então eu deveria me preocupar com alguma coisa além do crescimento do PIB.

É bem verdade. Gosto particularmente de uma citação bastante expressiva: "Pouco se pode inferir do bem-estar de uma nação a partir de uma medida de renda nacional como aquela definida pelo PIB. (...) Quaisquer objetivos de 'mais' crescimento deveriam especificar de quê e para quê." Essa afirmação de uma lucidez maravilhosa veio de ninguém menos que o próprio Simon Kuznets. O homem que inventou o PIB nunca achou que ele fosse uma medida de bem-estar, e ninguém deveria pensar assim.

Claro que você pode querer medir o bem-estar da sua sociedade mais diretamente. E tudo bem — ainda que seja espinhoso. Há diversas maneiras concorrentes de fazer isso. Você pode medir o "desenvolvimento humano", como faz o Programa das Nações Unidas para o Desenvolvimento: trata-se de uma média ponderada de renda *per capita*, anos de estudo e expectativa de vida. Pode medir as taxas de pobreza ou de desigualdade. Pode tentar medir o "bem-estar subjetivo" dos cidadãos do seu país — isto é, sua felicidade. Vamos dar uma olhada mais detalhada nessas questões nos últimos capítulos do livro.

Mas, por ora, o que eu quero dizer é simples. Você está preocupado com danos ambientais? Que bom. Já reparou como os países ricos geralmente — nem sempre, mas geralmente — tendem a ter um meio ambiente melhor do que o dos países de renda média? Você quer que seu povo tenha boa formação. Muito bem. São os países ricos ou os países pobres que estão mais capacitados para ter bons sistemas educacionais? Você acha abominável que as pessoas passem fome por causa da pobreza. Tendemos a ver isso mais em países ricos ou em países pobres? Eu poderia continuar, mas você já entendeu. Você se importa com coisas distintas do crescimento econômico — mas, a menos que seja uma alma particularmente revolucionária, provavelmente vai concluir que um crescimento econômico forte vai lhe dar uma folga para pensar nessas outras coisas.

E, já que estamos falando de países ricos e pobres, vamos fazer uma importante distinção entre PIB e PIB *per capita*. Se analisarmos somente o PIB — isto é, o tamanho geral da economia — então vamos ver que a economia americana é de longe a maior do mundo. Com um PIB de cerca de US$ 15 trilhões, ela é maior do que seus dois rivais mais próximos juntos, a China (mais de US$ 7 trilhões) e o Japão (cerca de US$ 6 trilhões). As economias da União Europeia todas juntas acrescentam mais uns US$ 17 ou 18 trilhões, sendo a Alemanha a maior delas; acrescente as economias restantes que estão na casa do trilhão de dólares — Brasil, Rússia, Canadá, Índia, Austrália, México e Coreia do Sul — e já demos conta da maior parte da produtividade econômica mundial. Agora considere países como o Catar ou a Suíça. O PIB desses países não chama a atenção, mas seu PIB *per capita* é enorme — muito maior do que o dos Estados Unidos, Japão e Alemanha, e múltiplo do de países como Brasil, Índia e China.

Per capita, aliás, significa apenas "por pessoa".

Por que os economistas não dizem simplesmente "por pessoa"?

Acho que eles ficam nervosos com pessoas. Mas, se você quiser mais indícios de que quem se importa com as pessoas também devia se importar com o PIB, considere o que acontece com elas numa recessão. (Recessão, aliás, é o nome que damos quando o PIB fica menor por alguns meses; depressão é quando, após essa queda, o PIB continua a cair ou fica estagnado por anos.) Milhões de pessoas ficam desempregadas, ou presas a empregos que detestam, muito temerosas de saírem. O desemprego nos prejudica muito mais do que sugere a mera perda de renda. A "economia da felicidade" é um campo novo e próspero, que mostra que estar desempregado é uma das situações mais deprimentes que qualquer um de nós provavelmente experimentará.

Acho que não preciso da economia da felicidade para saber que ficar desempregado é muito ruim.

Justo — ainda que seja importante saber exatamente em que medida isso é ruim, e não estamos falando só de renda. É importante saber em que medida o desemprego é ruim em comparação com outros males econômicos, como a inflação. E é muito ruim. O economista Arthur Okun certa vez produziu um "índice de tristeza" somando a taxa de desemprego à taxa de inflação; se cada qual fosse, digamos, 5%, o índice de tristeza seria 10%. Mas isso foi só um experimento imaginário de Okun, e pesquisas recentes mostram que cada ponto a mais na taxa de desemprego é quatro vezes pior do que um ponto a mais na taxa de inflação.[1]

Você pode ver que esses números aparentemente tão abstratos têm implicações práticas imediatas na maneira como os problemas econômicos afetam nossa qualidade de vida. Mas também podemos fazer experimentos bem pés no chão para descobrir mais sobre o que realmente está acontecendo. Por exemplo, no verão de 2012, um jovem doutorando libanês, Rand Ghayad, da Northeastern University, em Boston, usou um programa de computador para gerar 4,8 mil currículos e enviá-los para tentar garantir seiscentas vagas anunciadas em diferentes ramos do país inteiro.

Eu sei que o mercado de trabalho é difícil, mas isso já é ridículo.

Muito engraçado. Na verdade, Ghayad acabou estudando só para seu doutorado, porque concluiu o curso durante uma recessão e — que surpresa! — não conseguia arrumar emprego. Mas claro que seu envio em massa foi projetado para descobrir que tipo de candidatos os empregadores tinham interesse em chamar para uma entrevista. Aqueles 4,8 mil currículos falsos foram cuidadosamente gerados para manter constante a maior parte dos elementos, mas variar em três aspectos: se o candidato tinha ou não experiência no ramo em questão; se o candidato tinha pulado de emprego em emprego antes; e se o candidato tinha ficado desempregado por mais de seis meses.

Como é de se esperar, os candidatos com experiência recente no ramo em questão apresentavam vantagem, e um histórico de pular de emprego em emprego não ajudava. Mas o que realmente chamou a atenção foi o efeito do desemprego de longo prazo. Os candidatos com experiência em outro ramo que haviam ficado desempregados catorze semanas ou menos mostravam três vezes mais chances de receber um telefonema do empregador do que os candidatos com experiência no mesmo ramo mas desempregados por seis meses ou mais. Os empregadores, ao que parece, estão mais interessados em afastar os desempregados de longo prazo do que em buscar experiências relevantes. E, claro, essa é uma descoberta deprimente, porque você vê que uma recessão pode rapidamente afastar pessoas ótimas do mercado de trabalho, talvez para sempre. Uma recessão causa muito estrago por si própria, mas também pode deixar cicatrizes duradouras.

Outro indício vem do economista Till Marco von Wachter, da Universidade da Califórnia em Los Angeles. Von Wachter estudou o que acontece com grupos específicos que tentam arrumar emprego em mercados de trabalho "difíceis" — por exemplo, pessoas que perdem seus empregos numa redundância massiva, ou que se formam na faculdade. Ele descobriu que, se esses indivíduos têm de procurar emprego durante uma recessão, e não quando a economia está se expandindo, eles tendem a ser lesados em seus ganhos de maneira duradoura. Parte do problema é que as pessoas, compreensivelmente, aceitam empregos fora das áreas em que elas realmente querem ingressar. Elas acumulam habilidades, experiências e contatos na carreira errada. Uma década depois do fim das recessões, Von Wachter ainda enxergava diferenças entre aqueles que tiveram de procurar emprego durante a crise e os que tentaram arrumar emprego num momento de expansão.

As recessões também têm custos intangíveis. Benjamin Friedman, economista da Universidade de Harvard, afirma que os períodos de retração têm consequências morais: à medida que as pessoas vão ficando mais inseguras e infelizes, as doações para a caridade diminuem, enquanto o nepotismo, o racismo e outras formas de intolerância e de preconceitos aumentam, e com eles as forças antidemocráticas. A Grande Depressão, seguida por Hitler e pela Segunda Guerra Mundial, é naturalmente o exemplo que absorve toda a atenção, mas Friedman acredita que as mesmas forças operam mais sutilmente em crises menos sérias.

Isso tudo é relevante. Temos de nos preocupar. Mas isso não basta — também precisamos entender como funciona a economia, por que ela falha, e o que fazer a respeito.

Ok, então eu tenho de tentar impedir as recessões. Por que elas acontecem?

Como seria bom se houvesse uma resposta simples. Às vezes, é verdade, há uma causa fácil de apontar: a economia encolheu porque o país passou por um choque como uma guerra ou uma revolução, ou — o que é menos dramático, mas nem por isso menos impactante — porque houve um colapso no preço de seus principais produtos de exportação. (Estudaremos melhor acontecimentos como esse no sexto capítulo.) Em outros momentos, porém, uma economia simplesmente adoece e fica de cama sem qualquer motivo aparente. Para frustrar os economistas, isso ocorre o tempo todo.

Vamos dar uma olhada na história econômica recente do Japão, por exemplo. No início da década de 1970, a economia japonesa cresceu mais de 20% em apenas três anos, descontados os efeitos da inflação. Talvez não pareça grande coisa, mas vamos simplificar o que isso realmente significa: é o mesmo que, miraculosamente, em termos de produção, houvesse um dia útil a mais na semana. Uma mudança e tanto em apenas três anos. E, contudo, em 1974, em vez de render mais um ano de vigoroso crescimento, a economia japonesa efetivamente encolheu. Apesar desse tropeço, voltou a crescer cerca de 4% por ano, em média, durante as décadas de 1970 e de 1980. Mas, nas duas últimas décadas, o crescimento é de apenas 1% por ano. Ao longo de algumas décadas, isso até que faz sentido: se tivesse continuado a crescer a 4% ao ano, o Japão seria duas vezes mais produtivo e duas vezes mais rico do que hoje. O que é bem desconcertante.

Claro está que os economistas não entendem tudo a respeito de como impedir que o crescimento de uma economia desacelere ou se inverta. Se entendêssemos, isso não aconteceria, e você não estaria lendo este livro. Mas aprendemos algumas coisas sobre como compreender, impedir e curar recessões. E quero passar os dois primeiros terços desta obra discutindo como tratar esses problemas.

Dois terços de um livro! Caramba. Você tem certeza de que não existe alguma solução bem mais simples que está ignorando?

O mundo está cheio de gente que vai dizer que sim. "Atrele sua moeda ao ouro!" "Sempre equilibre o orçamento!" "Proteja as indústrias!" "Elimine as burocracias!" Você pode tranquilamente ignorar essa gente. Qualquer pessoa que insista que gerir uma economia moderna é só uma questão de bom senso francamente não entende muito bem como gerir uma economia moderna.

Por exemplo, vamos considerar algumas ideias atraentemente simples que você pode ouvir, uma de cada lado do espectro político. Primeira, imagine o seu assessor à esquerda do centro sussurrando em seu ouvido que você devia empregar 100 mil trabalhadores temporários para realizar obras públicas, como cavar canais de drenagem. Isso, afirma ele, vai aumentar o emprego e estimular a economia. Parece razoável — o que poderia ser mais óbvio do que a ideia de que, se você empregar muitas pessoas e colocá-las para trabalhar, a economia vai crescer?

Parece bem razoável, para dizer a verdade.

Mas não tenhamos pressa. De onde virão esses 100 mil trabalhadores? Se você quer contratar 100 mil trabalhadores, não há garantia de que vai achar 100 mil pessoas simplesmente à toa. Você talvez descubra que está competindo com o setor privado; as pessoas podem deixar os empregos que já têm porque preferem o que você está oferecendo. Os salários podem subir, o que é ótimo se você já está empregado, mas as empresas privadas podem também trocar os trabalhadores de *call-centers* por computadores, os varredores de rua por máquinas que executem o mesmo serviço, e os funcionários de supermercados por caixas automáticos. Ou as empresas privadas podem simplesmente encolher, ou crescer mais lentamente do que teriam crescido normalmente caso você não estivesse andando por aí oferecendo empregos fáceis.

E mais: de onde virá o dinheiro para empregar 100 mil pessoas? Talvez você planeje aumentar os impostos; mas nesse caso os pagadores de impostos* terão menos dinheiro no bolso para

---

* Estou ciente de que "pagador de impostos" soa como um abominável anglicismo. Menos abominável, porém, do que a palavra "contribuinte", que pressupõe uma contribuição que nada tem de voluntária. [*N. do T.*]

gastar. Ou você pode pegar emprestado, o que pode elevar as taxas de juros e incentivar as pessoas a guardar dinheiro em vez de gastar. Você ainda tem certeza de que esse plano é tão razoável assim?

Não me entenda mal. O plano do seu assessor *pode* funcionar. Com certeza existem situações econômicas em que, logicamente falando, ele deveria funcionar. Mas também há situações em que ele faria mais mal do que bem. Precisamos saber mais a respeito de como funciona a economia antes de apelar para o bom senso.

E, caso você ache que só o "bom senso" de esquerda é contraproducente, podemos também dar uma olhada no tipo de plano que seria sugerido por um assessor pró-mercado, à direita do centro: corte os impostos para estimular a economia. Mais uma vez, isso parece razoável. Se você cortar os impostos, vai deixar mais dinheiro no bolso das pessoas para elas gastarem, e também vai incentivá-las a trabalharem mais porque vão guardar uma parte maior dos frutos de seus esforços. Mas, novamente, há muito mais coisas acontecendo por detrás dos panos. Se você então cortar impostos para qualquer nível de gastos públicos, vai ter de pegar dinheiro emprestado para financiar os próprios gastos públicos. De onde virá esse dinheiro emprestado? Ele precisa vir de algum lugar — talvez dos próprios bolsos daquelas mesmas pessoas que teriam pago os impostos. E, talvez, quando você começar a tapar o buraco nas finanças do seu governo, elas gastem menos na expectativa das cobranças de impostos que um dia terão de subir.

E aí mais uma vez talvez o plano desse assessor também funcione. O que eu quero dizer é que, enquanto tentamos entender se funciona ou não, certamente nos depararemos com reviravoltas nessa história. Uma visão simples da economia, guiada pelo bom senso, é atraente mas perigosa, porque, na macroeconomia, toda vez que você aponta para alguma mudança óbvia acontecendo bem diante dos seus olhos, há quase sempre alguma outra coisa mudando atrás de você, e os dois fenômenos estão conectados por cordas e roldanas invisíveis.

A apresentação definitiva dessa tendência veio de um economista, ensaísta e parlamentar francês, Frédéric Bastiat. Em 1850, Bastiat publicou um pequeno e admirável panfleto de título simples: "O que se vê e o que não se vê." E toda a macroeconomia trata do que não se vê.

"Na esfera econômica, um ato, um hábito, uma instituição produzem não apenas um único efeito, mas uma série deles. Entre esses efeitos, apenas o primeiro é imediato; ele aparece ao mesmo tempo que sua causa; ele *é visto*. Os outros só vão surgindo posteriormente; eles *não são vistos*. Felizes de nós se pudermos prevê-los" — foram as palavras de Bastiat.

Em seguida ele indagou-se sobre o que deve ser um dos mais famosos experimentos hipotéticos da história da economia: ao se quebrar uma janela acidentalmente, pode-se estimular a economia? É verdade, claro, que janelas quebradas aumentam a demanda por vidraceiros. Se uma criança quebra uma janela, escreveu Bastiat, então "o vidraceiro virá, fará seu trabalho, ganhará 6 francos, esfregará as mãos, e abençoará a criança travessa. *Isso é o que se vê*".

O que não se vê é o sapateiro que poderia ter recebido 6 francos em troca de um par de sapatos novos — mas não recebe, porque o dinheiro acabou sendo gasto na troca da janela. É fácil esquecer o sapateiro, ou o merceeiro, ou o senhorio, que poderiam ter recebido o dinheiro, em parte porque nem nós nem eles jamais saberemos o que terão perdido. Tampouco os pais da criança saberão: é improvável que eles tenham em mente algum outro uso específico para os 6 francos. O mais provável é que, no fim do mês, acumulem menos na jarra de moedas da prateleira da cozinha, e, por conseguinte, gastem menos.

Contudo, uma vez mais — perdão por insistir nisso —, não que quebrar uma janela nunca possa estimular a economia... até pode... mas as cadeias de causalidade envolvidas seriam muito mais extensas e convolutas do que ingenuamente contemplar o fato de que o vidraceiro tem 6 francos a mais em seu bolso.

Sim, entendi. Muito interessante. Mas, bem, olhe só, muito gentil da sua parte me dar uma economia para gerir, mas — enfim — será que não tem outra pessoa com vontade de fazer isso?

Você não vai se livrar assim tão facilmente. É verdade, a macroeconomia é um assunto em que podemos ficar completamente enredados se não formos cuidadosos. Mas os grandes da macroeconomia, como Phillips e Keynes, eram homens de ação: eles queriam compreender a economia porque queriam mudá-la — reajustá-la para que funcionasse melhor. Não podemos simplesmente cair num canto, com o dedo na boca, e ficar balançando num vaivém enquanto contemplamos a complexidade absoluta e terrível da tarefa à nossa frente. E, contudo, também não devemos abordar o "problema no alternador" levantando o capô e dando pancadas aleatórias com o martelo. Devemos, em vez disso, tentar entender como funcionam as economias e por que, às vezes, não funcionam. Isso significa compreender a economia como sistema, tentando buscar tanto "o que não se vê" quanto "o que se vê".

Estou vendo que você está assustado. Então deixa eu animá-lo com uma história inspiradora.

2
A recessão do *baby-sitting*

Desde que decidimos, há algumas semanas, adotar a folha como moeda legal, todos nos tornamos, naturalmente, imensamente ricos. (...) Mas também nos deparamos com um pequeno problema de inflação decorrente do alto nível de disponibilidade de folhas, o que significa, eu acho, que o valor atual de câmbio corresponderia a algo como três florestas caducas para a compra de um amendoim da nave. Então, com o objetivo de prevenir este problema e efetivamente revalorizar a folha, estamos prontos a lançar uma campanha massiva de desfolhação e... ahn, queima de toda a floresta.

Douglas Adams, *O restaurante no fim do universo**

A história inspiradora que tenho para contar fala de uma recessão que começou no início da década de 1970, e foi inteiramente criada no Capitólio, o coração do governo americano.

Por que isso não me surpreende?

É melhor eu ser claro: não foi uma recessão comum na economia americana; foi uma recessão no círculo de *baby-sitters* chamado Cooperativa de *Baby-sitting* do Capitólio (CHBC, na sigla em

---

* Douglas Adams. *O restaurante no fim do universo*. Rio de Janeiro: Sextante, 2004. [N. do T.]

inglês). Trata-se de um grupo de pais que tomava conta dos filhos uns dos outros, e a maioria deles fazia parte das equipes legislativas que trabalhavam no Capitólio ou ali perto — daí vem o nome da cooperativa. Com quase duzentas famílias no círculo, saber quem devia receber por uma noite como *baby-sitter* e quem devia pagar era uma delicada questão contábil. Para solucioná-la, foram usados ativos ou "títulos". As famílias que entravam para a cooperativa recebiam quarenta títulos — que funcionavam como cédulas, cada qual valendo meia hora de *baby-sitting*, ou quinze minutos em horários específicos de pico. As famílias trocavam esses títulos umas com as outras. Se deixassem a cooperativa, tinham de pagar todos os títulos ao comitê organizador.

(Se você já ouviu essa história, provavelmente foi de Paul Krugman, ganhador do prêmio Nobel de Economia e hoje mais famoso como pugnaz colunista do *New York Times*. Mas aqui há uma reviravolta. Assim, se você acha que já a escutou antes, pode ficar surpreso.)

Para compreender as raízes do problema, imagine-se como um novo membro da cooperativa. Você olha os quarenta títulos e pensa: "Humm. Aqui só tem dez horas de *baby-sitting*. Não é muita coisa. Eu queria sair com meu cônjuge no fim de semana para um jantar e um cinema, mas isso ia gastar umas cinco ou seis horas. E se na semana que vem convidarem a gente para algum importante evento social no último minuto e não tivermos títulos o bastante para um *baby-sitting* de emergência? Pensando bem, é melhor não sairmos nesse fim de semana. Em vez disso, vamos fazer *baby-sitting* algumas noites para aumentar nossas reservas de títulos."

Nada mais sensato.

Tão sensato que todo mundo está pensando a mesma coisa. Os membros mais antigos da cooperativa também não estavam repletos de títulos. Na verdade, por causa de uma falha na maneira como a cooperativa pagava seus administradores, o membro típico tinha menos do que quarenta títulos. Não eram só os novos pais que queriam ficar em casa e poupar títulos — *todo mundo* queria. E, se todos ficarem em casa, quem vai ter a oportunidade de olhar algumas crianças e ganhar títulos? Ninguém tem oportunidade de aumentar suas reservas e ninguém se sente confortável saindo. O círculo se perpetuava a si mesmo, porque a renda de um casal só podia ser o resultado do gasto de outro casal. Se praticamente não havia gasto, então praticamente também não havia renda.

O resultado foi uma recessão de *baby-sitting* — recessão essa que pode nos ajudar a pensar mais claramente na natureza das crises na economia mais ampla. Esqueça as recessões causadas por guerras ou por desastres naturais, e pense apenas naqueles casos curiosos em que as economias simplesmente caem da cama sem qualquer razão aparente. Os recursos de base da economia não mudaram. De repente, não passaram a existir menos fábricas, menos prédios comerciais ou menos estradas, nem menos metais ou combustíveis fósseis debaixo do solo. As pessoas na economia não estão sofrendo de amnésia em massa no que diz respeito a como fazer coisas ou prestar serviços. Os empreendedores prefeririam estar empregando mais trabalhadores e produzindo mais bens, e os desempregados prefeririam estar ganhando e gastando. Mas, por alguma razão, isso simplesmente não acontece. Igualmente, todos os funcionários legislativos na CHBC prefeririam participar de uma economia de *baby-sitting* em expansão — isto é, uma economia em que todo mundo se diverte num fim de semana e cuida de crianças no outro. Mas nada disso acontecia. Era justamente o oposto: todo mundo praticamente só ficava na companhia dos próprios filhos, sentindo-se triste e frustrado.

Como a cooperativa era gerida principalmente por advogados (afinal, estamos falando de Washington, D.C.), eles tentaram uma abordagem legalista para resolver a recessão. "A ideia era que alguns membros estavam se esquivando, saindo pouco, demonstrando comportamentos e valores que podiam destruir a cooperativa", escreveram Joan e Richard Sweeney num breve trabalho famoso publicado em 1977 no *Journal of Money, Credit and Banking*, a principal revista acadêmica de economia monetária. (Um dos Sweeney era funcionário de meio-escalão do Tesouro, especializado em pesquisa monetária; ambos eram membros da Cooperativa de *Baby-sitting* do Capitólio.) A cooperativa introduziu uma regra que tornava obrigatório sair a cada seis meses. Eu mesmo não vivo na farra, mas "vá se divertir duas vezes por ano" não é um limite mínimo muito eficaz. Se a ideia era dar uma acelerada na economia do *baby-sitting* forçando os pais da cooperativa a terem vidas sociais mais animadas, a situação devia estar desesperadora.

Então é essa a minha história inspiradora? E a regra funcionou?

Não, não funcionou. Mas enfim o comitê da cooperativa abandonou as táticas legalistas ineficazes e passou a usar a economia, e isso, sim, funcionou. A solução foi, na verdade, bem simples: imprimir mais dinheiro. Especificamente, cada membro recebeu dez horas a mais de títulos, e os novos membros também passaram a receber a mesma quantidade de horas a mais quando entravam, mas os membros que saíam só tinham de devolver vinte horas. A oferta monetária, outrora pequena e em retração, agora era generosa e se expandia. E — milagre dos milagres! — a recessão arrefeceu.

Essa história impressiona por muitas razões. Primeira, ela mostra que até uma economia simples — poucas centenas de adultos de mentalidade semelhante e um comitê central com o telefone e o endereço de todo mundo, comercializando um único serviço — pode ser difícil de gerir. Segunda, ela mostra que histórias, por si, desde que sejam bem escolhidas, podem nos dizer muito sobre como funcionam as economias.

Mas a coisa mais notável a respeito dessa história é a maneira como a política monetária — que significa alterar a oferta de moeda na economia — curou a recessão de maneira absolutamente direta. Foi simples: havia uma recessão; uma autoridade criou dinheiro do nada (ou, mais corretamente, de folhas de papel-cartão); então a recessão acabou.

Claro que a recessão acabou. Se você pode imprimir dinheiro, pode consertar a maioria dos problemas econômicos, não pode? É fácil demais. Isso é trapacear.

Interessante que pense assim. Você mesmo está no comando da economia. Pode imprimir tanto dinheiro quanto quiser.

Mesmo?

Com certeza. Você nem precisa imprimir. Pode telefonar para o banco central, seja o Federal Reserve, o Banco da Inglaterra ou o que for, e pedir ao presidente que acrescente alguns zeros às somas de dinheiro guardadas eletronicamente nas contas do banco central. O trabalho dos bancos centrais consiste em decidir quanto dinheiro há na economia.

Bem — nesse caso, por que estou lendo um livro sobre como resolver problemas econômicos? Basta imprimir dinheiro, ora. Problema resolvido.

Achei que a citação de Douglas Adams no começo do capítulo teria servido de advertência contra essa visão. Em sua economia fictícia, Fintlewoodlewix, a folha passou a ser usada como moeda de curso legal. Foi muita criação monetária, mas que não fez nenhum bem. Um ótimo ponto de partida para começar a entender como funciona uma economia é que a produção depende dos recursos de base disponíveis — trabalho, maquinário, infraestrutura. A impressão de dinheiro não cria mais estradas, mais fábricas, nem mais trabalhadores.

Mas, na cooperativa de *baby-sitting*, imprimir dinheiro efetivamente resolveu o problema.

Sim, resolveu, e é isso que faz da cooperativa de *baby-sitting* um exemplo tão fascinante. Os recursos de base de que eu estava falando não foram alterados: havia pais que queriam sair e se divertir; havia outros que queriam ficar em casa e cuidar de crianças. E, no entanto, para destravar aquele potencial preexistente para trocas de serviços de *baby-sitter*, o comitê da cooperativa teve de imprimir a quantidade correta de títulos — títulos que, vamos lembrar, nada mais eram do que um modo de estar a par de quem estava cuidando das crianças e de quem estava saindo o tempo todo. Imprimir dinheiro realmente ajudou, e, em vez de esse fato ser óbvio, ele deveria ser profundamente surpreendente — um fato que vale a pena explicar. E vamos explicar.

Mas, primeiro, uma palavra sobre o professor Krugman, o homem que deu fama à história da cooperativa. Certa vez ele escreveu que a parábola dos Sweeney mudou sua vida. "Sempre penso nessa história; ela me ajuda a permanecer calmo diante de uma crise, a ter esperança em épocas de depressão, e a resistir à atração do fatalismo e do pessimismo."[1]

Imagino que a história tenha tido um efeito tão profundo em Krugman porque, assim como o "problema no alternador" de John Maynard Keynes, ela tira sua inspiração da ideia de que as recessões não precisam ser forças implacáveis e inevitáveis da natureza. Elas não precisam refletir profundos problemas culturais ou tecnológicos na estrutura de uma economia. As recessões podem perfeitamente ter causas técnicas simples e soluções técnicas tão simples quanto.

Fiquei tão inspirado quanto Krugman! Que alívio — o trabalho parece mais fácil do que eu imaginava.

Nem tanto. Chegou a hora daquela reviravolta que prometi. Infelizmente, a parábola é um pouco mais complicada do que sugere sua última versão, dada pelo professor Krugman. Em seu livro *Um basta à depressão econômica*, ele não chega a contar como a história termina. Mas o final não é nem um pouco feliz. A cooperativa estragou sua reforma monetária. Ela deu uma guinada de uma situação em que a quantidade de títulos era pequena demais e se retraía para uma situação em que a quantidade de títulos era exata — mas crescia. Como dizem os Sweeney em seu artigo original, "depois de algum tempo, a consequência natural foi que havia títulos demais e mais gente queria sair do que cuidar de crianças".

Se um dia ninguém queria sair, agora ninguém queria ficar em casa. O resultado final era exatamente o mesmo: uma recessão de *baby-sitting*, em que houve menos comércio de noites de *baby-sitting* do que teriam desejado os membros da cooperativa. Calejado pelo experimento falhado de imprimir mais títulos, o comitê da cooperativa recusou-se a considerar outras abordagens monetárias para o problema, e outra vez adotou grosseiras tentativas legalistas. Na seca observação dos Sweeney, em 1977, "um esquadrão da verdade foi concebido para verificar por que as pessoas não estão fazendo *baby-sitting* o bastante".

Mas obrigado, hein? Você me dá esperança, e depois tira.

Não seja tão derrotista. Ainda podemos ter uma visão otimista dessa triste história. Lembre-se de que estamos falando de uma cooperativa gerida por advogados de Washington — não existe razão alguma para esperar que eles entendam de política monetária. A cooperativa na verdade era uma economia simples e não deveria ter estado além das capacidades de o comitê organizador emitir uma quantidade razoável de moeda, desde que eles ao menos soubessem o que estavam fazendo. É razoável esperar que as autoridades monetárias no mundo real, cujos funcionários são tecnocratas experientes e bem formados, fariam um trabalho muito melhor. (Acredito que todos podemos concordar que um punhado de advogados no Capitólio são capazes de gerir mal qualquer coisa, e, se as atividades de *baby-sitting* forem as únicas prejudicadas, podemos considerar que estamos com sorte.)

Por outro lado, claro, você pode observar que a cooperativa do Capitólio era uma questão muito mais simples do que uma economia do século XXI com mais de 300 milhões de cidadãos, totalmente embutida num sistema de comércio global, e dependente de um setor financeiro grande e complexo. Nesse caso, até os tecnocratas experientes e bem formados podem ter dificuldades para imprimir a quantidade certa de títulos. Mas decidimos ser otimistas, lembra? Mesmo que seja complicado acertar os detalhes, permanece a lição: em princípio, pode-se estimular a economia imprimindo dinheiro.

Então precisamos entender por que isso acontece. E a razão fundamental são preços rígidos.

Preços o quê?

Preços rígidos. Pense só. Se os preços se ajustassem com total liberdade em resposta a forças competitivas, então a efetiva quantidade de dinheiro numa economia simplesmente não faria diferença. A cooperativa de *baby-sitting* é aqui um perfeito caso para estudar. Uma vez que as pessoas estavam desesperadas para fazer *baby-sitting* e acumular títulos, e ninguém queria sair, por que elas não se ofereciam para ser *baby-sitters* por seis horas em troca de três horas de títulos? O problema básico, afinal, não era realmente que as pessoas não tinham títulos o suficiente — era que os títulos que tinham não pagavam por serviços suficientes de *baby-sitting*. E esse problema poderia ter sido resolvido instantaneamente se as pessoas tivessem se sentido capazes de ignorar o valor nominal dos títulos (meia hora de *baby-sitting*) e concordassem que cada título passaria a valer por uma hora. Mas não foi o que aconteceu. Em vez disso, os preços permaneceram iguais.

Eis outra maneira de abordar os preços rígidos. Imagine que você está jogando Banco Imobiliário e o banco fica sem dinheiro. Isso não faz parte das regras do jogo; o banco pode ficar sem casas e sem hotéis (se houvesse uma oferta ilimitada, o jogo poderia, de fato, durar para sempre, em vez de somente passar essa sensação), mas não fica sem dinheiro. Se você jogar muitas partidas de Banco Imobiliário, porém, vai ver que às vezes isso acontece e o jogo emperra. A maioria dos jogadores responde a essa estranha situação emitindo promissórias ou arrumando algumas fichas de pôquer. E pronto! Foi criada mais moeda, e o jogo pode continuar.

Mas há uma alternativa esquisita: os jogadores podem concordar em redefinir todos os valores no jogo, de modo que £ 1 passe a valer £ 2, £ 5 passe a valer £ 10 e £ 500 passe a valer £ mil. Todos os aluguéis cairão pela metade, assim como o preço da propriedade das casas e dos hotéis: você só precisa de US$ 200 para comprar Boardwalk, ou de £ 200 para comprar Mayfair, não de 400. Porém, como todos os valores mudam simultaneamente, os valores reais das propriedades permanecem os mesmos. É isso que se chama mudança "nominal". Cada jogador simplesmente devolve metade das notas ao banco, sem ficar nem um pouco mais pobre.

Logicamente, isso funciona tão bem quanto criar mais dinheiro. É também o tipo de coisa que só um vulcano — ou um economista com treinamento clássico — iria sugerir. Como os preços, de fato, não se ajustam com suavidade, às vezes o banco central precisa imprimir mais dinheiro.

Mas por que os preços ficam rígidos?

Há quatro razões principais. Eis a primeira. Considere a seguinte situação: uma pequena loja de xerox tem um funcionário que trabalha ali há seis meses e ganha US$ 18 por hora. Os negócios continuam satisfatórios, mas, com o fechamento de uma fábrica da região, o desemprego aumentou. Outras lojas pequenas agora contrataram trabalhadores confiáveis por US$ 14 por hora para realizar trabalhos similares àqueles feitos pelo funcionário da xerox. O proprietário da xerox reduz o salário do funcionário para US$ 14.[2]

Mas que canalha.

Você não é a única pessoa que pensa assim. Daniel Kahneman, psicólogo que veio a ganhar o prêmio Nobel de economia, foi coautor de um artigo sobre como nosso senso de justiça tende a constranger o que fazemos, e particularmente sobre quais podem ser os movimentos de preços e salários. Kahneman e seus colegas apresentaram a situação anterior a algumas pessoas e viram que 83% delas achavam que o dono da xerox tinha sido injusto ou muito injusto. É interessante que seja assim que nosso desejo de justiça se manifeste. Afinal, poderíamos dizer que é injusto que aquele empregado em particular ganhe US$ 18 por hora num ambiente em que pessoas com capacidades semelhantes ganham apenas US$ 14 por hora. Ou poderíamos dizer que é injusto se o empregador tiver de pagar mais do que o salário do mercado. Não importa: a questão é que nenhuma dessas ruminações filosóficas tem grande impacto emocional. As pessoas têm sentimentos fortes diante da ideia de que o empregador possa simplesmente cortar o salário de US$ 18 para US$ 14 por hora. Isso parece egoísta e ganancioso.

Essa reação emocional é forte o bastante para mudar o modo como funciona a economia. O dono da xerox, se sabe o que é bom para si, não vai cortar o salário, a menos que seja absolutamente necessário. Ele teme parecer insensível, por seu próprio senso de decência, ou pela perspectiva de perturbações, de uma greve ou de sabotagem. Esse tipo de relutância em cortar salários é uma simples questão de humanidade. Mas ela tem consequências tanto negativas quanto positivas. Talvez o dono da loja estivesse pensando em contratar um segundo empregado — ao salário do mercado, ter dois funcionários por um total de US$ 28 por hora pode ser muito melhor para a loja do que ter apenas um a US$ 18 por hora. Mas isso não vai acontecer: na verdade, o proprietário pode sentir-se incapaz até de contratar o segundo funcionário por US$ 14, menos do que ganha o primeiro, porque diferenças salariais arbitrárias entre dois colegas próximos são um convite à encrenca. Talvez seja bem melhor gastar o dinheiro numa máquina de xerox mais eficiente.

Dá para ver por que aquilo que de início parece uma questão para um psicólogo como Kahneman acaba sendo de grande interesse para você na hora em que vai tentar manter o bom funcionamento da sua economia. Como o empregador não altera o salário para refletir a taxa de mercado, a oferta e a demanda não vão bater no mercado de trabalho: haverá gente disposta a trabalhar (por US$ 15 por hora, digamos) que não arruma emprego porque os empregadores não ousam cortar os salários. O desemprego vai ser mais alto do que poderia ser.

E os salários não são os únicos preços que podem permanecer rígidos por causa da percepção da justiça. Kahneman e seus colegas verificaram que as pessoas que responderam à pesquisa ficavam igualmente indignadas com uma situação em que uma loja de utensílios subia o preço de uma pá de neve de US$ 30 para US$ 40 após uma forte tempestade.

Para considerar um exemplo do mundo real, e não hipotético, pense na perpétua carência do que quer que seja a última engenhoca da moda. Um dia eram os consoles da Nintendo. Em meados da década de 2000, era o Xbox 360 da Microsoft. Recentemente, foram as últimas versões do iPad e do iPhone da Apple. Como é difícil aumentar a oferta de uma nova engenhoca popular e complexa, a disponibilidade desses produtos tende a ser limitada. Quando a primeira leva chega às prateleiras, as pessoas fazem filas dando a volta no quarteirão para comprar. Mas isso é um mistério — considerando a alta demanda e a oferta limitada, por que as empresas não jogam o preço lá no alto? Digamos que a Apple só consiga produzir 1 milhão de iTrecos até o Natal; a US$ 400, eles teriam nada menos do que 5 milhões de consumidores ansiosos para comprá-los. Não faria mais sentido para a Apple cobrar um preço — digamos, US$ 600 — que apenas 1 milhão desses consumidores estejam dispostos a pagar? Então eles poderiam reduzir o preço a US$ 400 depois do Natal, quando mais iTrecos chegarem de navio da China.

À luz da pesquisa de Daniel Kahneman, o argumento contra esse plano é óbvio: um aumento forte e temporário dos preços incomodaria os consumidores em potencial muito mais do que uma fila longa. E a previsível queda posterior dos preços igualmente incomodaria aqueles que pagaram o alto preço primeiro. Isso não é só uma teoria: de fato, a Apple uma vez tentou algo assim. Ao lançar o primeiro iPhone, em 2007, seu preço foi cortado de US$ 600 para US$ 400 depois de dois meses e meio. O que aconteceu? Os primeiros compradores ficaram furiosos, apesar do fato de que o preço mais alto supostamente reduzia filas e escassez ao dissuadir outros compradores. Aquilo virou um pesadelo de relações públicas tão grande para a Apple, que Steve Jobs logo deu vales de US$ 100 como compensação para aqueles que tinham pagado os preços mais altos.

Então o que você quer dizer é que ninguém queria correr o risco de virar um pária ao tornar-se o primeiro membro da cooperativa a afirmar: "Quero seis horas de *baby-sitting* em troca de três horas de títulos."

Exatamente. E essa é só a primeira de quatro razões pelas quais os preços nas economias rígidas podem ser rígidos. A segunda é aquilo que os economistas chamam de "custos de cardápio". Meu exemplo favorito é o preço da Coca-Cola. O preço da primeiríssima garrafa de Coca-Cola, em 1886, era de 5 centavos, mais ou menos o equivalente a 1 dólar hoje. Obviamente o preço subiu desde então, mas o que surpreende é que se passaram mais de setenta anos para que o preço de uma Coca-Cola de 200 ml iniciasse esse processo de mudança. Isso mesmo: por sete décadas, o preço de uma garrafinha de Coca-Cola nunca deixou de ser 5 centavos. Em comparação, o preço do café ficou oito vezes maior no mesmo período.

Nós, economistas, chamamos isso de rigidez de preços nominais. Meu salário não sofre leves ajustes todo mês para refletir os números mais recentes da inflação, nem o seu. Os restaurantes não mandam reimprimir seus cardápios (viu de onde vem o termo "custos de cardápio"?) se o custo dos ingredientes muda 1 centavo, tampouco as empresas de varejo mandam reimprimir os seus catálogos.

É verdade que a rigidez nominal do preço da Coca era extrema; setenta anos é um bocado de tempo para manter o mesmo preço nominal, e, ao longo desse período, os custos da Coca-Cola passaram por flutuações enormes. A empresa tinha uma razão excelente para insistir com o preço de 5 centavos: a Coca-Cola era vendida em máquinas que só aceitavam moedas desse valor. Se você quisesse aumentar o preço para 6 centavos, teria de fazer ajustes em todas as máquinas do país para que elas aceitassem, adicionalmente, moedas de 1 centavo — tarefa que teria sido imensamente custosa. Assim, a única alternativa era elevar o preço para 10 centavos, e teria sido difícil vender um aumento de preço de 100% até para os mais sedentos consumidores. A empresa ficou desesperada: em 1953, o presidente da Coca-Cola escreveu ao presidente Eisenhower, seu amigo, para sugerir seriamente a criação de uma moeda de 7,5 centavos.

Certamente um exemplo extremo.

Claro, mas na verdade a história não termina na máquina. A Coca-Cola também fazia muita propaganda de que um copo da bebida custava 5 centavos. Alguns desses anúncios simplesmente ficavam na cabeça, mas a permanência de outros era incrivelmente maior: estavam gravados em bandejas de refrigerantes, ou em imensos murais nas paredes de edifícios. A empresa também distribuía copos de Coca gratuitos para garantir que máquinas de refrigerante servissem a quantidade certa. E tudo isso em parte porque a Coca-Cola tinha assinado contratos de longo prazo com preços fixos. E, ainda que nem toda empresa tenha de vender seus produtos em máquinas que só aceitam moedas de 5 centavos, muitas outras empresas também precisam lidar com contratos de preço fixo e preços anunciados que não vão embora rapidamente.

A RECESSÃO DO *BABY-SITTING*

É verdade, porém, que a maioria das empresas não espera tanto tempo assim para mudar os preços. Os pesquisadores tendem a concluir que muitos preços mudam mais ou menos todo ano, e muitas vezes em menos tempo. Daniel Levy, um dos pesquisadores que documentou a história da Coca, também estimou que, em meados da década de 1990, o custo de mudar o preço de um único tipo de produto num supermercado era de 52 centavos. Pode parecer irrisório, mas, com centenas de milhares de produtos nas prateleiras, essas mudanças de preço chegavam a US$ 100 mil por loja — cerca de um terço dos lucros. Em outro estudo feito por Levy e seus colegas sobre um grande fabricante de equipamentos industriais, a verdadeira despesa da mudança de preços estava no gerenciamento de tempo e de pesquisas, em comunicar as mudanças à equipe de vendas e em renegociações com os clientes. O custo total de mudar os preços superava em 20% os lucros. Esses custos não vão impedir que os preços mudem por setenta anos, mas podem retardar o processo o suficiente para serem sentidos.[3]

Isso ainda parece mero atrito, não algo substancial. Você está me dizendo a sério que isso tem impacto econômico real?

Eu poderia simplesmente observar que o atrito é importante. Tente andar num ambiente sem atrito, e depois me conte como foi a experiência — você vai ficar totalmente achatado em meio segundo. Nesse sentido, a rigidez dos preços se parece muito com o atrito. Ela parece pequena, e muitas vezes podemos deixá-la completamente de fora de nossos modelos para mantê-los simples, assim como um físico ignora o atrito nas vezes em que ele tornaria uma equação desnecessariamente mais complicada. Contudo, em última instância é muito importante, e o mundo seria bem diferente sem ele.

Vou dar um exemplo simplificado para mostrar como uma pequena quantidade de rigidez de preços pode ter efeitos amplos. Imagine um mundo em que duas empresas vendem exatamente o mesmo produto, e os consumidores têm perfeita ciência de todas as mudanças de preços. Presuma que o preço do produto varia por centavos. Para ser específico, vamos imaginar que estamos falando de combustível e que as empresas são a Exxon e a Shell. A empresa que tiver o menor preço vai ficar com todas as vendas. Agora imagine que a Shell e a Exxon só possam mudar preços após as reuniões mensais do conselho. A Shell faz sua reunião no primeiro dia do mês, e a Exxon no dia 15. Os preços são extremamente rígidos, mas só por um breve período.

Por um longo tempo, o custo de fornecimento de combustível é de 99 *pence* por litro. A Exxon e a Shell vendem ambas o combustível a 1 libra o litro. Se qualquer uma delas cortar 1 *penny* do preço, sua margem será zero, assim como seu lucro. Se qualquer uma delas *elevar* o preço, vai perder todos os consumidores e, outra vez, ter lucro zero. Por um processo de eliminação, o preço de equilíbrio é 1 libra, com as duas empresas tendo um lucro pequenino e (suponhamos) dividindo o mercado pela metade.

Um dia — digamos que seja em 22 de fevereiro — o custo básico do combustível cai acentuadamente para 49 *pence* por litro.

Por acaso acharam um poço de petróleo em Hyde Park?

Sei lá. Por alguns dias, as duas empresas vão ganhar rios de dinheiro, porque não podem cortar os preços. Elas ganham 51 *pence* por litro — um lucro 51 vezes maior do que antes! —, mas, claro, em 1 de março, a Shell poderá mudar seus preços. O que vai acontecer?

Se a Shell estivesse de conluio com a Exxon, simplesmente não cortaria seu preço. Mas vamos presumir que não haja conluio nenhum, e que a Shell simplesmente quer competir, ganhar tanto dinheiro quanto possível sem qualquer consideração pelos lucros da Exxon. Seria lógico então que a Shell cortasse seus preços em um único *penny*, chegando a 99 *pence*. Todos os clientes da Exxon então comprariam combustível da Shell, e a Shell venderia duas vezes mais combustível a um lucro de 50 *pence* por litro em vez de 51 *pence* por litro, quase dobrando seus lucros já estratosféricos. Nada mau. Em 15 de março, a Exxon tem sua oportunidade de responder, e vamos outra vez presumir que a Exxon não está de conluio, mas competindo agressivamente para ganhar dinheiro. Com o mesmo raciocínio, a Exxon corta os preços para 98 *pence* por litro. Ela ganha de volta todos os seus clientes, e também os da Shell. Em 1º de abril, a Shell corta os preços para 97 *pence* por litro. O processo continua. Quanto tempo falta até que os preços caiam até seu nível de equilíbrio, logo acima do custo? Mais de dois anos, apesar do fato de que cada empresa teve várias oportunidades de ajustar seus preços.

Claro que esse modelo adota alguns pressupostos extremos, mas ele capta a essência de como uma pequena quantidade de rigidez de preços pode levar a um ajuste de preços lento e arrastado. A chave aqui é que cada firma considera seu próprio lucro na hora de estabelecer preços, não o efeito em outras empresas. Esse efeito pode ir muito além de uma indústria individual: se a Shell cortar seu preço, isso significa mais dinheiro no bolso de cada motorista, e, portanto, o potencial para qualquer outra empresa na economia vender algo para esse motorista. Nada disso interessa à Shell, então ela vai cortar os preços mais lentamente do que gostariam as outras empresas. Cada firma é fortemente influenciada por aquilo que outras — fornecedores e competidores — estão cobrando.

Essa é a terceira razão para a rigidez de preços: problemas de coordenação. E isso significa que, mesmo que os obstáculos à mudança de preços sejam bem pequenos, os preços na prática podem mudar de maneira surpreendentemente lenta.

Há uma quarta e última razão para a rigidez de preços. Para ilustrá-la, permita-me contar uma história real: um dia, um professor recebeu a notícia de que seu salário seria cortado. Roxo de raiva, irrompeu no escritório do diretor do departamento e ameaçou demitir-se. Com alguns esforços, ele foi acalmado. Alguns anos depois, o mesmo homem teve o salário cortado novamente. Dessa vez, não houve pirraça. Na verdade, ele estava perfeitamente contente.

Por que a mudança de atitude?

Porque o corte salarial não parecia um corte salarial: parecia um aumento. Especificamente, o salário do professor foi aumentado em 3% numa época em que a inflação era de 6%. Contudo, por alguma razão, um corte real de 3% não pareceu um corte de jeito nenhum. Você pode fazer as contas, assim como poderia o professor — afinal, ele era professor de economia.[4] Mas isso não o impediu de sofrer daquilo que os economistas chamam de "ilusão monetária". Mesmo quando entendemos que é preciso levar em conta a inflação, nem sempre fazemos o esforço mental da correção, e os números corrigidos para a inflação muitas vezes não têm a carga emocional necessária para mudar a maneira como agimos. Os números crus, sem correção — que chamamos de "salários nominais" e de "preços nominais" —, são aqueles em que não conseguimos deixar de prestar atenção.

A pesquisa psicológica demonstra que os salários nominais influenciam nossa maneira de pensar ainda que os salários reais sejam, logicamente falando, a única coisa que importa. Um salário nominal é apenas um número; um salário real são os bens e serviços que um salário nominal pode comprar. A ilusão monetária explica por que cortes salariais em termos reais são muito comuns, mas os cortes salariais em termos nominais são extremamente raros — menos de 0,5% das negociações salariais nos Estados Unidos são concluídas com um corte salarial nominal.

Guarde bem a ilusão monetária, aliás. Ela será útil no capítulo 4.

Se você diz... Mas achei que esse capítulo seria inspirador! Tudo que você está fazendo é me tolher com razões de por que a minha economia não funciona suavemente.

E é precisamente por essa razão que a cooperativa de *baby-sitting* é um exemplo inspirador.

Vamos recapitular. Todas as quatro razões da rigidez de preços que descrevi poderiam ocorrer numa economia em que o livre mercado fosse total. E, no mundo real, todas as economias de sucesso têm uma presença substancial do governo, que cria ainda mais possibilidades para que os preços sejam rígidos: preços regulados, salários-mínimos, salários do setor público que viram controvérsias políticas. A rigidez de preços é pura e simplesmente um fato da vida, e significa que a sua economia pode ficar atolada numa vala. Imagine que, por alguma razão, a sua economia está encolhendo. Se os salários e os preços rapidamente se ajustarem para baixo, o sofrimento que essa queda no PIB vai causar será contido. Mas se as firmas hesitarem em cortar os preços por causa de problemas de coordenação e de custos de cardápio, o preço de seus produtos ficará excessivo. As vendas vão cair. Empresas vão, então, precisar reduzir os custos, mas os trabalhadores ficarão injuriados com um corte em seu salário nominal, logo alguns serão despedidos. O desemprego será mais alto do que deveria, significando que a demanda por bens e serviços será menor e que as firmas terão de reduzir mais os custos, e assim por diante. Preços rígidos são uma receita de encrenca. Aliás, as consequências podem ser tão severas quanto a Grande Depressão.

Mas a cooperativa de *baby-sitting* aponta uma saída. Como vimos, na recessão de *baby-sitting*, aqueles dispostos a cuidar de crianças e aqueles que queriam se divertir não conseguiam trocar noites de *baby-sitting* por uma razão simples e tola — não havia títulos o suficiente em circulação para permitir que todo mundo guardasse o número de horas que gostaria de ter de reserva, e o preço de ficar de *baby-sitter* era rígido. Ainda que a cooperativa tivesse estragado tudo, a solução estava ali — era preciso imprimir mais dinheiro.

Entendi! Então você está dizendo que, no fim das contas, se eu quiser resolver problemas econômicos, devo simplesmente ligar as impressoras?

Sim, às vezes. Nem sempre isso é boa ideia, como vamos ver mais para o final do capítulo seguinte. Mas, antes de irmos mais longe na questão de criar dinheiro, acho que precisamos dar um passo atrás e entender bem o que é o dinheiro. O assunto é mais escorregadio do que se pensa.

3
Moeda, moeda, moeda

Unidades Monetárias: Nenhuma.
Na realidade há três moedas livremente correntes na Galáxia,
mas nenhuma delas conta. O Dólar Altairiense entrou em colapso
recentemente, a Baga Flainiana só é intercambiável por outras
Bagas Flainianas, e o Pu Trigânico tem seus próprios problemas
muito específicos. Sua taxa de câmbio de 8 Ningis por cada Pu
é bastante simples, mas, como cada Ningi é uma moeda triangular
de borracha de 6.800 quilômetros de lado, ninguém jamais as juntou
em número suficiente para possuir um Pu. Ningis não são moedas
negociáveis, porque os Bancos Galácticos recusam-se a lidar com
trocados. Partindo-se dessa premissa básica, é muito simples
provar que os Bancos Galácticos também são produto de
uma imaginação perturbada.

Douglas Adams, O *restaurante no fim do universo*

Você queria falar comigo sobre a moeda.

Queria, é verdade. Vamos testar sua reação à seguinte história. Em 22 de agosto de 1994, dois músicos aposentados, Bill Drummond e Jimmy Cauty, voaram para Jura, nas Hébridas Interiores, perto da costa oeste da Escócia. Eles levaram consigo um cinegrafista, um jornalista (Jim Reid, do *Observer*) e 20 mil notas de £ 50, em maços firmemente embalados com plástico. Um milhão de libras.

(Cerca de £ 1,5 milhão ou US$ 2,5 milhões em valores de hoje.) Drummond e Cauty, dizem, esvaziaram suas contas bancárias para juntar aquele dinheiro.

No começo da manhã seguinte, os quatro foram até docas remotas e, com a chuva caindo forte do lado de fora, Cauty e Drummond fizeram uma pequena pilha daqueles maços de notas enquanto os outros serviam de testemunhas. Drummond e Cauty tiraram cada qual uma nota de £ 50, puseram fogo nela com um isqueiro, e incendiaram o resto do dinheiro. Quando os densos blocos de notas se recusavam a arder, eles pegavam três ou quatro notas ao mesmo tempo, amassavam-nas e jogavam-nas no fogo. Isso tudo levou algumas horas.

Que desperdício!

Você acha? Muita gente achou também. Drummond e Cauty, antigos membros da banda The KLF, de imenso sucesso, causaram escândalo. Eles viram sua ação como uma afirmação artística. O mundo da arte não pareceu concordar. Em vez disso, a maioria das pessoas concordou que, não importando se aquilo tenha sido motivado pela arte, por um desejo de atenção ou por algum sentido de excesso típico do rock, Cauty e Drummond tinham sido responsáveis por um horrendo desperdício de recursos. O artigo do *Observer* em que Jim Reid descreveu o que tinha testemunhado terminava com uma lista daquilo que £ 1 milhão poderia ter comprado, incluindo "RUANDA — 2.702 kits para alimentar 810.810 pessoas" e "POPULAÇÃO DE RUA — Pensionato para 68 famílias por um ano em Londres ou 106 famílias fora de Londres".

Quando Drummond e Cauty foram entrevistados em *The Late Late Show*, programa na televisão irlandesa comandado por Gay Byrne, a recepção que tiveram ao discutir sua "arte" foi bastante hostil. Houve perguntas diretas de Byrne, e a plateia do estúdio estava furiosa com a destruição sem sentido.[1] Será que eles não poderiam ter dado o dinheiro para uma boa causa?

Drummond protestou: "Se tivéssemos simplesmente gasto o dinheiro em piscinas, em Rolls-Royces, acho que ninguém teria se incomodado. É porque o queimamos que as pessoas estão incomodadas. E sei que é meio piegas dizer isso e que talvez nem se sustente, mas, já que você está falando de caridade... a gente ter queimado o dinheiro não significa que existe menos pão no mundo, menos maçã, menos nada. A única coisa que tem a menos é uma pilha de papel."[2]

Naquele momento, Byrne provocou Drummond e disse que poderia haver mais maçãs ou pão no mundo se eles tivessem feito bom uso do dinheiro. A plateia aplaudiu Byrne e xingou Drummond enquanto ele tentava continuar.

Você está me dizendo que Byrne estava errado e que Drummond tinha razão. É isso?

Isso mesmo. A maneira mais simples de ver isso é perguntar quanto teria custado ao Banco da Inglaterra imprimir £ 1 milhão para substituir aquilo que Drummond e Cauty tinham incinerado. Pelo que consigo estimar a partir do Banco da Inglaterra (uma instituição um pouco tímida, mas que diz que o custo é de "alguns *pence*" por cédula) e de informações publicadas pelo Federal Reserve americano, o custo de imprimir 20 mil notas de £ 50 não teria ultrapassado £ 2 mil. Quando Drummond disse que seu próprio argumento "talvez não se sustente", ele estava equivocado; o argumento se sustenta perfeitamente. E, quando ele disse que não tinha destruído pães nem maçãs, mas só papel, estava coberto de razão. Tudo que ele e Cauty destruíram foi o equivalente a £ 2 mil em papel.

Na verdade, longe de ser responsáveis por um desperdício sem sentido de recursos que poderiam ter ido para os necessitados, Drummond e Cauty deram um pequeno presente a cada um de seus concidadãos. Em vez de ficar escandalizadas, as pessoas deveriam agradecer a eles.

Agradecer? Pelo quê?

Pense no que acontece toda vez que o Banco da Inglaterra imprime cédulas a mais. Se não há demanda o bastante por bens e serviços que possa equiparar-se à oferta potencial (e se os preços rígidos impedirem o ajuste), então o dinheiro extra deveria significar maior demanda por recursos existentes ao mesmo preço — é essa a situação da "cooperativa de *baby-sitting*" que exploramos no capítulo anterior. Mas, se as pessoas já estão demandando tudo que está sendo oferecido na economia, então na verdade os preços terão de subir.

Inverta a situação. Se Drummond e Cauty estivessem queimando dinheiro numa economia que já está sofrendo de demanda deficiente — se estivessem, por exemplo, queimando títulos na economia do *baby-sitting* —, então eles estariam piorando uma situação que já era ruim. (Mesmo assim, o Banco da Inglaterra poderia apertar um botão a qualquer momento e acabar com o prejuízo, a um custo de poucos milhares de libras.) Mas se, como é mais provável, Drummond e Cauty estivessem queimando dinheiro numa economia em que oferta e demanda estivessem equilibradas, o resultado seria simples de descrever: os preços médios da economia iriam baixar.

Não baixariam muito, é preciso admitir. Drummond e Cauty queimaram £ 1 milhão num momento em que havia £ 18 bilhões em notas e moedas nas mãos de empresas e indivíduos particulares.

Esse número flutuava em centenas de milhões de libras de mês a mês. Assim, o efeito da "arte" de Cauty provavelmente foi indetectável. Mesmo assim, ele existiu em princípio: alguma coisa que em média custasse £ 180 teria seu preço reduzido em 1 *penny* como consequência do dinheiro queimado. Ao reduzir a oferta monetária em £ 1 milhão, Drummond e Cauty efetivamente deram de presente £ 1 milhão, na forma de preços ligeiramente mais baixos, para todas as pessoas do mundo que possuíam algumas libras esterlinas.

Que pena que Drummond não o chamou para aprender a lidar com a mídia.

Duvido que isso tivesse ajudado — o argumento é contraintuitivo. O problema fundamental é que, quando pensamos em dinheiro, instintivamente pensamos no poder de compra individual — em todas as coisas que *nós* poderíamos comprar se *nós* tivéssemos aquele dinheiro. Mas, do ponto de vista da sociedade como um todo, não é assim que as coisas funcionam. Drummond e Cauty destruíram £ 1 milhão do poder de compra *deles*. Mas eles não destruíram £ 1 milhão dos recursos da sociedade. Logicamente falando, se você destruir o seu próprio poder de compra, mas não o poder de compra da sociedade como um todo, então você deu de presente seu poder de compra — e foi exatamente isso que Drummond e Cauty fizeram.

Se você vai ficar no comando de uma economia, precisa abandonar o hábito instintivo de pensar que "dinheiro" equivale a "coisas que você poderia comprar com dinheiro". Isso vale para um indivíduo, não para uma sociedade. Como disse uma vez P. J. O'Rourke, a microeconomia trata do dinheiro que você não tem, ao passo que a macroeconomia trata do dinheiro que o governo não tem. E são tipos totalmente diferentes de dinheiro.

Agora, espero que você não seja um desses leitores que pulam as citações legais que eu escolhi com todo o cuidado para ficar no começo de cada capítulo...

Ahn... Não. De verdade.

Que bom. Estranhamente, existe no mundo real um equivalente próximo da Ningi, a moeda triangular de borracha maior do que Marte idealizada pelo humorista Douglas Adams. Ela pode ser encontrada na ilha de Yap, na Micronésia, no Pacífico ocidental. Suas moedas, as *rai*, são rodas de pedra com um buraco no meio. Algumas são bastante portáteis — têm o diâmetro de uma mão ou menos, e o peso de alguns sacos de açúcar. Mas as pedras mais valorizadas são bem maiores — um marinheiro britânico escreveu no fim do século XIX a respeito de uma roda de pedra que pesava 4,5 toneladas e tinha mais de 3 metros de diâmetro. Em outras palavras, ela era quase completamente inamovível.[3]

O dinheiro de pedra de Yap costumava ser um negócio sério. As pedras eram extraídas e talhadas na ilha de Palau, a 400 quilômetros dali. Um naturalista vitoriano testemunhou quatrocentos homens de Yap, um décimo da população masculina adulta, trabalhando nas pedreiras insulares. Levar as pedras de Palau para Yap num barquinho de bambu era difícil, e às vezes letal — algumas tinham o peso de dois carros juntos. (E as *rai* eram especialmente valiosas se alguém tivesse morrido na expedição para buscá-las.) As maiores pedras talvez tenham sido usadas para transações importantes como a compra de terra ou de esposas; as de tamanho mais modesto — coisa de 1 metro — poderiam ser trocadas por um porco. Mesmo assim, teria sido muito mais fácil transportar o porco do que a pedra.

Tudo isso significava que, por razões puramente práticas, os habitantes de Yap tiveram de desenvolver uma importante inovação monetária: eles divorciaram a propriedade da pedra do controle físico do objeto. Se você quisesse comprar meu porco, essa transação precisaria de testemunhas públicas: eu dava o porco e, em troca, você transferia a propriedade de uma das suas pedras — aquela encostada na árvore, a segunda à esquerda atrás da sua cabana. Agora todos saberiam que aquela pedra em particular era a pedra do Tim. Você e eu não precisaríamos ter o trabalho de efetivamente mover aquilo.

Certo dia, uma tripulação estava trazendo uma imensa pedra nova de Palau e se deparou com uma tempestade perto da costa de Yap. A pedra afundou enquanto os homens nadaram rumo à margem para contar a história de como tiveram sorte em escapar e daquilo que tinham perdido. Mas, claro, se a pedra parada do lado de fora da sua cabana não precisa ser transportada para mudar de dono, por que seria diferente com a pedra no fundo do mar? A gigantesca pedra no fundo do mar tinha dono — o cacique que havia patrocinado a expedição para transportá-la. E agora sua propriedade poderia ser transferida para outro habitante rico da ilha, depois a outro, assim como com qualquer outra pedra. Era uma moeda perfeitamente aceitável, ainda que não pudesse ser vista nem tocada.

Quer saber? O sistema monetário de Yap parece bem próximo da insanidade.

Ah, é mesmo? Por muitos anos os sistemas monetários do mundo desenvolvido baseavam-se no ouro. O ouro mesmo — um troço pesado, ainda que os lingotes não costumem ser tão pesados quanto roscas gigantes de pedra — ficava nos cofres dos bancos, depois de ter sido extraído a grande custo e risco em terras distantes. Naturalmente, numa sociedade urbana anônima como Londres ou Veneza, ninguém podia usar o Sistema de Honra da Ilha de Yap de "todo mundo sabe que o ouro do Tim está ali". Mas a ideia era a mesma. O ouro, como as *rai* de pedra, raramente mudava de lugar. Ele ficava em cofres nos bancos. As pessoas na verdade andavam com pedaços de papel que registravam o fato de possuírem ouro.

De início esse arranjo era estritamente privado: um mercador que possuísse algum ouro alugava de um ourives espaço num cofre seguro. O ourives lhe dava uma nota reconhecendo que o ouro pertencia ao mercador. Se o mercador quisesse comprar algo de um segundo mercador, levava a nota até o ourives, pegava seu ouro, usava o ouro no comércio, e então o segundo mercador levava o ouro de volta ao ourives e pegava sua nota de crédito. Depois de algum tempo, ficou óbvio que era mais fácil colocar as notas de crédito para circular do que ficar indo e vindo do ourives o tempo todo.

Cédulas como o dólar americano e a libra esterlina descendem desse sistema. (O dinheiro de papel tem uma história muito mais longa, porém. Kublai Khan, imperador chinês do século XIII, introduziu um sistema que só usava dinheiro de papel, impressionando muito o mercador italiano Marco Polo.) As cédulas britânicas modernas e as cédulas americanas antigas prometem pagar "sob demanda ao portador", promessa que um dia referiu-se a redimir a cédula em ouro, assim como nos casos das notas do ourives. Mas a moeda corrente não está mais ligada de jeito nenhum ao ouro — um dia esteve, mas a maioria dos países rompeu essa ligação, o "padrão-ouro", no começo da década de 1930.

Então por que as cédulas britânicas ainda dizem "Prometo pagar sob demanda ao portador"?

Trata-se de uma exótica relíquia do antigo sistema. Essa promessa não se refere mais ao ouro — ela meramente significa que você pode ir ao Banco da Inglaterra e trocar uma nota de £ 10 por duas de £5. O Banco da Inglaterra diz que "a confiança pública na libra é hoje mantida por meio da operação da política monetária" com uma cara que parece absolutamente séria.

E isso resume a verdadeira diferença entre os habitantes de Yap e o sistema monetário das economias modernas. Em Yap, existe aquele sistema maluco em que a preciosa pedra pode servir como moeda perfeitamente aceitável mesmo que esteja no fundo do mar. No mundo moderno, temos um sistema muito mais maluco: metal precioso pode ser moeda perfeitamente aceitável mesmo que *sequer exista*. Nós simplesmente circulamos pedaços de papel, com seus acenos e suas piscadelas aos dias de antanho em que eram créditos de ouro num cofre. Agora eles não são créditos de nada em particular, e de algum modo créditos para qualquer coisa. Nem o próprio Douglas Adams poderia ter inventado isso.

Assim, se quisermos pensar claramente a respeito de qual função a moeda desempenha numa economia, primeiramente precisaremos perceber que a moeda não precisa ser pedaços de papel ou fichas de metal — ela pode ser discos de pedra gigantescos. Ela também não precisa ter valor intrínseco. É verdade que o ouro e as *rai* eram valorizados exatamente pela mesma razão: eram belos e raros. Outra moeda-*commodity* primitiva, o sal, era valorizada por razões bastante práticas — ele era ao mesmo tempo saboroso e essencial para a vida. Contudo, existem muitos itens intrinsecamente valiosos que não se prestam bem ao papel de moeda: uma Ferrari é valiosa, mas não é facilmente divisível — não dá para oferecer um de seus pneus em troca de férias. Além disso, uma coisa pode funcionar perfeitamente bem como dinheiro sem ter grande valor intrínseco — como vimos, qualquer pessoa que faça negócio em libras esterlinas ficaria bem contente em entregar £1 milhão em bens em troca de papéis impressos que só valem poucos milhares. Os sistemas monetários como as notas do ourives eram inicialmente ancorados numa *commodity* intrinsecamente valiosa, mas, contrariando o que seria mais intuitivo, essa valiosa *commodity* mostrou-se desnecessária. Tudo que é necessário para que a moeda tenha valor é que todo mundo acredite que ela tem valor.

Certo. E como se faz isso?

Nos livros didáticos, diz-se que a moeda tem três funções: meio de troca, reserva de valor e unidade de conta. Como veremos, cada uma dessas funções pode ser distanciada das outras, mas as melhores moedas fazem as três funções ao mesmo tempo.

Vamos abordar uma função de cada vez. Um meio de troca é um modo de ter noção de quais transações são feitas. Nas sociedades modernas, o papel-moeda é um meio de troca. Se posso oferecer serviços de lavanderia e quero um computador novo, não preciso encontrar um vendedor de computadores que precise que suas roupas sejam lavadas e passadas. Posso simplesmente lavar a roupa de quaisquer pessoas em troca de dinheiro, antes de gastar o dinheiro na compra do computador. O dinheiro facilita essa cadeia de transações.

Podemos pensar na circulação de papel-moeda como um modo de ter conhecimento das contribuições para a sociedade que alguém em algum lugar achou valiosas. Quando lavei as roupas, fiz uma contribuição valiosa, e o dinheiro que recebi foi um registro formal disso. Quando comprei o computador, resgatei minha contribuição e entreguei o dinheiro. Em princípio, essas transações poderiam ser todas registradas num gigantesco banco de dados central. É isso que acontece em Yap — a população é pequena o bastante para que o banco de dados gigante, que registra quem possui cada pedra, possa ficar na cabeça das pessoas. O papel-moeda tornou esse banco de dados desnecessário em sociedades que eram grandes demais para usar o sistema de Yap, mas está cada vez mais cedendo espaço a um enorme banco de dados, à medida que usamos cartões de débito e *internet banking* mais do que notas e moedas — uma versão computadorizada da memória coletiva dos habitantes de Yap.

A segunda função da moeda é a de reserva de valor. Um pecuarista de leite que pretende poupar para sua aposentadoria não pode simplesmente guardar latas de leite no porão: é improvável que o leite retenha seu valor por tempo suficiente para ser de grande utilidade. Mas, se o fazendeiro vender o leite por dinheiro, certamente poderá colocar o dinheiro debaixo do colchão — ou em sua conta bancária — e guardar o valor dessa maneira.

Há uma conexão entre as funções do dinheiro como meio de troca e como reserva de valor. O meio de troca permite que transportemos poder de compra através do espaço — de uma situação (lavar roupa) para outra (comprar um computador). A reserva de valor transporta o poder de compra através do tempo. Contudo, boas reservas de valor não são necessariamente bons meios de troca, e vice-versa. Uma casa pode ser uma ótima reserva de valor, mas qualquer pessoa que jamais tenha tentado comprar e vender imóveis pode atestar que, como meio de troca, eles são péssimos. As *rai* de Yap eram uma excelente reserva de valor, mas o meio de troca não eram as próprias pedras, mas a contabilidade mental da sociedade de Yap.

A função final da moeda é, sob certos aspectos, a mais importante, e a mais estranha. A moeda é uma unidade de conta. Um jeito diferente de formular isso é dizer que a moeda é uma espécie de ponto de referência, um padrão de valor. Vamos usar outra analogia com a massa. Eu poderia dizer que peso 88 quilos, ou 194 libras, ou 176 sacos de açúcar. Você talvez ache que não importa o jeito como expresso meu peso, certo?

É claro. De qualquer jeito que você diga, seu peso continua igual.

Eu também costumava pensar assim. Mas percebi que a unidade de conta às vezes é importante: meu tutor na graduação, Anthony Courakis, esforçou-se muito para me convencer disso. Imagine que você tem 1 milhão de dólares em ativos financeiros — uma pilha de títulos, de ações e de várias moedas cujo valor total é 1 milhão de verdinhas.

Sorte a minha.

Sorte mesmo. Agora, no momento em que escrevo isso, você poderia chamar esse milhão de dólares de £ 641.500, ou de € 795.800. Ou você poderia chamá-lo de 10.983 barris de petróleo. Ou de 1.730 ações da Apple. Claro que nenhuma dessas descrições é literalmente verdadeira: você não possui literalmente 1.730 ações da Apple, e não possui literalmente uma pilha de 1 milhão de dólares — você possui montes de ativos diferentes que totalizam esse valor. A questão é: qual seria a maneira mais valiosa de ter noção do seu valor líquido?

A resposta para essa pergunta resume-se a encontrar qual unidade de conta é estável em relação ao tipo de coisas que você quer comprar. Se o seu plano é se aposentar na Flórida, então provavelmente é útil ver a si mesmo como o dono de 1 milhão de dólares. Se quer comprar uma casa em Edimburgo, seria mais útil ver-se como dono de 641 mil libras esterlinas. Se seus planos envolvem cavar um buraco gigante e jogar Brent Crude dentro dele, então pode ser útil pensar em si mesmo como dono de 10 mil barris de petróleo; mas, sob outros aspectos, é improvável que barris de petróleo sejam um modo útil de ter noção do seu valor líquido. Idem para as ações da Apple: no ano anterior ao momento em que escrevo, o seu milhão de dólares teria flutuado entre quase 3,2 mil ações da Apple e pouco mais de 1,5 mil ações — em todos os momentos com o mesmo valor de 1 milhão de dólares. A menos que as lojas locais só aceitem pagamento em ações da Apple, é provavelmente mais útil usar dólares como unidade de conta.

É isso que quero dizer com padrão de valor: se quer ter ideia da sua situação, ajudaria escolher uma unidade de medida que seja estável em relação ao problema imediato. Isso muitas vezes significará medir o seu salário ou o seu valor líquido por uma moeda, porque as boas moedas costumam ser bastante estáveis em relação a todas as coisas que você pode querer comprar. É confuso medir o seu salário por ações da Apple; aliás, é confuso pensar no seu salário em iPhones.

Ao longo dos anos, quando as *commodities* eram usadas como dinheiro, foi imensamente importante o fato de que elas foram unidades de conta estáveis.

Por exemplo, o sal era usado em contratos primitivos — ele é a base da palavra "salário", e parece provável que os soldados romanos tenham sido originalmente pagos em sal. A demanda por sal é estável, porque todo mundo precisa de um pouco, mas ninguém quer muito; a oferta de sal, entretanto, era também estável porque ele era produzido segundo técnicas ancestrais. Se tanto a oferta quanto a demanda são estáveis, idem o preço — e a estabilidade de preço é exatamente aquilo de que você precisa na sua unidade de conta.

Mas tudo isso parece estupidamente óbvio — por que raios uma cidadã americana *não* mediria seu salário em dólares em vez de jujubas, de maçãs ou de sal? Ou por que um alemão não mediria seu salário em euros, e não em salsichas?

Se parece tão completamente óbvio, é porque a função de unidade de conta da moeda é tão básica, tão absolutamente fundamental, que é difícil enxergar a si mesmo numa situação em que essa função fica evidenciada. Um exemplo recente que me fez rir um pouco foi um *tweet* de James Rickards, entusiasta do ouro e da volta ao padrão-ouro. Em abril de 2013, quando o preço do metal estava caindo, o sr. Rickards comentou: "Semana passada eu tinha x onças de #Ouro. Hoje tenho x onças. O valor é constante. Constante em x onças. Mas o dólar é volátil. #PenseOz." Agora, não tenho nenhuma opinião sobre o valor do ouro, se vai descer ou vai subir, mas é absolutamente claro que esse *tweet* é absurdo, e que pensar em como a moeda precisa ser uma boa unidade de conta nos mostra por quê. Se o sr. Rickards quiser comprar um hambúrguer, ou um terno, ou um carro, ele vai descobrir que o dólar não tem sido nada volátil: os preços dessas coisas mudaram lentamente quando medidos em dólares. Eles variavam muitíssimo quando medidos em onças de ouro — razão por que ouro não é moeda, ao menos não neste momento. Ele pode ser bom ou ruim como investimento, mas isso é outra questão.

Poderíamos contar uma história parecida sobre o bitcoin, uma "moeda" eletrônica descentralizada. O bitcoin foi desenvolvido em 2008 por uma pessoa misteriosa, ou por um grupo de pessoas misteriosas, atendendo pelo pseudônimo de Satoshi Nakamoto. Ele, ela ou eles desenvolveram um modo pelo qual era possível extrair ou produzir bitcoins lentamente — um pouco como o ouro. Algumas pessoas gostam do bitcoin pela mesma razão por que outras gostam do ouro — ele independe de governos, e existe um limite rígido para a quantidade de bitcoins que pode existir. Mas, assim como o ouro, o bitcoin não é moeda por uma razão muito simples: é volátil demais. Em 10 de abril de 2013, por exemplo, o preço do bitcoin caiu 61%. Novamente, os bitcoins podem mostrar-se um investimento inteligente de longo prazo. Mas moeda eles não são. Talvez isso seja óbvio para você, mas existem muitos entusiastas do ouro e do bitcoin por aí que não parecem ter percebido isso.

Isso sugere, porém, que o dólar também não é automaticamente moeda — só é moeda se mantiver um valor razoavelmente estável.

Com certeza. Na Grécia do pós-guerra, época em que meu orientador Anthony Courakis era menino, ele jogava Banco Imobiliário com dinheiro de verdade — marcos alemães e dracmas gregos — que tinha perdido o valor. Quando os gregos queriam fazer um contrato de longo prazo, usavam o soberano de ouro britânico para denominar a transação, ainda que na verdade nenhum soberano pudesse mudar de mãos.

Outro exemplo vem de quando o dólar não era uma moeda boa o bastante no uso dos contratos para pagar os soldados que lutavam por Massachusetts na Guerra da Independência Americana. O congresso continental, o corpo que promulgou a Declaração de Independência, estava imprimindo dinheiro, mas ninguém sabia o quanto ele valeria quando a guerra acabasse — e de fato acabou que ele passou a valer bem pouco. Assim, Massachusetts prometeu a seus soldados o valor de 68 libras e 4/7 de carne, 16 libras de couro, 5 *bushels* de milho e 10 libras de madeira ao fim da guerra.[4] Observe que Massachusetts não estava efetivamente prometendo entregar sacas de mercadorias a cada soldado — eles seriam pagos em dinheiro. A questão era que promessas de uma quantidade específica de dinheiro qualquer eram difíceis de estimar. Ao oferecer dinheiro segundo o valor dessa carteira de *commodities*, Massachusetts descobriu um jeito de tornar aquela promessa compreensível num ambiente caótico.

Mais recentemente, Nico Colchester, jornalista do *Financial Times*, observou que a barra de chocolate Mars era uma unidade de conta fantástica — um verdadeiro lingote de leite, açúcar e cacau.

Colchester mostrou que os preços de muitíssimas coisas permaneceram estáveis ao longo das décadas, desde que a unidade de conta usada fosse a barra de Mars.

Isso é muito interessante, mas não estou planejando nenhuma guerra de independência na minha economia no futuro próximo. E não estou ciente de proposta nenhuma para adotar a barra de Mars como unidade monetária.

O fato de que a barra de Mars não tenha exatamente "pegado" é, acho, um grande voto de confiança na estabilidade das moedas modernas de papel, como o dólar, a libra e o euro. Apesar do caos financeiro, a barra de Mars continua a ser nada mais do que um chocolate, o que certamente é tranquilizante.

Agora, no fim do capítulo anterior tínhamos visto por que às vezes pode ser boa ideia enfrentar uma recessão ligando as impressoras. Prometi que essa discussão da moeda nos ajudaria a entender por que nem sempre é boa ideia tentar resolver nossos problemas econômicos imprimindo mais cédulas.

Deixa eu adivinhar: você agora vai falar do Zimbábue.

O melhor exemplo de todos. Não faz muito tempo que o Zimbábue tinha tanta inflação que precisaram tirar três zeros da moeda, para que os bilhões virassem milhões, e os milhões virassem milhares. Talvez você ache que isso resolva, mas não: eles tiveram de tirar outros dez zeros pouco depois. Cumulativamente, essa revaloração viria a transformar uma nota de 10 trilhões de dólares numa nota de 1 dólar. Mesmo assim, eles ainda tiveram de imprimir cédulas de 1 trilhão de dólares zimbabuanos. Se não tivessem revalorado, teríamos uma nota de 1 sextilhão.

Vamos lá, quero ver isso por escrito. Posso colocar o dedo mindinho na boca, igual ao Dr. Evil?

Se for realmente necessário... Por escrito, 1 sextilhão de dólares zimbabuanos é Z$ 1.000.000.000.000.000.000.000, um número mais de 10 milhões de vezes maior do que a produção econômica do mundo inteiro expressa em dólares americanos. Nós, economistas, chamamos esse tipo de coisa de hiperinflação, e ela torna a vida econômica moderna quase impossível. A hiperinflação costuma ser definida como uma taxa de inflação de mais de 50% ao mês. Imagine, por exemplo, pegar emprestado 1 milhão de dinheiros para comprar uma casa num país que começa a ter 50% de inflação mensal. Antes de três anos, uma xícara de café vai estar custando mais que esse valor. Seu salário será contado em bilhões. A hipoteca na sua casa de 1 milhão de dólares será ridícula, e a pessoa que te emprestou o dinheiro vai amaldiçoar o dia em que fez isso. De fato, quando vem a hiperinflação, todo mundo que tinha uma dívida verifica que a dívida é irrisória; todo mundo que tinha dinheiro no banco, debaixo do colchão, ou emprestado (talvez ao governo) verifica que sua poupança não vale nada. As pensões, também, perderão todo valor, a menos que sejam devidamente corrigidas para acompanhar a inflação — e, quando os preços sobem com essa rapidez, a menor falha na correção vai arruinar a pensão.

Assim, uma inflação de 50% ao mês é suficientemente espetacular. Mas, em outubro de 1923 na Alemanha, a inflação mensal se aproximava de 30.000%, com os preços mais do que dobrando a cada quatro dias. Todos os clichês eram verdadeiros: as pessoas usavam carrinhos para levar dinheiro, e usavam cigarros em vez de moeda, além de usar moeda em vez de lenha. O romance *O obelisco negro*, de Erich Maria Remarque, descreve a vida nessa época. Depois de acender um charuto com uma nota de 10 marcos, Ludwig, o narrador, vira-se para seu amigo Georg. "Qual nossa situação, na verdade? Estamos arruinados ou cheios da grana?" Georg responde: "Acho que ninguém na Alemanha sabe qual é sua própria situação." Isso é a hiperinflação: ninguém sabe em que pé está.

Ainda que a situação da Alemanha tenha ficado notória, ela é eclipsada por episódios mais recentes: o da Iugoslávia de 1994, em que a inflação mensal ultrapassava 300.000.000%; o do Zimbábue, em 2008; e particularmente o da Hungria, em 1946. A Hungria detém o nada invejável recorde mundial da mais alta taxa de inflação de todos os tempos, com 41.900.000.000.000.000% — taxa em que os preços mais do que triplicam todos os dias, e o seu salário mensal não compraria uma xícara de café se você esperasse uma semana para gastá-lo. (O equivalente anual dessa taxa de inflação é, se minhas contas estão certas, um número com 178 dígitos.) Não que alguém vá receber um salário mensal nessas circunstâncias, por razões óbvias: os preços estão subindo 5% por hora. Se você pensasse em sair para comer num restaurante, o mais esperto seria comer rápido ou pagar adiantado.

Tudo isso obviamente soa péssimo, e é. Mas, agora que entendemos algo a respeito da moeda, podemos especificar precisamente por que é tão ruim. A hiperinflação destrói as três coisas que garantem a moeda. As cédulas deixam de ser um meio de troca conveniente quando você precisa de um carrinho de compras para levá-las por aí. A hiperinflação inutiliza o dinheiro enquanto reserva de valor, no sentido de que poupar e tomar emprestado tornam-se praticamente impossíveis. E, como descobriram Ludwig e Georg, a moeda se torna inútil como unidade de conta: fica impossível saber quanto vale alguém ou algo sem fazer referência a alguma moeda alternativa. Algumas semanas de hiperinflação e você vai ver seus cidadãos adotarem a barra de Mars como moeda antes que você consiga dizer "Fintlewoodlewix".

No próximo capítulo, vamos trabalhar mais com os conceitos de meio de troca, reserva de valor e unidade de conta. Mas, para terminar este, que tal outra história inspiradora de sucesso?

Faria bem alguma coisa para levantar os ânimos.

Também acho. Vamos ver como a humilde e etérea função de "unidade de conta" da moeda resolveu um problema enorme para um dos maiores mercados emergentes do mundo — o Brasil. Quando o programa de rádio *This American Life* cobriu a história que estou prestes a narrar, chamaram-na de "a mentira que salvou o Brasil".[5] Eu não teria formulado assim.

E como teria?

Não foi uma mentira. Foi mais para uma moeda-fantasma.

Moeda-fantasma? Já estou gostando.

A história começa na década de 1990. O Brasil vinha sofrendo de acessos de inflação havia décadas, e os preços no país estavam aumentando a cerca de 80% por mês — vencendo confortavelmente o obstáculo de 50% ao mês que define a hiperinflação. Uma fatia de pão que custasse 1 cruzeiro em janeiro custaria mais de 3 cruzeiros em março, mais de 100 em setembro, e bem mais de mil no janeiro seguinte. Vimos no último capítulo que custa dinheiro mudar os preços; no Brasil do princípio da década de 1990, todo supermercado tinha um empregado cuja função era andar pela loja colocando novas etiquetas nos produtos — com os preços subindo cerca de 2% por dia, esse era um trabalho de tempo integral. Os clientes do supermercado, nesse ínterim, tinham de correr para ficar à frente dele. A vida ficou inconveniente sob diversos outros aspectos, também. Acabou de receber o salário da semana? Gaste tudo, rápido. Fechou um preço para vender uma casa? Ótimo — mas também garanta que você fechou *quando* o preço seria pago. Todo dia que se passasse sem aumento de preço traria um negócio melhor ao comprador.

Como a moeda brasileira era ruim como meio de troca e pior ainda como reserva de valor, ela não era uma moeda muito impressionante. Não admira muito que os políticos brasileiros tenham tentado de tudo para resolver o problema da inflação. O presidente Sarney, em meados dos anos 1980, proibiu o aumento de preços. Uma resposta comum à inflação, e a resposta no Brasil foi igual à de sempre: como os preços estavam sendo mantidos artificialmente baixos, os vendedores tiraram seus produtos das estantes até que os preços aumentassem novamente. (Os pecuaristas chegaram a esconder suas vacas. Como disseram a *This American Life*: o Brasil é um país bem grande, dá para esconder vacas se preciso for.) As poucas vendas que ocorriam eram a preços de mercado negro.

Outra tentativa de solução foi trocar a moeda por uma nova moeda, melhor, não inflacionária. Os políticos brasileiros tentaram isso várias vezes. Primeiro, o cruzeiro foi trocado pelo cruzado, em 1986. No ano seguinte, o próprio cruzado foi revalorado. Um ano depois, o cruzado teve de ser substituído pelo cruzado novo. Dois anos depois disso, o cruzeiro voltou. A introdução de novas moedas às vezes continha a inflação, mas não dessa vez, e mal chega a surpreender que, após quatro novas moedas em sete anos, as pessoas tenham começado a duvidar de que a inflação pudesse ser derrotada.[6]

Quatro professores de economia entram em nossa história: pessoas que tinham passado suas carreiras estudando a inflação brasileira e batendo a mão na testa diante da estupidez de cada novo governo. Esses amigos, ex-colegas de bar na universidade, relutavam em entrar para a política. Mas logo os políticos começaram a implorar. Edmar Bacha, um dos quatro, foi pessoalmente convocado pelo presidente, Itamar Franco. Quando Bacha pediu um autógrafo para seus filhos, Itamar Franco escreveu: "Para Júlia e Carlos Eduardo, um abraço amigo e o meu desejo de que peçam 'muita velocidade' ao querido pai em benefício do nosso Brasil." Ele não tinha como recusar.

O novo plano dependia de separar as três funções da moeda. Tentativas anteriores de introduzir novas moedas tinham buscado trocar ao mesmo tempo as funções de meio de troca, de reserva de valor e de unidade de conta, e todas fracassaram, numa saraivada de cruzeiros e cruzados. O novo plano era diferente. O Brasil não introduziria uma nova moeda. Ele ficaria com o cruzeiro. O meio de troca continuaria a ser o cruzeiro. A reserva de valor, assim como antes, permaneceria o cruzeiro. Mas a unidade de conta mudaria.

Como isso poderia funcionar?

Era absurdamente simples. Todo preço, em toda loja, não seria mais listado em cruzeiros, mas em URVs, ou *unidade real de valor*. Seu salário seria listado em URVs. Tudo seria listado em URVs. Mas a URV não existia; ela era uma moeda-fantasma. As transações eram feitas em cruzeiros. As carteiras estavam recheadas de cruzeiros, assim como as caixas registradoras. E, se você quisesse saber quanto aquela fatia de pão custava em cruzeiros, era simples: a taxa de câmbio diária era calculada pelo Banco Central, publicada nos jornais, e estaria afixada por conveniência nas paredes da maioria das lojas. A taxa de câmbio oficial entre URVs e cruzeiros mudava todo dia, uma vez que a cada dia o cruzeiro depreciava.

Mas a URV? A URV manteve seu valor. (Por algum tempo, ela ficou atrelada ao dólar americano.)

Aconteceu uma coisa estranha naquele momento. Você via que todo mês recebia 500 URVs em cruzeiros — isso, claro, daria cada vez mais cruzeiros a cada mês. E todo dia você ia à padaria e comprava pão. E ele custava — por exemplo — 1 URV. Era sempre 1 URV. Não havia mais necessidade do homem com as etiquetas correndo pelo supermercado. Aquela única URV valeria mais cruzeiros a cada vez, naturalmente, e você pagaria o pão com cruzeiros. Mas por que você pensaria no preço do pão em cruzeiros? Era muito mais natural pensar no preço do pão em URVs.

Foi essa a formidável realização da moeda-fantasma: sem nunca assumir qualquer forma física, ela se tornou a maneira como os brasileiros instintivamente pensavam a respeito do valor das coisas. Ela se tornou a unidade de conta do Brasil sem assumir os outros papéis da moeda. Isso parece um truque psicológico bizarro, mas talvez o truque não tenha sido tão difícil de fazer. Não é fácil passar a vida numa economia moderna sem uma unidade de conta, e uma moeda que está passando por uma inflação de 80% ao mês não serve muito bem de unidade de conta. As mentes das pessoas lutavam para encontrar uma referência num cenário econômico em constante mutação. A URV foi essa referência.

Essa não foi, claro, a única mudança nas políticas públicas. O governo brasileiro estava desligando as impressoras, equilibrando o orçamento, atacando a inflação salarial etc. A taxa de inflação do cruzeiro estava caindo. Mas a chave foi o ponto fixo psicológico da URV, que ajudou todos a entender o que cada coisa realmente valia.

Um dia, 1 de julho de 1994, o governo brasileiro simplesmente aboliu o cruzeiro e trocou-o pela URV, já de longa estabilidade, agora chamada *real*. A turma de quatro economistas tinha prometido que a inflação acabaria de um dia para o outro. E acabou.

É animador saber que existe cura para a hiperinflação. Mas imagino que a prevenção seja melhor do que a cura.

Você está imaginando certo.

Deixe-me recapitular, então. No capítulo 2, você me disse que às vezes é boa ideia imprimir dinheiro. No capítulo 3, você me disse que nunca é boa ideia imprimir dinheiro demais. Tenho certeza de que você consegue imaginar qual vai ser minha próxima pergunta: quanto dinheiro devo imprimir?

Vamos responder a isso no capítulo 4. Mas vou estragar a surpresa agora, se você deixar: a quantidade de dinheiro que você deve imprimir precisa estar *na medida certa*.

4
Inflação na medida certa

Estamos arruinados ou cheios da grana?
Acho que ninguém na Alemanha sabe qual é sua própria situação.

Erich Maria Remarque, O obelisco negro

Na medida certa? Que resposta mais típica de dono da verdade, hein?

Não é tão óbvio quanto parece, na verdade. Agora que você está no comando da economia, sem dúvida haverá gente dizendo que você nem sequer deveria se envolver na impressão de dinheiro. São pessoas que ficaram tão assustadas com episódios de hiperinflação, que concluíram que qualquer grau de inflação deve ser evitado — por exemplo, atrelando sua moeda ao ouro.

Isso evitaria a inflação?

Quase certamente, porque os governantes em determinados momentos desvalorizaram a moeda, diluindo a ligação entre ela e o ouro. Mas, enquanto essa ligação permaneceu forte e verdadeira, só havia inflação se subitamente houvesse uma abundância de ouro. Mesmo assim, a taxa de inflação era pequenina. Por exemplo, houve um famoso acesso de inflação no século posterior à chegada de Cristóvão Colombo das Américas, pois o ouro e a prata obtidos pelos conquistadores começou a manar pelo Atlântico do Novo Mundo para a Europa. No século XVI, os preços na Europa praticamente dobraram — ou, o que é equivalente, o valor do ouro e da prata caiu quase pela metade. Não foi o primeiro acesso de inflação da história — esse deve ter acontecido quando Alexandre, o Grande, conquistou a Pérsia e gastou o ouro do imperador persa —, mas é famoso. Também é ridículo para os padrões do século XX: a taxa anual de inflação do século XVI era de 0,7%. (Existe uma regrinha bem conveniente chamada "regra de 72" — divida 72 pela taxa de inflação anual e o resultado mostra aproximadamente quantos anos vai demorar para os preços dobrarem. Nesse caso, 72 dividido por 0,7 mostra que os preços dobram em um século.) Hoje em dia, uma inflação de 0,7% não é muito: atualmente, os bancos centrais buscam metas de inflação de 2%, ou por aí. Nesse ritmo, os preços dobrariam a cada 35 anos, mais ou menos.

Espere aí. Você está me dizendo que os bancos centrais efetivamente querem alguma inflação? Por que a meta deles não é zero?

Não apenas os bancos centrais querem inflação, como vou dizer que deveriam querer mais inflação ainda. Mas, para responder à sua segunda pergunta, lembre-se de nossa discussão da economia do *baby-sitting* e dos preços pegajosos. Especificamente, lembre-se da ilusão monetária — do professor que ficava furioso com um corte salarial, mas não se importava com um aumento salarial abaixo da inflação, ainda que eles fossem exatamente a mesma coisa. Isso deveria mostrar a você que um pouquinho de inflação pode ser bastante útil. Imagine um setor da economia em que a produtividade esteja caindo, talvez porque a competição estrangeira venha reduzindo o preço que as empresas conseguem cobrar por seus produtos. Os salários precisam ser cortados ou o setor inteiro provavelmente vai para o brejo. Sabemos que os patrões provavelmente não vão conseguir cortar os salários nominais. Se a inflação é zero, isso significa que eles também não serão capazes de cortar os salários reais. Porém, se há alguma inflação, eles podem conseguir fazer os cortes necessários nos salários reais dando aumentos abaixo da inflação.

Existe outra razão para querer um pouco de inflação, a qual talvez seja ainda mais importante: a política monetária não é uma ciência exata. Os bancos centrais às vezes superestimam e às vezes subestimam suas metas. Se quiserem zero inflação e subestimarem, vão ter deflação — e eu quero convencer você de que a deflação é um problema muito mais sério do que uma inflação moderada.

Então tente me convencer.

A deflação, como você certamente supôs, é quando os preços caem ano após ano.

Isso não parece muito ruim.

Não? Imagine pegar £ 300 mil para comprar uma casa, e ir lentamente pagando a quantia todo mês. Normalmente, com uma pequena dose de inflação, esse pagamento mensal pouco a pouco passaria a representar um fardo cada vez menor. O seu salário aumentaria; os preços de todos os demais produtos que você comprou estariam aumentando; mas o pagamento mensal permaneceria o mesmo em termos nominais, e, em comparação com tudo o mais, estaria diminuindo. Nenhum problema.

Mas, com a deflação, os preços começam a cair. Os seus salários são um preço, então estão caindo. Claro que os preços de alimentos, roupas e combustíveis também estão caindo. Mas o pagamento da sua hipoteca nunca muda. Ele está tomando uma parte cada vez maior do seu salário mensal. A sua perda é o ganho de algum poupador, claro. Mas lembre-se de que, numa recessão, o que queremos é que as pessoas gastem dinheiro para estimular a atividade econômica. A redistribuição de dinheiro de mutuários para poupadores terá o efeito exatamente oposto, porque é mais provável que os mutuários gastem mais do que os poupadores — é para gastar que eles tomam empréstimos. Acrescente o problema de que, quando muita gente tem dificuldade para pagar seus empréstimos, o sistema bancário inteiro pode enfrentar problemas.

Esse não é o único motivo pelo qual a deflação dificulta fazer uma economia pegar no tranco para tirá-la da recessão. À medida que os preços caem, o dinheiro vai sempre comprar mais amanhã do que compra hoje — por isso as pessoas vão naturalmente adiar compras não essenciais o máximo que puderem, deprimindo ainda mais a demanda. E, como é improvável que os bancos estejam oferecendo taxas de juros generosas — porque não há muita gente clamando por empréstimos num ambiente deflacionário —, muitos poupadores decidem guardar seu dinheiro em latas de biscoito ou debaixo do colchão. Uma vez que o dinheiro saia do sistema bancário, ele não pode ser emprestado. O efeito disso tudo? Ainda menos demanda e ainda mais deflação, claro.

Num ambiente deflacionário, não existem opções boas. Se os preços são rígidos e não se ajustam para baixo, tudo é mais caro do que deveria ser, então a demanda permanece deprimida; na medida em que os preços se ajustam para baixo, isso dá a todo mundo um incentivo a adiar despesas, por isso a demanda permanece deprimida. Você fica preso. Basicamente foi isso que aconteceu na década de 1930, e durou décadas.

A solução mais franca e direta é expandir a oferta monetária. Infelizmente, na época da Grande Depressão, muitas moedas ainda estavam atreladas ao ouro. Isso era um problema, porque você pode imprimir dinheiro, mas não pode imprimir ouro.

Então eu deveria simplesmente ignorar as pessoas que me dizem para atrelar meu sistema monetário ao ouro?

Sim.

Na Grande Depressão, os países foram um a um abandonando o padrão-ouro — muitas vezes com grande relutância. Ao deixar o padrão-ouro, começaram a imprimir dinheiro de papel que não era nada além de papel, e suas ofertas monetárias domésticas expandiram-se. Os preços começaram a subir; os salários reais caíram, e assim as empresas começaram a contratar trabalhadores outra vez. E, uma a uma, em grande medida na mesma ordem em que abandonaram o padrão-ouro, essas economias começaram a se recuperar.

Seu banco central pode criar dinheiro do nada. É como se fosse um superpoder.[1] Use-o.

Mas isso é absurdo — a impressão de bilhões de dólares não vai gerar hiperinflação?

Você nem está falando de "bilhões", mas de "trilhões". O Federal Reserve americano criou mais de US$ 2 trilhões de dinheiro novo desde a crise, e vem imprimindo dinheiro e comprando títulos a uma taxa de US$ 40 bilhões por mês, às vezes mais. Boa parte disso é dinheiro em contas bancárias, não papel-moeda efetivamente impresso, mas "imprimir dinheiro" é um jeito simples de se referir a isso.

Agora, alguns comentaristas mais impressionáveis do mercado de ações vêm dizendo que, desde que essa impressão de dinheiro começou, é só uma questão de tempo até os EUA virarem o Zimbábue. Se a hiperinflação não veio em 2010, viria em 2011. Ou com certeza em 2012. E ela não veio.

Ainda não, de qualquer jeito. Mas por que não? Quarenta bilhões de dólares por mês parece muito.

Mas *é* muito — mais de US$ 100 por cada habitante americano, todo mês. Só que a razão por que não há hiperinflação é que não existe um elo linear simples entre a quantidade de moeda em circulação — seja em notas, moedas ou em depósitos em conta-corrente — e a pressão nos preços numa economia. Se você imprimir US$ 100 e os der a um homem faminto, ele vai gastá-los. Se por outro lado você der os US$ 100 a uma senhora de 90 anos com uma pensão decente e um temperamento ansioso, ela pode simplesmente guardá-los numa lata de biscoitos, para o caso de precisar deles. Esses US$ 100 não vão contribuir rigorosamente em nada para o estímulo da demanda, nem vão aumentar a inflação. E, no momento, apesar de uma entusiasmada impressão de dinheiro de muitos dos bancos centrais do mundo desde 2008, boa parte do dinheiro está indo parar num destino equivalente a latas de biscoitos. O dinheiro pode estar contribuindo para aumentar gastos, ou pode estar distorcendo decisões e guardando problemas para o futuro. Mas uma coisa que ele não está fazendo é criando hiperinflação: a inflação permanece próxima das metas do banco central.

Isso está me deixando nervoso. Entendo que, se a meta for de 2%, posso errar para baixo em 2% sem gerar deflação. Mas imagino que eu tenha a mesma chance de errar para cima em 2%, e acabar com uma inflação de 4%. Segundo a sua regra de 72, isso dobraria os preços em menos de duas décadas. Não é um problema?

Não de maneira óbvia.

Não se esqueça de que, quando a inflação é de 4%, o normal é que você consiga uma taxa de juros na poupança que preserva o valor do que você poupa — ou que, no mínimo, retarda de maneira significativa a velocidade em que esse valor se perde. Eu sei que, nesse instante em que escrevo, em muitos países desenvolvidos a inflação é positiva, mas as taxas de juros são próximas de zero. Mas isso é muito incomum e a culpa é da crise financeira. Em épocas mais normais, em que a inflação é baixa, as taxas de juros serão baixas e, quando a inflação for um pouco mais alta, as taxas de juros também o serão.

E há os salários: eles costumam subir junto com a inflação. A mesma coisa acontece com as pensões. Há exceções, claro — aí é que entram os preços rígidos. Mas de modo geral podemos presumir que, quando os preços estão subindo 4%, então os salários nominais, as pensões e a renda da poupança não vão ficar muito atrás. E, se uma inflação de 4% dobrar o preço de tudo em menos de vinte anos e os salários também praticamente dobrarem, qual o problema?

Posso dar exemplos práticos de países com inflação não desprezível, mas com forte crescimento econômico: a Índia e a China. Uma geração atrás, a China teve duas crises terríveis de inflação, com os preços subindo mais de 25% por ano. Isso teve sérias consequências políticas: a inflação do fim da década de 1980 (e as tentativas governamentais de suprimi-la) contribuiu para os famosos protestos de 1989 na Praça da Paz Celestial, duramente reprimidos. Mas a economia passou bem: o rápido crescimento da China rapidamente apagou quaisquer consequências econômicas que tivessem havido. A Índia, assim como a China, teve alguns episódios inflacionários. Mas, apesar da inflação média de cerca de 5% a 8% para os dois países ao longo dos últimos 25 anos, muito acima do que seria a meta do banco central de um país rico, tanto a Índia quanto a China tiveram um forte crescimento. Uma inflação menor poderia ter sido preferível, mas uma inflação alta tem sido obviamente controlável.

Para ver por que é possível sobreviver com uma inflação de 4% ou 5%, vamos retornar às três funções da moeda. Primeira, a moeda é um meio de troca, um modo de evitar ter de fazer escambo o tempo todo. Será que uma inflação de 4% torna uma moeda um meio ruim de troca? Dificilmente. Estamos bem longe de precisar de carrinhos de supermercado para transportar nosso dinheiro.

Segunda, a moeda é uma reserva de valor. Ela permite que um agricultor pegue a renda que recebe de sua colheita ao longo de poucos dias por ano e espalhe o poder de compra. Ela permite que um jovem casal poupe para as férias de verão. Ela também permite que trabalhadores poupem para a aposentadoria. Será que uma inflação de 4% por ano solapa a capacidade da moeda de ser uma reserva de valor? Sim, numa certa medida. Ela não faria com que eu deixasse de guardar dinheiro numa lata de biscoitos para as férias de verão, mas certamente faria com que eu não planejasse a minha aposentadoria guardando dinheiro debaixo do colchão. Mesmo assim, se há um sistema bancário que funciona razoavelmente bem, esse problema não é avassalador, porque os bancos e as demais instituições financeiras vão ajudar os poupadores que procuram uma reserva de valor a encontrar mutuários que desejam dinheiro agora. Se a taxa de juros da minha poupança é de

5% ou 6%, uma inflação de 4% não vai fazer com que seja muito complicado para mim usar a moeda como reserva de valor.

Terceira, a moeda é uma unidade de conta. Como vimos, essa função da moeda é mais profunda do que parece à primeira vista. A hiperinflação destrói completamente a função de uma moeda como unidade de conta. Porém, normalmente uma inflação de 4% por ano não faz isso.

O que significa uma moeda não ter mais utilidade como unidade de conta? Permita-me dar um exemplo. Recentemente fui tomar um drinque com um colega num bar chique de Londres; cobraram-me quase £ 10 por duas cervejas. Por um instante, fiquei atordoado. Atualmente, sou um homem de família: se tomo uma cerveja, é normalmente em casa; se saio, costumo ir com minha esposa a um restaurante. Assim, eu não estava inteiramente a par dos preços de cerveja. As bebidas pareciam caras. Será que eu simplesmente tinha perdido de vista o preço de uma cerveja em Londres? Ou será que eu tinha entrado no bar errado? Talvez a verdade fosse um pouco das duas coisas. O valor da libra no meu bolso tinha ficado levemente nebuloso: eu não conseguia distinguir entre um aumento local de preços ("esse lugar é um roubo") e a inflação global ("o dinheiro valia alguma coisa quando eu era garoto"). Mas a verdade é que esse era um exemplo incomum — porque compramos a maioria das coisas que compramos com frequência suficiente para observarmos aumentos graduais de preços — e banal. Acho que não voltarei ao mesmo lugar, e, se culpei o bar por algo que era na verdade um aumento geral da inflação, que mal há nisso?

Não existe uma razão verdadeira para achar que uma inflação moderada — de 4% ou 5% — destrói as qualidades necessárias para que uma moeda seja útil.

Sei. "Inflação moderada" ainda me parece um pouco igual a "gravidez moderada". Como vou saber que meus 4% ou 5% por ano não vão de pouquinho em pouquinho chegar a 50% ao mês e colocar uma hiperinflação nas nossas mãos?

Aplaudo sua preocupação. A primeira coisa a dizer em resposta é que o registro histórico é bem tranquilizante.[2] Uma tentativa recente de categorizar cada episódio de hiperinflação na história rendeu uma lista com 56 deles — sendo o Irã do fim de 2012 o 57º. Três quartos dessas hiperinflações ocorreram em um de três grupos claros: os estados da Europa Central após a Primeira Guerra, incluindo a mais famosa hiperinflação da história, a da Alemanha de Weimar; durante ou imediatamente após a Segunda Guerra, incluindo a Hungria, a pior da história; e os países do Bloco do Leste durante o colapso da União Soviética, abrangendo mais da metade de todas as hiperinflações do século XX. Todos esses são exemplos de hiperinflação que se segue a alguma pressão extrema sobre o sistema político e social. A maior parte dos exemplos restantes, do Zimbábue ao Irã sob sanções e à França revolucionária tardia, também está associada a alguma crise política excepcional, ou mesmo a algum desastre humanitário.

Sim, mas a hiperinflação é a consequência do desastre — ou será que ela causa os problemas?

O desastre vem primeiro e a hiperinflação logo atrás, piorando tudo. A hiperinflação na Alemanha de 1923 não causou a Primeira Guerra Mundial. A hiperinflação no Irã não causou as sanções.

Normalmente, a hiperinflação começa porque as autoridades não possuem dinheiro suficiente para responder a uma situação anormal — por exemplo, pagar uma guerra, ou continuar pagando os salários dos funcionários públicos durante abalos sociais e econômicos que dificultam a arrecadação de impostos —, e por isso não veem opção além de imprimir dinheiro e continuar imprimindo. O problema é que, se os governos podem criar dinheiro do nada, fazer com que as pessoas aceitem esse dinheiro como pagamento por seus serviços é um problema inteiramente diverso. Enquanto as impressoras cospem mais e mais dinheiro sem previsão de parar, a quantidade de dinheiro correspondente a qualquer produto nas prateleiras vai crescer e crescer. Assim, inevitavelmente os preços aumentarão, e um ciclo vicioso vai instalar-se: as pessoas naturalmente esperam que os preços aumentem cada vez mais, por isso exigem salários cada vez maiores. Logo a situação estará fora de controle. Não apenas os preços continuam subindo, mas o ritmo em que eles sobem também vai aumentar — a inflação se acelera.

Em princípio, certamente uma "espiral de salários e preços" similar pode manter-se em níveis moderados de inflação numa economia que ainda não passou por um evento suficientemente traumático como uma guerra ou uma revolução. Alguns países ricos passaram por algo que parece uma espiral de salários e preços na década de 1970, em que uma combinação de aumentos nos preços de petróleo e uma política monetária relaxada levaram a uma inflação anual de dois dígitos, às vezes maior do que 20%. Mas uma inflação anual de 20% não é uma inflação mensal de 50%. Nem perto disso. E, no final, os bancos centrais conseguiram impedir essa tendência de virar uma hiperinflação.

Em última instância, como qualquer super-herói que se dê ao respeito, você simplesmente precisa perceber que com um grande poder vem uma grande responsabilidade. Você precisa saber a hora de parar.

Assim como precisa parar de beber depois de algumas cervejas, não é?

Exatamente. Uma bebida aqui e ali pode animar uma noite chata, mas beber o tempo todo não é boa ideia. William McChesney Martin, presidente do Federal Reserve durante as décadas de 1950 e 1960, explicou que seu trabalho consistia em "levar embora a tigela de ponche bem na hora em que a festa fica animada". Não apenas o anfitrião de uma festa não quer que as coisas saiam do controle, como o anfitrião precisa pensar à frente, porque o álcool possui efeito retardado. No momento em que as pessoas estão claramente bêbadas, elas provavelmente ainda têm alguns drinques a mais na barriga só esperando para mostrar sua presença. A mesma coisa acontece com a política monetária: tudo acontece após algum tempo.

É verdade que ocasionalmente estimei mal a quantidade de cerveja que tomei. Será que existem alguns sinais claros em que devo prestar atenção para saber se estou imprimindo dinheiro demais?

Existem alguns, mas — infelizmente — nenhum deles é exatamente inequívoco.

O primeiro sinal é que as pessoas começam a levar a inflação muito claramente em conta na hora de tomar decisões. Como vimos, um pouquinho de inflação ajuda, em parte, precisamente porque as pessoas não tendem a pensar muito claramente a respeito dela — como nosso professor de economia que recebe um aumento de 3% num momento em que a inflação é de 6% — o que facilita que alguns preços passem por um ajuste para baixo quando necessário. Se, no entanto, a inflação subir, digamos, para 25% por ano, a maioria das pessoas vai considerá-la explicitamente na sua vida cotidiana, porque o custo de ignorá-la é alto demais. Elas vão começar a inseri-

-la em contratos, impondo custos adicionais ao fazer negócios — e, quando elas computam as expectativas de inflação em seus planos, o seu trabalho de reduzir a inflação fica mais difícil.

O segundo sinal de alerta é aquilo que alguns economistas chamam de *malinvestment* (mau investimento). Para entender o que é isso, lembre-se de que mesmo os mais ávidos defensores da impressão de dinheiro admitem que ela tem limites. Em última instância, qualquer economia particular num tempo particular possui uma capacidade finita de produzir bens e serviços. O número de fábricas e de horas em cada dia é limitado, e novas tecnologias só podem ser introduzidas a uma certa velocidade. A ideia por trás de imprimir dinheiro é fazer com que a economia funcione em sua capacidade máxima ou algo próximo. Mas, se a economia já está no limite de sua capacidade de oferta, para onde irá esse dinheiro extra que você está imprimindo? Sem oportunidades sensatas de investir o novo dinheiro, as pessoas começarão a comprar ativos de investimento como ações de empresas de internet, apartamentos em Xangai ou títulos lastreados em hipotecas *sub-prime* recondicionadas. O mau investimento de início parece lucrativo, porque os preços dos ativos sobem, mas em última instância a bolha estoura e a economia é prejudicada.

O problema é que nem sempre é óbvio quando acontece o mau investimento. Pense no impacto de Alan Greenspan, presidente do Federal Reserve americano entre meados da década de 1980 e meados da década de 2000. O sr. Greenspan usou a política monetária para cortar as taxas de juros sempre que algum problema parecia ameaçar a economia. Isso alimentou uma série de bolhas, dos anos das empresas de internet aos das hipotecas *sub-prime*, até a bolha de crédito que tanto prejudicou a economia mundial. O complicado é que, na época de Alan Greenspan, a inflação foi sempre moderada: e a verdade é que não existe consenso a respeito de sua política monetária ter sido realmente frouxa demais, e mesmo em retrospecto é difícil ter certeza.

Então você primeiro me assustou com a deflação, e agora quer me deixar nervoso porque a inflação pode subir demais. Ainda não entendo por que duas cervejas — desculpe, 2% — é o número mágico que deve ser buscado. Por que não uma meta de inflação de 1%, ou de 4%?

Eis aí uma área de intensos debates. Olivier Blanchard, principal economista do Fundo Monetário Internacional (FMI) e também renomado estudioso, sugeriu a ideia de uma meta de inflação de 4% em 2010. Vários outros acadêmicos de peso também argumentavam a favor de uma meta de inflação mais alta, de Gregory Mankiw (professor de Harvard, autor de um livro didático, assessor sênior de George W. Bush) a Paul Krugman (professor de Princeton, ganhador do Nobel, flagelo de republicanos por toda parte).

Existe uma razão bem simples para suspeitar de que uma meta mais alta possa ser boa ideia: ela torna a deflação menos provável, o que é sensato, porque a deflação é perigosa e difícil de curar.

As outras razões têm seus prós e contras. Uma inflação de 4% pode ajudar os preços a ajustar-se mais visivelmente do que uma meta de 2% — sobretudo quando os salários reais precisam cair mas os salários nominais teimosamente permanecem idênticos, uma inflação mais alta permitirá a queda mais rápida dos salários reais. Isso é verdade, mas há um contraponto: num mundo em que preços tendem a ser estranhamente rígidos, uma inflação de base maior criará distorções. Suponha, apenas para entendermos melhor, um cardápio que só pode ser reimpresso a cada dois anos. Com uma inflação de base de 2%, os preços do cardápio estarão distantes 6% de seus valores iniciais antes de poder ser reimpressos; com a inflação a 4%, essa distorção obviamente será duas vezes maior. Se o alvo da inflação deveria ser maior ou menor é uma questão de equilíbrio.

Outro argumento de dois gumes em prol da inflação mais alta é que ela derrete as dívidas. Há pouca dúvida de que, no início da crise financeira, altos ônus de dívidas estavam causando problemas. Uma deusa econômica que erguesse sua varinha de condão e perdoasse uma parte da dívida teria ajudado a economia a voltar a crescer, porque seria mais provável que os devedores que ganhassem fossem gastar o dinheiro que sobrava do que os credores que tinham perdido. Um acesso de inflação surpresa teria surtido o mesmo efeito da varinha de condão da deusa. Todavia, há dois problemas nesse argumento. Primeiro, não é justo fazer os credores sofrerem — como, por exemplo, aqueles que estavam poupando para suas pensões, para a conveniência do resto. Segundo, não é preciso repetir muito isso para que os futuros credores exijam taxas de juros mais altas, fazendo com que os futuros mutuários sofram.

Você está sentado em cima do muro. Espero que seja confortável.

Estou só tentando explicar os dois lados do argumento, porque realmente a questão é de equilíbrio. E, antes que eu diga o que eu acho que você deveria fazer, você também deveria considerar a meta de PIB nominal.

Isso existe?

Sim. Perdoe o termo técnico: meta de PIB é um assunto quente na economia neste momento. Eis a ideia básica. Imagine que sua economia cresça em média 3% ao ano, com uma meta de inflação de 2%. Isso supõe um crescimento "nominal" do PIB de 5% ao ano — 3 pontos percentuais são crescimento de verdade e os outros dois pontos são inflação. Então você pode estabelecer uma meta de crescimento de 5% de PIB nominal, ou PIBN, em vez de estabelecer 2% de inflação.

Entendo a ideia, mas não o motivo. Por que estabelecer uma meta de crescimento nominal do PIB em vez de uma meta de inflação?

O banco central pode afetar a inflação de maneira bem direta, mas só indiretamente ele influencia o crescimento real do PIB. Assim, uma meta de PIB nominal na verdade não passa de uma meta de inflação que fica subindo e descendo. Quando o crescimento real é lento, o banco central busca mais inflação e imprime mais dinheiro. Quando a economia está crescendo rápido, o banco central aperta o cinto. (Existem outras maneiras de jogar esse jogo, mas você entende a ideia geral.) O raciocínio é que uma meta de PIBN nos dá os benefícios de uma meta de inflação alta quando realmente precisamos dela, mas na média a inflação deveria ser 2%, como pretendíamos originalmente.

Isso parece bem esperto. Por que eu não faço isso?

Bem, a economia é sua, e você pode fazer isso se quiser. Mas fico preocupado: talvez isso seja esperto demais para o seu próprio bem. Na teoria, é sensacional. Na prática, você esbarra em dois problemas sérios: o público não terá a menor ideia do que o banco central está tentando fazer, e a meta implícita de inflação estará sempre mudando, o que vai tornar mais difícil que as pessoas planejem sua vida financeira.

Humm. Pode sair do muro, então — quanta inflação é "a medida certa"?

Eu acho que você deveria elevar a meta de inflação para 3% ou talvez até 4%. Há um risco nisso, claro. O seu banco central trabalhou duro para adquirir credibilidade como combatente implacável da inflação, e essa credibilidade é importante para todos nós. Uma nova meta de inflação — ou mesmo um sistema totalmente novo, como uma meta de PIBN — pode perturbar os planejamentos econômicos. O *status quo* é atraente.

Mas você acabou de chegar. Seja ousado. Os custos e benefícios de uma meta de inflação de 4% que apresentei agora há pouco — particularmente, mais distorções de preços, no entanto um ajuste salarial mais fácil — basicamente contrabalançam um ao outro. Quando você efetivamente olha com seriedade os custos de uma inflação de 4% em vez de uma inflação de 2%, não é fácil achar alguma coisa importante.

Na minha opinião, o argumento decisivo em favor de uma taxa de inflação mais alta é aquele que originalmente motivou o principal economista do FMI a dar o passo extraordinário de propor essa ideia tão radical. É que uma meta de inflação de 4% pode ajudar a evitar uma perigosa armadilha econômica.

Uma armadilha?

Considere uma recessão na qual as taxas de juros nominais caem a zero, ou quase zero. Pensando melhor, não é preciso imaginar: apenas olhar em volta. No momento em que escrevo, essa descrição se aplica aos Estados Unidos, ao Reino Unido, ao Japão e à zona do euro. Se a sua própria economia escapou, considere-se com sorte.

Nessa situação nem um pouco hipotética, como pode o banco central estimular mais a economia? Uma coisa que não pode ser feita é reduzir as taxas de juros nominais: zero é o mais baixo a que dá para ir. A razão é óbvia. Pouquíssima gente colocaria dinheiro num banco, ou emprestaria dinheiro, a uma taxa de juros de -1%, porque o dinheiro debaixo do colchão paga juros melhores, isto é, zero. Existe uma bem considerada regrinha para banqueiros centrais que especifica como as taxas de juros devem ser alteradas em resposta a tendências de inflação e PIB: ela sugere que as taxas de juros nominais provavelmente estavam em -2% durante a pior parte da crise. Naturalmente, elas não estavam. Não era possível que estivessem. Isso significa que gente demais estava poupando dinheiro, um número insuficiente de pessoas estava gastando-o, e a economia demorou mais para recuperar-se do que deveria.

Agora, se o banco central não consegue incentivar uma expansão de consumo ou investimento diminuindo as taxas de juros nominais, ele poderia em princípio reduzir as taxas de juros reais criando inflação. Se a inflação é de 2%, então a menor taxa de juros possível é de -2%, o que parece baixo, mas talvez não seja nem de perto baixo o suficiente numa recessão séria. Se a inflação for maior, então as taxas de juros maiores podem cair mais. Quanto maior a inflação, mais baixo o "zero" realmente fica. Mas, se a economia já está em queda, pode ser difícil gerar inflação, e é por isso que partir de uma taxa de inflação mais alta pode ser útil.

Por quê? Então eu não posso imprimir dinheiro e criar inflação sempre que eu quiser?

Imprimir dinheiro só cria inflação se as pessoas quiserem gastá-lo imediatamente. E talvez elas não queiram. Afinal, as taxas de juros já estão em zero: se as pessoas quisessem gastar dinheiro, já poderiam pegá-lo emprestado por nada. Talvez, no lugar de gastá-lo, elas fiquem como a ansiosa nonagenária que imaginamos antes e coloquem-no numa lata de biscoitos. Afinal, estamos numa recessão — nunca se sabe quando aquele dinheiro poderá ser útil.

Se esse cuidado está impedindo as pessoas de gastarem, o banco central poderia imprimir vastas quantidades de dinheiro sem criar qualquer pressão inflacionária, numa situação chamada de "armadilha de liquidez". Ela descreve o que estava acontecendo nos primeiros anos da Grande Depressão. Por décadas, aquilo foi considerado uma curiosidade. Mas a armadilha de liquidez voltou a ser uma área de pesquisas — o que não me surpreende.

Na teoria, um banco central suficientemente determinado deveria ser capaz de sair de uma armadilha de liquidez fazendo as pessoas esperarem inflação no futuro. O banco central efetivamente quer dizer: "Assim que sairmos dessa armadilha de liquidez, é melhor você acreditar que os preços vão subir e que o dinheiro no seu bolso vai valer menos." Isso ajudaria porque o temor da inflação futura vai incentivar as pessoas a gastar dinheiro agora, antes que seu valor se derreta.

Todavia, os bancos centrais têm relutado em fazer afirmações tão ousadas. Em 2002, diante de sugestões de que era possível que houvesse deflação, Ben Bernanke (na época um mero governador do Federal Reserve) anunciou que, no improvável caso de uma deflação, "podemos ficar tranquilizados porque a lógica do exemplo da impressora pode afirmar-se". Imprima dinheiro o bastante, em outras palavras, e a deflação vai acabar.

Porém, quando o sr. Bernanke assumiu o principal cargo do Federal Reserve e enfrentou uma armadilha de liquidez de verdade, hesitou. É fácil falar da "impressora" quando tudo é hipotético, mas não tão fácil quando é você quem está no comando. Foi só em setembro de 2012 que o FED divulgou uma declaração anunciando uma impressão indefinida de dinheiro, e explicando que, mesmo depois de a recuperação econômica ficar firme, a política monetária seria "altamente acomodante" — em outras palavras, as taxas de juros seriam bem baixas. O banco enfim tentou prometer que haveria inflação no futuro, mas soou comportado e burocrático.

As palavras do sr. Bernanke me recordam um pai de coração mole tentando corrigir uma criança travessa num lugar público: "Melhor se comportar, porque, quando chegarmos em casa, você vai direto para a cama, sem jantar! Vai mesmo. É a última vez que estou avisando. Não vou falar outra vez! Estou falando sério! Não estou de brincadeira!"

E claro que a criança nunca leva a sério o pai de coração mole, e que o jantar será servido quando chegar a hora. A promessa do coitado do sr. Bernanke de que haverá inflação é bem semelhante: "Melhor você gastar dinheiro agora, porque, quando sairmos dessa armadilha de liquidez, eu vou criar um pouco de inflação. Vou mesmo! É o último aviso! Não estou de brincadeira!"

Temos de lhe oferecer alguma simpatia: é fácil ver por que os banqueiros centrais lutam para fazer com que a ameaça de inflação mereça credibilidade — eles dedicaram suas carreiras inteiras a fazer exatamente a promessa oposta. O Federal Reserve passou décadas — incluindo alguns anos bem difíceis, quando Paul Volcker era seu presidente — adquirindo a reputação de travar uma guerra implacável e sem fim contra a inflação. Essa reputação é tão forte e tão valiosa que as pessoas naturalmente se perguntam se o Federal Reserve iria mesmo incentivar a inflação uma vez que a crise terminasse. O problema é que, se as pessoas não acreditarem nessa ameaça, não vão começar a gastar e a crise vai continuar. É por isso que economistas como Olivier Blanchard, do FMI, concluíram que os bancos centrais deveriam desde sempre buscar metas mais altas de inflação.

O que eu posso fazer, então, se a minha economia estiver presa numa armadilha de liquidez?

O melhor é nem entrar na armadilha — é por isso que a meta de 4% de inflação teria ajudado muito. Adote-a e ela vai ajudar você da próxima vez — ainda que, com esperanças, a "próxima vez" esteja a muitas décadas de distância. Quanto à armadilha de liquidez de hoje, talvez seja hora de afastar sua atenção das impressoras e dirigi-la para a política mais firmemente associada com John Maynard Keynes: o estímulo fiscal.

5
Estímulo

Se o Tesouro quisesse encher garrafas com cédulas, enterrá-las nas devidas profundidades em minas de carvão desativadas, as quais depois são preenchidas até a superfície com o lixo da cidade, e deixar que a iniciativa privada, a partir dos comprovados princípios do laissez-faire desenterrasse as notas (...) não haveria mais desemprego, e, com a ajuda das repercussões, a verdadeira renda da comunidade, e também sua riqueza capital, provavelmente se tornariam muito maiores do que efetivamente são.

John Maynard Keynes, *Teoria geral do emprego, do juro e da moeda*

Ele realmente disse isso? (Está vendo? Eu falei que lia as citações que abriam os capítulos.)

Disse, ou pelo menos escreveu. John Maynard Keynes sugeriu que você pode não apenas aumentar o emprego na sua economia, mas aumentar até a renda e a riqueza, imprimindo dinheiro e enterrando-o.

Achei que devíamos estar nos afastando da ideia de imprimir dinheiro.

Justo. Keynes estava esclarecendo o que queria dizer propondo uma ideia obviamente absurda. Assim, no mesmo espírito, vamos encontrar uma ideia igualmente ridícula que não envolve imprimir dinheiro novo. Vamos dizer, no lugar disso, que o seu governo encontra um armazém cheio de moedas de chocolate velho, os restos de algum excesso natalino de meados da década de 1990. (Chocolate novo não serve: a produção de novas moedas de chocolate poderia acidentalmente estimular as indústrias de açúcar, cacau, leite e papel laminado, e queremos que nosso exemplo seja tão sem sentido quanto possível.) Então você contrata um pequeno exército de gente para enterrar as moedas de chocolate velho no fundo de minas desativadas, e depois outro pequeno exército de gente para desenterrar as moedas de chocolate. Uma espécie de encontro de Sísifo com Willy Wonka.

Certo. E por que exatamente eu faria isso?

Bem, você não faria, claro. Você pode perfeitamente decidir que o seu governo deveria tentar incentivar a economia contratando um pequeno exército de gente. Mas é claro que seria loucura da sua parte fazê-los enterrar e desenterrar moedas de chocolate. Não, você colocaria essas pessoas para fazer coisas triviais e sensatas como varrer as ruas, policiá-las ou reformá-las, não colocaria?

Imagino que sim. Ou para construir novas casas. Ou para melhorar o metrô. Pensando bem, levar banda larga ultrarrápida a áreas rurais seria um uso melhor do tempo delas. Elas podiam trabalhar na educação fundamental, fazendo com que sua infância renda mais e liberando os pais para entrar no mercado de trabalho. Ou poderíamos colocar essa gente para trabalhar numa infraestrutura de energia ecológica. Quantas possibilidades. O que você recomendaria?

Está vendo? Você está ilustrando uma das razões por que Keynes escolheu um exemplo tão peculiar. Como é uma pessoa sensata, você se voltaria para os aspectos microeconômicos dos projetos em questão, o que significa fazer perguntas simples e incômodas como: "Quais os benefícios de as ruas serem varridas?", "Os varredores de ruas estão fazendo seu trabalho direito?" e "Poderíamos obter melhor resultado terceirizando o trabalho, usando o dinheiro dos pagadores de impostos para pagar uma empresa privada?". Talvez você deva parar por completo, confiando que, se os cidadãos privados querem ruas limpas, vão se organizar eles próprios para atingir esse objetivo.

É totalmente legítimo fazer essas perguntas microeconômicas a respeito de projetos governamentais. Mas os gastos do governo também possuem um aspecto macroeconômico. Talvez a preocupação de Keynes fosse que, sempre que consideramos um projeto com implicações macroeconômicas, ficamos distraídos com os detalhes. (Será que *realmente* essa é a melhor maneira de limpar as ruas? Será melhor ter banda larga em áreas rurais ou um sistema melhor de metrô?) E assim acabamos rejeitando projetos por causa de seus duvidosos benefícios microeconômicos, mesmo que, do ponto de vista macroeconômico, tudo pareça bem.

Algo que ajuda a concentrar-se no argumento macroeconômico em favor dos gastos governamentais é considerar uma política que muito obviamente não traz qualquer outro benefício — como enterrar e desenterrar moedas de chocolate. (A propósito, Keynes tinha outra razão para falar em cédulas enterradas: ele também queria fazer uma analogia com as minas de ouro e prata. Mas, felizmente, ao contrário de Keynes, não precisamos entrar em discussões a respeito do padrão-ouro.)

Claro que seria melhor construir casas ou melhorar o metrô, mas por ora vamos seguir Keynes e escolher um projeto imbecil para que possamos pensar mais claramente a respeito do que gastos de qualquer tipo do governo podem fazer por sua economia —

ou fazer com ela. Assim, o que acontece se o seu governo gasta, digamos, 1 milhão de libras tentando contratar pessoas para fazer alguma coisa completa e estupidamente sem sentido?

Minha taxa de aprovação cai, imagino.

Existe esse aspecto. Mas vamos ficar com os efeitos macroeconômicos. Os economistas acham tão intrigante essa questão que seu jargão contém um horrendo nome só para ela: "multiplicador fiscal".

Eis o que significa o multiplicador fiscal. Se o seu governo gasta 1 milhão de libras, e o resultado é que a economia cresce 1 milhão de libras, o multiplicador é um. Se a economia cresce £ 500 mil por causa dos gastos a mais, o multiplicador é 0,5. Você está entendendo. O multiplicador pode ser negativo — digamos que você gaste 1 milhão de libras e o resultado seja um encolhimento de £ 200 mil da economia. O multiplicador então é -0,2. E ele pode ser maior do que um. Se o multiplicador for 1,6, então, para cada milhão de libras que você gastar, vai verificar que o PIB cresce £ 1,6 milhão.

Vamos começar considerando alguns casos simples para ilustrar. Se você fosse implementar a sua política de moedas de chocolate quando a sua economia estivesse indo bem, seu multiplicador fiscal seria zero. Sua economia é limitada por constrangimentos na oferta: o estoque de equipamentos, a infraestrutura disponível, a força de trabalho, suas qualificações, e o número de horas em cada dia. Se você contratar pessoas para enterrar e exumar moedas de chocolate, isso significa que elas não estão disponíveis para instalar cozinhas, trabalhar como garçons ou vender seguros. À medida que parte da economia controlada pelo seu governo se expande, o setor privado precisa diminuir para ajustar-se a ela. Talvez isso aconteça porque os impostos aumentam e as pessoas gastem menos dinheiro em cozinhas. Talvez seja porque o seu programa de moedas de chocolate faz os salários subirem, tornando caro demais para a companhia de seguros contratar corretores, e fazendo-a fechar. Qualquer que seja a razão, sabemos — porque a economia não está em crise — que um novo programa de gastos do governo não vai aumentar em nada a economia. É isso que significa um multiplicador fiscal zero — cada libra gasta pelo governo faz a economia crescer zero libras.

Devo observar que isso não significa que todo gasto do governo numa economia em expansão seja uma péssima ideia. Significa simplesmente que devemos aplicar um teste de custo-benefício a suas prioridades de despesas. E de fato um dos testes tradicionais de custo-benefício de uma política governamental — como por exemplo "Será que enterrar e desenterrar moedas de chocolate velho é mesmo a melhor coisa que se pode fazer com 1 milhão de libras?" — presume um multiplicador zero. Um programa de gastos de 1 milhão de libras, por definição, aumenta o tamanho do governo em 1 milhão de libras, e nesse caso um multiplicador zero significaria que o setor privado teria de encolher em 1 milhão de libras se a economia como um todo permanecer do mesmo tamanho. É esse o verdadeiro sentido de dizer que um projeto custa 1 milhão de libras ao país. Devíamos considerar a política segundo seus próprios méritos, em vez de esperar que ela produza algum nebuloso benefício para a economia como um todo. E, se a política for o enterro de moedas de chocolate, ela não vai passar no teste de custo × benefício. Mas se for a construção de estradas ou a contratação de equipes para hospitais então essas políticas provavelmente passarão no teste de custo × benefício. Valeria a pena implementá-las mesmo com um multiplicador zero.

Agora imagine que estamos numa crise, como a Grande Depressão — que motivou Keynes a escrever sua *Teoria geral* — ou como a crise financeira recente, que levou muitos governos a implementar programas de estímulo. Muita gente está desempregada por causa de salários e de preços rígidos. As pessoas estão guardando dinheiro em vez de gastar, e a poupança está depositada nas latas de biscoitos dos nonagenários ou debaixo de colchões, em vez de estar financiando o investimento físico em novas estradas ou fábricas. Nesse caso, não é a oferta que é o limite da produtividade econômica; é a demanda. Isso significa que é perfeitamente possível para o programa de gastos do seu governo contratar pessoas sem tirá-las do setor privado. Imagine que você faça isso: você gasta 1 milhão de libras contratando escavadores de moedas de chocolate, mas o setor privado não diminui em nada. Nesse caso, cada libra que você gasta faz com que a própria economia aumente 1 libra. Segundo o jargão, o multiplicador fiscal é um. O programa de moedas de chocolate é efetivamente gratuito, e a única questão de custo × benefício é se, considerando 1 milhão de libras de gastos gratuitos do governo, a reciclagem das moedas de chocolate é o melhor uso dessa gratuidade.

Espere um instante. Se não estamos imprimindo dinheiro, aquele milhão de libras tem de vir de algum lugar. Se eu aumentar os impostos em 1 milhão de libras para pagar meu programa de moedas de chocolate, isso não vai deprimir a economia na mesma medida em que o gasto do governo a estimula?

Tenhamos calma. Seu governo está gastando 1 milhão de libras a mais, mas o público está gastando 1 milhão de libras a menos? Não necessariamente. Pense em como você poderia responder a uma cobrança de impostos maior do que a esperada. Você poderia enfrentá-la cortando os gastos — talvez cancelando uma viagem de fim de semana que tinha planejado. Ou pode, em vez disso, decidir saquear sua poupança ou voltar-se para o cartão de crédito, para poder viajar de qualquer jeito. Em vez de receber a pancada imediatamente, você cortaria o seu gasto por um período bem mais longo, à medida que fosse pagando sua conta do cartão, ou refazendo sua poupança. E fazer com que as pessoas tomem empréstimos ou saqueiem sua poupança agora mesmo é, claro, precisamente o que estamos querendo que aconteça, para dar a partida na economia.

Os economistas têm um termo pomposo para isso — *suavização do consumo*. Num dos meus primeiros empregos, por exemplo, tive a sorte de receber um bônus de entrada. Não fui gastá-lo imediatamente, mas coloquei-o numa poupança. Então, depois, saí daquele emprego, e, enquanto estava sem trabalho, não me mudei imediatamente de volta para a casa dos meus pais: em vez disso, gastei parte daquela poupança para cobrir o aluguel enquanto procurava outro emprego. Isso é suavização do consumo. Nem todo mundo vai querer suavizar seu consumo, e algumas pessoas que vão querer não poderão suavizá-lo por não terem poupança, nem cheque especial, nem cartão de crédito — mas muitas pessoas podem e querem. Para a maioria de nós, é uma questão de bom senso. Isso significa que, se o governo gasta 1 milhão de libras a mais, e arrecada 1 milhão de libras a mais, os cidadãos podem vir a reduzir suas despesas em menos de 1 milhão.

Na verdade, você não vai ver os governos aumentando impostos para financiar seus programas de estímulo. Em vez disso, você os verá tomar o dinheiro emprestado, e isso vai aumentar o multiplicador.

Por quê?

Na teoria, isso não deveria fazer diferença. Os seus pagadores de impostos devem pensar consigo mesmos: "Que bom que o governo não aumentou os impostos agora para pagar esses gastos todos. Mas os impostos vão ter de subir depois, e, por causa dos pagamentos de juros, a conta tributária será ainda maior. Seria boa ideia guardar algum dinheiro agora para esperar essa conta." Se isso acontecer, então o financiamento dos gastos por meio de empréstimos e não de aumento de impostos não vai fazer nenhuma diferença para ninguém. Mas claro que não é isso que acontece na prática — os cidadãos não guardam a quantia toda para pagar os impostos futuros, então você tende a obter um multiplicador maior com os seus gastos se você financiá-lo por meio de empréstimos do que se insistir em aumentar impostos para equilibrar o orçamento.

Mas, se eu pegar emprestado o milhão de libras, isso não vai elevar os impostos, incentivando as pessoas a adiar seus próprios gastos?

Se a economia estiver indo bem, então sim, vai. Mas lembre-se de que estamos presumindo que esse programa de moedas de chocolate está acontecendo numa economia altamente em crise. Em plena crise, as pessoas não querem tomar empréstimos. E, se você não está competindo com outros mutuários potenciais, então é perfeitamente possível que você possa pegar um empréstimo para o seu programa de estímulo sem elevar as taxas de juros.

Já ouviu a frase "não existe almoço grátis"? O que você está descrevendo está parecendo um almoço grátis.

É exatamente disso que estamos falando. Quando o Conselho de Assessores Econômicos de Barack Obama estimou o efeito do pacote de estímulo de 2009, trabalhou com multiplicadores de até 1,6. Em outras palavras, eles estimaram que, para cada milhão de dólares que o governo pegou emprestado e gastou, a economia americana cresceria em 1,6 milhão de dólares.

Um multiplicador de 1,6 é possível porque cada libra que você gasta contratando operários para moedas de chocolate poderia, em princípio, circular por múltiplas transações, cada qual contando para o PIB. Então, por exemplo, uma das suas mineiras de chocolate recém-empregadas — vamos chamá-la de Annie — recebe seu primeiro salário semanal, de £ 100. Ela leva a família para um restaurante para celebrar. No dia seguinte, o dono do restaurante, que podemos chamar de Bill, usa as £ 100 para comprar uma pintura que queria há muito tempo na galeria de arte de Charlie. Charlie usa essas £ 100 para pagar Diana para consertar a goteira do telhado. E daí por diante.

Espere aí. Tem de haver alguma pegadinha.

Ok, há uma pegadinha. Na verdade, há três. Já nos deparamos com a primeira: melhor você ter certeza de que a sua economia está mesmo em crise quando você implementar o programa das moedas de chocolate. Quando o seu governo gasta dinheiro tentando incentivar a economia, a própria economia pode ter uma reação desfavorável. Um jeito de isso acontecer é por meio do sistema financeiro: à medida que você gasta dinheiro, as taxas de juros tenderão a subir, o que, como você mesmo disse, vai incentivar as pessoas a retardar seus próprios gastos. A segunda maneira é por meio de um limite rígido daquilo que a economia pode oferecer: se você contratar gente boa do setor privado, queimar combustíveis que eram necessários em outros empreendimentos, alugar salas que outras pessoas queriam, então o resultado não vai ser um aumento na produtividade real da economia. Vai ser só inflação.

Para obter um multiplicador alto, você precisa presumir que esse impulso contrário não virá. As taxas de juro são zero e não aumentam. Há hordas de trabalhadores desempregados, equipamentos ociosos e prédios vazios. As suas minas de moedas de chocolate meramente encurtam as filas do seguro-desemprego. O aumento na produção não é inflacionário — é perfeitamente real. Nesses casos, o multiplicador pode ser bem grande. Mas só nessas circunstâncias.

O segundo senão é que, se você gastar o seu dinheiro de estímulo no lugar errado, o eventual multiplicador pode ser menor do que zero. Suponha que você arrecade 1 milhão de libras e gaste o dinheiro todo na compra de vinho francês para a adega do governo — afinal, gerir o país dá sede. Seus cidadãos responderam ao aumento de impostos de 1 milhão de libras gastando menos — e você gastou o milhão de libras deles na França, incentivando a economia francesa, e encolhendo a sua própria. O multiplicador é negativo. Portanto, compre produtos nacionais.

Achei que vocês, economistas, eram todos a favor do livre--comércio.

Somos grandes fãs do livre-comércio, porque essa normalmente é a melhor maneira de ter os produtos mais baratos e de melhor qualidade. Mas estamos presumindo aqui circunstâncias especiais: a economia está presa numa recessão por causa da ausência de demanda e o governo está tentando estimulá-la. Nessas circunstâncias, discriminar produtos estrangeiros faz sentido para a economia como um todo.

Você falou que havia três senões. Qual o terceiro?

Estamos falando de um programa que você só executa uma vez. Você levanta 1 milhão de libras por meio de impostos ou de um empréstimo e — zás! — sua economia ganha a dose de adrenalina de que tanto precisava. Mas faz parte da natureza dos projetos governamentais tender a criar interesses com fortes incentivos para manter o dinheiro vindo indefinidamente. Antes de você piscar, o Sindicato dos Coveiros e Exumadores de Cacau vai contratar lobistas, os deputados em distritos com minas desativadas vão pedir a expansão do programa e os funcionários públicos que você colocou no comando do programa farão tudo o que podem para proteger seus empregos, e daí por diante. Pode ser um caso de "aja na pressa, arrependa-se sem pressa".

E se eu tomasse £ 1 milhão emprestado e usasse para cortar o imposto de renda, em vez de financiar os gastos do governo? Isso evitaria o problema de "arrependa-se sem pressa", certo?

Talvez você encontre dificuldades para subir o imposto de volta. Em geral, existe uma razão por que é mais eficaz estimular a economia por meio de gastos do governo do que dando às pessoas um abatimento tributário — parte desses abatimentos vai direto para a poupança, ou será gasta em produtos importados, e nada disso vai estimular diretamente a economia. O importante do estímulo é que o dinheiro seja gasto, e a melhor maneira de garantir isso é você mesmo gastá-lo.

Por outro lado, cortes de impostos têm a vantagem de poder ser implementados muito rapidamente, ao passo que você pode levar meses para organizar a logística do enterro das moedas de chocolate. E, se você cortar o imposto sobre o comércio ou sobre o consumo em vez de cortar o imposto de renda, isso terá um efeito mais direto no incentivo ao consumo. Contudo, em teoria, se você quer garantir que o dinheiro vai ser gasto incentivando a economia, a melhor maneira é gastá-lo você mesmo.

Chega de teoria. Antes que eu contrate meu exército de operários das moedas de chocolate, quero poder saber de antemão qual será o impacto na economia. O multiplicador vai ser negativo, zero, um, 1,6? Quais as evidências empíricas?

Temo que essa seja uma questão ligeiramente delicada. Defendo que se use o máximo possível de evidências empíricas, mas, quando se fala do multiplicador, isso não é nada fácil — em qualquer economia complexa, simplesmente há coisas demais acontecendo.

Para ser específico, vamos pensar nos Estados Unidos. As tentativas de estímulo começaram durante a presidência de George W. Bush, com um abatimento de impostos para a maioria dos pagadores que chegou a um valor total de cerca de US$ 100 bilhões durante 2008. Após a eleição de Obama, um novo estímulo de US$ 800 bilhões foi aprovado no começo de 2009. Disso, quase US$ 300 bilhões vieram na forma de abatimentos de impostos e de outras reduções tributárias. Outras fatias — por exemplo, US$ 100 bilhões de financiamento de infraestrutura — não foram necessariamente gastas em 2009. Ainda outras fatias — como os US$ 50 bilhões em auxílio aos distritos escolares — tinham o propósito de equilibrar os cortes de impostos num nível mais local, então não eram realmente "estímulo", mas "anti/anti/estímulo". Houve ainda o notório programa "grana para latas-velhas": durante um mês durante o verão de 2009, o governo deu ao povo um incentivo — de cerca de US$ 4 mil — para se livrar de seus carros velhos e trocá-los por veículos novos, mais eficientes. A política monetária da época era bem frouxa, com o Federal Reserve imprimindo dinheiro, cortando taxas de juro

ESTÍMULO

e dando muito apoio a bancos e a seguradoras em dificuldades. Os mercados de exportação americanos estavam fracos. Como falei, havia muita coisa acontecendo. Assim, será que o estímulo foi grande demais? Pequeno demais? O dinheiro foi gasto no momento certo ou no momento errado? É provável que ele aumente o consumo, ou que seja dirigido para outras prioridades? No universo alternativo em que nenhum estímulo ocorreu, o que teria acontecido? Podemos tentar olhar o caminho do desemprego e do crescimento econômico e compará-lo à injeção do estímulo, mas quaisquer conclusões serão bastante provisórias. É possível contar uma história parecida sobre Reino Unido, Brasil, China, França, Grécia, Islândia, Irlanda, Itália, Japão, Espanha e diversos outros países que responderam à crise financeira com inúmeras iniciativas e tendo como pano de fundo as flutuações econômicas globais. Com as melhores das intenções, é difícil ter certeza de que políticas tiveram quais efeitos.

Alguns estudos dignos de credibilidade feitos após o pacote de estímulo americano estimaram que o multiplicador para as partes de maior sucesso do pacote (pagamentos a famílias de baixa renda e a governos estaduais) ficou em torno de 2, o que é impressionante. Mas outros estudos foram bem mais céticos.[1] E algumas partes do estímulo foram veementemente criticadas. Por exemplo, uma avaliação do programa de dinheiro para latas-velhas feita pela Resources for the Future — um *think tank* ambiental sem alinhamento partidário — concluiu que boa parte do efeito foi simplesmente subsidiar compras que teriam acontecido de qualquer jeito.

Sempre achei que esse programa era jogar dinheiro fora.

Concordo, e parece mesmo uma burrice tentar estimular a economia dando dinheiro para pessoas que estavam planejando comprar carros de qualquer jeito. Mas, se eles gastaram no carro

US$ 4 mil a menos do que teriam gastado, talvez tenham gastado esse dinheiro em outra coisa.

De todo modo, você está se deixando distrair por questões sensatas de custo-benefício contra as quais Keynes nos advertiu. Não estou afirmando que os governos nunca financiam projetos idiotas. Estou afirmando que, se a sua economia está em crise, então até projetos idiotas podem dar a ela um estímulo. Do ponto de vista macroeconômico, poderia perfeitamente fazer sentido que Obama propusesse enterrar as latas-velhas e desenterrá-las de volta.

Tudo bem, entendi por que é difícil ter confiança no tamanho do multiplicador. Mas mesmo assim deve existir alguma estimativa.

Existe. Por exemplo, o Fundo Monetário Internacional passou boa parte da crise financeira afirmando que os multiplicadores fiscais ficavam em torno de 0,5. Então, em fins de 2012, o FMI anunciou que tinha errado e que o multiplicador era de pelo menos 0,7 e talvez até de 1,7.

Esse erro parece enorme. Como é que eles conseguiram errar tão feio?

Eles estavam olhando as experiências anteriores. A maioria das recessões não são crises profundas e prolongadas, e por isso, na maioria dos casos, quando o governo aumenta os gastos, a economia reage, como discutimos: os preços tendem a subir, assim como as taxas de juro. Mas a recessão de 2008 não foi uma recessão qualquer — os pressupostos extremos que estamos fazendo, de demanda fraca, de capacidade ociosa e de taxas de juro baixíssimas, foram completamente realistas nessa crise.

ESTÍMULO

A admissão do FMI causou muita comoção porque muitos países estavam respondendo à recessão não aumentando os gastos do governo, mas cortando-os. Esse debate vem polarizando a política em muitos países desde o início da crise — será que o governo deveria pegar empréstimos para tentar incentivar a economia, ou deveria apertar o cinto numa época de crise? Assim como líderes e disposições políticas mudaram desde o começo da crise financeira, os pacotes de estímulo e as medidas de austeridade foram introduzidos, denunciados, retirados e reintroduzidos. A questão é que, assim como tomar empréstimos para estimular a economia é muito mais eficaz quando o multiplicador é 1,7 do que quando é 0,5, cortar as despesas quando o multiplicador é 1,7 é bem mais prejudicial do que cortar quando o multiplicador é 0,5. Se o seu multiplicador é 0,5, um corte de gastos de 1 libra encolhe a economia como um todo em 50 *pence*; o governo gasta 1 libra a menos, ao passo que o setor privado cresce 50 *pence* para pegar parte dessa capacidade ociosa. Mas, com um multiplicador de 1,7, quando o gasto do governo diminui, o setor privado diminui também.

O FMI estava admitindo que não tinha percebido quanto prejuízo os cortes de gastos do governo causariam ao crescimento econômico. A razão pela qual o Fundo achou que tinha errado é bem simples: as recessões relativamente brandas que ele vinha analisando eram um guia ruim para as recessões bem mais sérias que foram vistas no mundo desenvolvido desde 2008. As evidências históricas do FMI simplesmente não eram tão relevantes assim.

E o FMI supostamente é composto dos melhores especialistas do mundo, não é? Não é tão tranquilizador eles conseguirem errar tão feio.

Realmente não, e o erro deles foi bem básico. Pelo menos não foi tão básico quanto o erro que deixou envergonhados dois professores de Harvard quando eles se pronunciaram no debate sobre os cortes de gastos governamentais.

Que foi...?

Carmen Reinhart e Ken Rogoff apresentaram em 2010 um trabalho de pesquisa chamado "Growth in a Time of Debt" [Crescimento em tempo de crise], momento em que políticos de toda parte estavam discutindo ardentemente se era sábio adquirir ainda mais dívidas na esperança de dar partida na economia. A partir de diversas correlações estatísticas entre as taxas de crescimento dos países e suas proporções entre dívida e PIB — que são um modo simples de medir quanto dinheiro o governo de um país pegou emprestado em relação ao tamanho da economia —, Reinhart e Rogoff apresentaram aquilo que rapidamente tornou-se um resultado famoso: se a proporção entre a dívida e o PIB de um país chega a mais de 90%, o crescimento econômico tende a ser substancialmente mais lento.

Os políticos que defendiam cortes de gastos adoraram esse resultado, como você pode imaginar. Paul Ryan, que veio a ser o vice da candidatura de Mitt Romney à presidência, mencionou o colapso de crescimento aos 90% ao defender as propostas orçamentárias que lhe deram fama. Olli Rehn, principal nome econômico da União Europeia, também mencionou o fim do crescimento aos 90%. Os professores Reinhart e Rogoff foram convidados a falar para um grupo de senadores americanos. E seu trabalho foi muito mencionado por jornalistas. Foi considerado relevante, claro, porque os esforços para estimular a economia envolviam o corte de impostos, o aumento dos gastos do governo e a tomada de mais empréstimos a curto prazo — o que, para muitos países, significava aproximar-se ou exceder aquela proporção de 90% entre dívida e PIB que parecia tão perigosa.

Agora a história passa para a Universidade de Massachusetts em Amherst, onde Thomas Herndon, estudante de economia de pós-graduação, recebeu uma tarefa de rotina: escolher um trabalho interessante de economia, pegar os dados e tentar repetir a análise. O nome disso é exercício de replicação — um bom treino para jovens pesquisadores. Herndon escolheu a pesquisa de Reinhart e Rogoff, e logo chegou a um problema: ele simplesmente não conseguia replicar os resultados de "Growth in a Time of Debt". E claro que ele ficou apreensivo, porque, bem, ele era só um estudante e Reinhart e Rogoff eram professores de Harvard.

Thomas Herndon acaba abordando diretamente Reinhart e Rogoff, e eles mandam-lhe não apenas os dados que estavam disponíveis publicamente em seu website, como a própria planilha que tinha sido usada para calcular os números. E ele viu — depois de piscar, esfregar os olhos e pedir à namorada que conferisse — que Carmen Reinhart e Ken Rogoff tinham cometido um erro bem básico de Excel: eles tinham deixado de contar algumas fileiras, e assim não incluíram os dados para Austrália, Áustria, Bélgica, Canadá e Dinamarca.

Ops.

Ops. Na verdade, Herndon levantou outros questionamentos sobre o trabalho que acabaram fazendo uma diferença bem maior. Ele descobriu que, ao incluir dados mais recentes, os resultados mudavam de maneira significativa. O estudante também decidiu entrar num embate metodológico com Reinhart e Rogoff; o vencedor dessa disputa depende da sua opinião. Claro que os políticos e os comentadores pró-estímulo aproveitaram-se da descoberta de erros no trabalho com o mesmo entusiasmo com que os políticos pró-austeridade tinham aproveitado o trabalho original.

Foi tudo exagerado dos dois lados. Para começar, uma planilha de Excel repleta de correlações de países amplamente diversos em circunstâncias amplamente diversas não provava grande coisa, de modo que a descoberta de erros naquela planilha também não *desprova* grande coisa. O importante é que muita dívida parece estar correlacionada com crescimento menor, como se esperaria, mas aquela vistosa cessação de crescimento aos 90% é imaginária. E encontrar uma correlação não prova que a dívida causa crescimento lento: a ideia de que o crescimento lento causa dívida é pelo menos igualmente plausível.[2]

Esse ceticismo em relação a dados é um pouco deprimente.

Dados e evidências são importantes, mas em macroeconomia simplesmente não dispomos de dados suficientes para sermos conclusivos — então, por ora, dados serão apenas uma parte de qualquer discussão.

Pense da seguinte maneira. Se realmente quisesse fazer um experimento econômico rigoroso, você pegaria todas as economias do mundo e as dividiria em dois grupos aleatoriamente. Um grupo de economias ganharia um enorme estímulo fiscal. O outro não ganharia nada. Você veria o que acontece com as taxas de crescimento em cada um deles. Isso é o mais próximo a que se poderia chegar de um bom e comportado experimento macroeconômico, e mesmo assim haveria alguma confusão nos dados, porque os países sem estímulo fariam comércio com países que tinham recebido o estímulo. Se você realmente quer fazer esse tipo de experimento, candidate-se para trabalhar na ONU e me conte como vão as coisas. Até lá, vamos simplesmente reconhecer que a maneira como a política macroeconômica é efetivamente conduzida está tão longe quanto possível de um experimento científico robusto, e duvido que isso vá mudar em breve.

Existem algumas coisas que podemos dizer a respeito do provável tamanho relativo de multiplicadores em diferentes tipos de economia. Um estudo de Ethan Ilzetzki, Enrique G. Mendoza e Carlos A. Vegh[3] — que concluiu que os multiplicadores são maiores em economias sem muito comércio internacional — não se refere somente à Coreia do Norte, mas também aos Estados Unidos, porque a economia americana é tão grande que o próprio mercado americano é enorme em relação às exportações e importações. Isso faz sentido — se o seu mercado doméstico é grande, é menos provável que o seu estímulo vá terminar nos cofres dos vinhateiros franceses, por exemplo. (Um aparte aqui: se você somar as importações e exportações americanas, o total vai ficar em torno de 20% a 25% do PIB. Esse número chega a 50% para muitas economias europeias, 100% para a Coreia do Sul, mais de 150% para a Estônia, e mais de 300% para Cingapura e Hong Kong. Recentemente os economistas vêm discutindo se a austeridade da Estônia era ou não era uma história de sucesso; uma questão interessante em si mesma, mas que pouco revela se os Estados Unidos devem buscar o estímulo ou a austeridade.)[4]

Ilzetzki *et al.* também concluíram que os multiplicadores são maiores em economias com taxas de câmbio fixas, como aquelas que pertencem à zona do Euro. Isso também faz sentido — já sabemos que preços rígidos são uma das principais explicações de por que uma economia fica presa numa recessão, e uma taxa de câmbio fixa é um preço rígido muito, muito importante. Por mais cuidadosa que tenha sido essa pesquisa, porém, ela merece — assim como a do FMI — ser arquivada sob a categoria "bela estimativa", e não em "prova insofismável".

Mas eu preciso de sugestões práticas. Estou entendendo que os fatos são difíceis de destrinchar — só me dê a sua melhor tentativa.

Ok. Aqui vai meu guia em quatro passos para uma política fiscal eficaz em tempo de crise.

Passo um: comece a pensar nisso quando você não está em crise. Prepare o terreno. Se você vai querer tomar dinheiro emprestado numa recessão, vai precisar de gente disposta a lhe emprestar, então realmente ajuda se você começar o período de recessão sem já estar imensamente endividado. Infelizmente, pouquíssimos governos seguem esse conselho. (Devo admitir que há exceções. A Irlanda e a Espanha tinham ambas uma dívida pequena, e em queda, antes da crise, mas a recessão foi tão profunda, e seus bancos estavam tão vulneráveis, que os dois países pelejaram para encontrar gente disposta a lhes fazer empréstimos. Os Estados Unidos e o Japão pareciam muito mais dissolutos, com déficits persistentes e dívidas mais elevadas. Mas nenhum dos dois tem qualquer problema para achar mutuantes de boa vontade. A vida pode ser injusta.)

Outra coisa que você deve fazer quando a situação está boa é identificar alguns grandes projetos de investimento público com benefícios razoáveis, fazer avaliações abrangentes, e então deixá-los guardados. Dessa maneira, você não perderá um tempo precioso numa recessão sem saber se deve construir aeroportos, contratar varredores de rua ou enterrar moedas de chocolate. Tudo o que precisa fazer é tirar um projeto empoeirado da estante e colocá-lo em prática. Sempre há grandes projetos de infraestrutura que valem a pena fazer em algum momento; o melhor é fazê-los quando a economia está em depressão. Se você fez um diagnóstico equivocado da situação e suas obras de infraestrutura não trazem nenhum estímulo à economia em crise como um todo, pelo menos terá os benefícios de uma nova estrada, de um novo hospital ou de uma nova estação de energia.

Passo dois: quando a crise chegar, use a política monetária como sua primeira linha de defesa. Cortar as taxas de juro é simples, relativamente rápido e fácil de corrigir caso a economia se recupere e a inflação volte a subir. A política monetária é melhor compreendida do que o estímulo fiscal, e é mais provável que ela seja colocada sob a supervisão de tecnocratas — banqueiros centrais independentes — que são menos influenciados pela montanha-russa da conveniência política de curto prazo. Também é provável que isso baste para estimular a economia o bastante para que ela saia de uma recessão breve e superficial.

Sempre haverá gente que, por razões ideológicas, gosta da ideia de o governo gastar mais dinheiro, e essas pessoas serão as primeiras da fila a explicar que o estímulo fiscal é a coisa mais simples do mundo. Normalmente elas estarão erradas. Estarão erradas se a recessão for branda, se a política monetária tiver um amplo escopo (isto é, se as taxas de juro estiverem bem acima de zero) e se a economia for pequena e aberta, com uma taxa de câmbio flexível. Elas provavelmente estarão erradas mesmo que algum subconjunto dessas condições esteja presente.

Só que, na crise mais recente, as taxas de juro *estavam* próximas de zero; as economias em questão *eram* grandes e muitas vezes tinham taxas de câmbio *fixas*; a recessão *não era* branda. Há toda razão para acreditar que o estímulo fiscal era inteiramente apropriado. Mas essas são lições que se aplicam a um caso importante e recente. Não são verdades universais.

Inversamente, sempre haverá pessoas que, por razões ideológicas, detestam a ideia de gastos do governo e serão as primeiras a explicar que o gasto em pacotes de estímulo é um desperdício e simplesmente impede o gasto em projetos privados mais eficientes. Elas com frequência estão certas nesse ponto, mas recentemente — ao menos de acordo com a minha interpretação das evidências — elas estavam erradas.

Passo três: se a recessão está começando a parecer longa e profunda, procure na estante aqueles projetos que você tinha identificado antes, e comece a construir, rapidamente. Um problema com muitos projetos de gasto de estímulo é que eles demoram tanto para começar que a recessão acaba antes que as fundações sejam lançadas. Se você gastar dinheiro em projetos não muito brilhantes numa economia que já se recuperou, tudo o que você vai fazer é alimentar a inflação ao mesmo tempo em que faz a economia como um todo funcionar de um modo menos eficaz.

Passo quatro: garanta que seus projetos de estímulo fiscal não deixarão as pessoas nervosas a respeito de como você vai pagar suas dívidas. Se isso acontecer, os investidores não vão querer emprestar o dinheiro de que você precisa, e os pagadores de impostos vão começar a pensar em poupar na expectativa de futuros aumentos de impostos.

Do lado tributário, você poderia anunciar um corte temporário em impostos sobre vendas e consumo. Isso incentiva as pessoas a gastar dinheiro agora porque elas sabem que ele vai comprar menos no futuro, e deixa claro que será recuperado depois. Do lado dos gastos, procure projetos de investimento que por natureza não vão se eternizar — construa uma nova ferrovia de alta velocidade, conserte os buracos das estradas etc. Ao contrário de enterrar e exumar moedas de chocolate, esse tipo de projeto será útil quando a recessão terminar, e vai minimizar o risco de atrair grupos de interesses que só buscam seu próprio benefício.

Esse conselho pode parecer óbvio até demais, mas, outra vez, infelizmente muitos governos não o aceitam — eles tendem a cortar o investimento durante as recessões porque politicamente é muito mais fácil fazer isso do que cortar pensões, salários do funcionalismo público e benefícios da previdência.

Vamos recapitular, então — falamos da política monetária e da política fiscal, e entendi o que fazer quando a minha economia tiver problemas. Ótimo. Isso está parecendo mais fácil do que pensei.

Então é hora de eu acabar com a sua alegria explicando que praticamente tudo o que falei até agora veio de uma única escola de pensamento macroeconômico — o keynesianismo. Existe outro grupo de economistas que acha que Keynes errou em tudo. São os economistas clássicos, e é melhor darmos uma olhada no que eles têm a dizer.

6

A recessão no campo de prisioneiros

Em abril de 1945, o caos tinha tomado o lugar da ordem na esfera econômica: as vendas estavam difíceis, os preços não tinham estabilidade. A economia tinha sido definida como a ciência de distribuir meios limitados entre finalidades ilimitadas e concorrentes. Em 12 de abril, com a chegada de elementos da 30ª Divisão da Infantaria Americana, o advento de uma era de fartura demonstrou a hipótese de que com meios infinitos a organização econômica seria redundante, porque toda carência poderia ser satisfeita sem esforço.

R. A. Radford

Certo. Então me fale dos economistas clássicos. Qual a diferença deles para os keynesianos?

Você se lembra do "problema no alternador", de Keynes, e de Bill Phillips aos 14 anos mexendo embaixo do capô de um velho caminhão quebrado? Bem, existe uma longa tradição de economistas "clássicos" que se recusa a aceitar essa metáfora. Os economistas clássicos tratam as economias como máquinas bem azeitadas. Nessa tradição, as recessões não são defeitos econômicos; as economias não escangalham no mesmo sentido em que um caminhão velho pode escangalhar. Em vez disso, as recessões são a consequência ou de uma política incompetente ou de uma coisa chamada *choque exógeno*.

Choque exógeno? Que raio de coisa é isso?

É algo, bom ou mau, que afeta a sua economia desde fora. Para estender a metáfora, os economistas clássicos acreditam que, se o seu caminhão está com problema, isso não tem qualquer relação com o motor. Ou você dirige mal, ou foi abalroado por um ônibus que passava. Ficar mexendo embaixo do capô com uma chave só vai piorar tudo.

E eles estão certos?

Vamos dizer que a perspectiva deles certamente merece ser considerada. A melhor maneira de abordarmos o ponto de vista clássico é olhando outra recessão. Assim como olhamos a visão keynesiana por meio da recessão na cooperativa de *baby-sitting* de Washington, D.C., podemos entender a visão clássica contando a história de uma recessão num campo de prisioneiros alemão durante a Segunda Guerra Mundial.

Como é? Os campos de prisioneiros de guerra tinham até economias, e ainda por cima recessões?

De fato tinham, e sabemos disso graças a Robert A. Radford. Radford estudou economia na Universidade de Cambridge e trabalhou no FMI. Entre uma coisa e outra, ele passou metade da guerra num campo de prisioneiros alemão, e ao ser libertado publicou um artigo em *Economica*, a principal revista da London School of Economics. Radford via seu artigo, "The Economic Organisation of a Prison Camp" [A Organização Econômica de um Campo de Prisioneiros] acima de tudo como um trabalho de sociologia, que analisava a maneira inesperada como as instituições econômicas

A RECESSÃO NO CAMPO DE PRISIONEIROS

surgiam em circunstâncias muito estranhas e difíceis.[1] Mas estamos interessados em como ele pode ilustrar a visão clássica das recessões econômicas.

Os fundamentos da economia do campo eram os pacotes de comida e cigarros que os prisioneiros recebiam da Cruz Vermelha. Esses pacotes eram padronizados — todos recebiam a mesma coisa, além do pacote extra que vinha da família. Às vezes a Cruz Vermelha recebia suprimentos a mais, ou a menos: nessas circunstâncias, todos tinham excesso ou carência. Naturalmente, ainda que os prisioneiros tivessem porções iguais, suas preferências não eram idênticas. Os sikhs não viam grande utilidade para suas porções de carne e de navalhas, por exemplo; os franceses estavam desesperados por mais café; os ingleses queriam mais chá.

Não havia muita produtividade na economia do presídio, mas havia alguma: alguns homens, por exemplo, se ofereciam para engraxar botas ou passar uniformes. Um sujeito empreendedor fez um carrinho para vender chá, café e cacau. Num determinado momento, ele contou com os serviços de um contador certificado, além de pagar outros prisioneiros para reunir combustível. E também existia uma espécie de prestação de serviços do governo: o oficial britânico mais graduado fez uma oficina no campo, com refeitório e até entretenimento ao vivo. Basicamente, porém, a economia do campo de prisioneiros se baseava na troca, e muitas delas aconteciam.

Instituições de mercado surgiram espontaneamente. Havia uma moeda: o cigarro, que era portátil e razoavelmente homogêneo. Os não fumantes, por não terem a tentação de queimar sua "moeda", naturalmente possuíam uma nítida vantagem. (O cigarro não era uma moeda perfeita: era possível "suar" os cigarros rolando-os para a frente e para trás entre os dedos para que um pouco do tabaco caísse. Os cigarros bem cheios eram então guardados, enquanto os mais fininhos eram usados como dinheiro — uma ilustração do conhecido princípio econômico chamado "Lei de Gresham".)

Existia um mercado futuro: como as porções de pão eram entregues na segunda, na noite de domingo o "pão de agora" era trocado a preço alto pelo "pão de segunda". Havia até importação e exportação — o café era passado pelo arame farpado para ser vendido em cafés do mercado negro de Munique.

Você está dizendo que o campo de prisioneiros exportava produtos para a Alemanha civil?

Por mais impressionante que seja, sim. Às vezes, a Cruz Vermelha fornecia aos prisioneiros coisas que nem os civis alemães conseguiam obter. E, claro, quando existe uma oportunidade para oferecer um recurso escasso e obter algum lucro, sempre dá-se um jeito. Os intermediários prosperavam, sobretudo se sabiam falar mais de um idioma ou se tinham boas relações com os guardas alemães, para ter permissão de visitar outras partes do campo.

Ali ficava, então, o paraíso de um comerciante?

Menos do que você talvez imagine. Havia histórias, conta Radford, "de um padre que iniciava uma ronda pelo campo com uma lata de queijo e cinco cigarros e voltava para a cama com um pacote completo, além do queijo e dos cigarros que tinha no começo; o mercado ainda não era perfeito". Mas essas são histórias (e provavelmente exageradas) da vida em campos de trânsito caóticos. Assim que Radford chegou a um campo permanente, viu que os preços tendiam a ser estáveis e bem conhecidos, precisamente porque havia intermediários em busca de barganhas e de oportunidades.

Mas se os preços não quicavam por aí como ofertas a um turista ingênuo num bazar, eles se alteravam em resposta a novos acontecimentos de monta — por exemplo, um influxo de novos prisioneiros de guerra famintos geralmente elevava o preço da comida; quando fazia calor, o preço do chocolate quente descia e o preço do sabão aumentava; os preços das frutas secas subiram muito e permaneceram altos depois que alguém descobriu que, nas palavras de Radford, "passas e açúcar podiam ser transformados numa bebida alcoólica extraordinariamente forte".

Todos esses são exemplos daquilo que os economistas chamam de choque "exógeno" — no sentido de que ele não é produzido dentro do sistema econômico que está sendo considerado.

Um momento — a aguardente de passas foi inventada dentro do sistema econômico, não foi? Ou você está dizendo que a receita chegou na forma de um telegrama de uma destilaria na Bélgica?

Não, e é aqui que a palavra "exógeno" fica um pouco escorregadia. O essencial é que não foi uma parte do sistema econômico que pode ser modelada com nossas equações habituais de oferta e demanda. Para usar um exemplo mais moderno, o desenvolvimento do telefone celular foi algo que aconteceu dentro da economia — mas um economista diria tratar-se de um "choque tecnológico exógeno" porque a maioria dos modelos econômicos normalmente nem tenta incorporar esse tipo de coisa.

Agora, mais para o fim da guerra, a economia do campo sofreu o maior choque exógeno de todos — o fornecimento de pacotes da Cruz Vermelha foi gradualmente escasseando. Isso causou uma recessão — os volumes de comércio foram ficando cada vez menores. Mas, ao contrário da recessão na cooperativa de *baby-sitting*, ela não teve nada a ver com preços rígidos. Houve, na verdade, um aumento inexorável no preço dos cigarros, que estavam sendo fumados a uma taxa muito maior do que a taxa de reposição dos pacotes da Cruz Vermelha. Em circunstâncias difíceis, a máquina econômica bem azeitada funcionou tão bem quanto deveria.

Por que os preços não ficaram rígidos?

A questão é fascinante, até porque Radford certamente observou as mesmas tendências psicológicas que normalmente levam a preços rígidos. Havia esforços constantes, tanto por parte dos oficiais graduados prisioneiros do campo, quanto na forma de pura pressão social, para impedir os preços de se afastarem demais daquilo que era considerado razoável — o "preço justo". Radford observou que o preço justo era algo misterioso: "Todo mundo sabia o que era, ninguém conseguia explicar por que deveria ser assim." Aqueles cujas operações variavam demais em relação ao preço justo enfrentavam a censura oficial do oficial britânico mais graduado, e também enfrentavam o desprezo dos demais prisioneiros — sentimentos de raiva que vimos quantificados na pesquisa de Daniel Kahneman.

Mas, apesar do escândalo diante dos preços injustos, trocas sob esses valores continuaram a acontecer. Suspeito que a razão seja que, no confortável ambiente social do Capitólio, a pressão social seja mais importante do que a conveniência de efetivamente trocar algum *baby-sitting*. No desespero de um campo de prisioneiros, porém, a pressão social era menos forte do que o desejo de ter pão, ou cigarros, a qualquer preço que o mercado suportasse. Qualquer que fosse a razão, diz Radford, "os preços se alteravam junto com a oferta de cigarros, e se recusavam a permanecer fixos segundo uma teoria ética".

Sei que parece esquisito contrastar um campo de prisioneiros com uma cooperativa de *baby-sitting*, mas acho que isso pode esclarecer bastante as discussões contemporâneas dos economistas — por exemplo, em relação à questão de estímulo contra austeridade.

A RECESSÃO NO CAMPO DE PRISIONEIROS

Deixe-me ver se entendi. A recessão na cooperativa de *baby-sitting* aconteceu porque as pessoas abstinham-se de fazer trocas que queriam fazer. A recessão no campo de prisioneiros aconteceu simplesmente porque havia menos coisas disponíveis para trocar.

Basicamente isso. Para reformular a diferença em termos econômicos, a recessão de *baby-sitting* foi um problema de demanda, causado pela maneira como a economia de *baby-sitting* tinha sido projetada. A recessão do campo de prisioneiros foi um problema de oferta, e essa oferta não tinha nada a ver com a economia do campo de prisioneiros em si mesma e tudo a ver com o choque exógeno de um número menor de pacotes da Cruz Vermelha.

Só que a economia moderna não depende de pacotes da Cruz Vermelha. Eu queria alguns exemplos recentes e reais de choques exógenos.

Já mencionei um — a invenção do telefone celular, que nos lembra que esses choques podem ser não só negativos, mas positivos também. Outro é o crescimento dramático da China, que teve um impacto fortíssimo em outras economias nacionais — por exemplo, barateando bens manufaturados importados, e diminuindo as taxas de juros de títulos do governo. Outro foi o terremoto seguido de tsunami de Tohoku, que, além de matar quase 20 mil pessoas, destruiu boa parte da infraestrutura produtiva do Japão, destacando-se a usina nuclear de Fukushima Daiichi.

Mas o choque exógeno mais importante foi provavelmente o que aconteceu com o preço do petróleo na década de 1970 — aliás, esses acontecimentos até ficaram conhecidos como o "choque do petróleo". A primeira onda veio em fins de 1973. O Egito e a Síria iniciaram um ataque-surpresa contra Israel, e o contra-ataque israelense teve o apoio dos Estados Unidos. Diante desse cenário, os membros árabes da Opep, a Organização de Países Exportadores de Petróleo, anunciaram um embargo à exportação de petróleo. O preço do petróleo rapidamente dobrou, atingindo seu pico em quase um século depois de um declínio lento e notavelmente estável em termos reais. O efeito foi extremamente prejudicial às economias ocidentais, que usavam carros movidos a derivados de petróleo e geravam boa parte de sua eletricidade em estações movidas a derivados de petróleo. A segunda parte da crise começou em 1979, depois que o Irã interrompeu sua oferta de petróleo durante a revolução, seguida da guerra Irã-Iraque, que começou em 1980. O preço do petróleo dobrou de novo, atingindo níveis inéditos desde a década de 1860, quando o petróleo era irrelevante para o mix energético do mundo.

A crise do petróleo desferiu um forte golpe nas economias ocidentais, que sofreram múltiplas recessões na década de 1970, "estagflação" — a combinação de estagnação do crescimento econômico com inflação — e por fim uma profunda recessão dupla, nos Estados Unidos e na Inglaterra, no começo da década de 1980, quando as autoridades monetárias lutavam contra a inflação e deixavam todos os demais objetivos de lado.

Mas a crise também desferiu um forte golpe no keynesianismo, então a escola dominante de macroeconomia. Mesmo influentes críticos partidários do livre mercado como Milton Friedman estavam operando dentro do paradigma keynesiano na década de 1960, usando a análise keynesiana para entender crises, ainda que Friedman tenha chegado a conclusões diferentes quanto a políticas públicas.[2] O choque do petróleo foi para os economistas profissionais um impacto tão violento quanto para a própria economia. O remédio keynesiano tradicional — imprimir dinheiro para estimular a demanda — foi inteiramente ineficaz diante de

A RECESSÃO NO CAMPO DE PRISIONEIROS

um choque na oferta. A inflação aumentou, mas não a demanda. Mal chega a surpreender que todo o episódio tenha despertado um novo interesse na visão clássica da economia enquanto máquina que funcionava bem mas poderia ser descarrilhada por choques externos.

Tenha em mente que houve um choque do petróleo em miniatura em 1990, depois que Saddam Hussein invadiu o Kuwait: os preços dobraram de novo, ainda que o choque do preço tenha durado apenas alguns meses, e não muitos anos. Será coincidência que países que iam de Estados Unidos e França a Japão e Reino Unido tenham sofrido uma recessão imediatamente? Mesmo a recessão americana de 2001 e a crise financeira global de 2007-2008 foram ambas precedidas por choques significativos no preço do petróleo. A maioria dos economistas não acha que os choques do petróleo foram decisivos nesses dois casos recentes, mas existe uma minoria ciosa e bem informada que acredita que esses choques no preço do petróleo desempenharam um papel significativo na crise em geral.

Assim, a ideia de choques exógenos veio para ficar. Esses choques afetam a oferta e não a demanda. Eles alteram o potencial produtivo da economia — seja negativa ou positivamente — e a economia se ajusta de diversas maneiras. Isso pode envolver anos de flutuações, assim como uma gelatina fica cambaleando para os lados após um único baque. Os economistas clássicos dizem que precisamos resistir à tentação de um Bill Phillips de abrir o capô para tentar consertar a economia, algo que foi muito contraproducente na década de 1970. Devemos simplesmente dar um passo atrás e deixar a economia ajustar-se a si mesma.

Imagino que isso fosse deixar bem mais fácil o meu trabalho de gerir a economia. Mas será que eu devo dar ouvidos aos economistas clássicos?

A cooperativa de *baby-sitting* deveria ser prova suficiente de que nem sempre você deveria lhes dar ouvidos. A recessão da cooperativa não tinha nada a ver com o potencial produtivo da cooperativa em si: esse potencial produtivo esteve o tempo todo disponível para ser usado. O fato de não ser usado não tinha relação alguma com forças exógenas. Foi uma falha da máquina econômica, que podia ser consertada pelas mãos hábeis de um mecânico.

A questão a que precisamos responder é se recessões mais se assemelham à da cooperativa de *baby-sitting* ou à do campo de prisioneiros. Quando tentamos entender a economia, devemos partir do pressuposto de que ela funciona suavemente, como o campo de prisioneiros, mas é afligida por choques externos e tolhida por erros de política? Ou devemos partir do pressuposto de que a economia, assim como a cooperativa de *baby-sitting*, é por si passível de escangalhar — e precisa de mecânicos como Bill Phillips para mantê-la funcionando bem?

Outra maneira de formular o dilema é perguntar o que limita a produtividade econômica: a oferta ou a demanda? O economista clássico francês Jean-Baptiste Say criou a "lei de Say", que simplesmente diz que a "a oferta cria a sua própria demanda". No contexto do campo de prisioneiros, isso significa: "Não se preocupe com o sistema de preços, preocupe-se com a chegada dos pacotes da Cruz Vermelha."

Mas numa economia real a oferta certamente *não* cria sua própria demanda, cria?

Cria caso os preços se ajustem com suavidade suficiente. Os produtores vão produzir, criando bens e oferecendo serviços, e ao preço certo vão conseguir vendê-los. Se o preço de bens e serviços desabar, também desabará a renda dos produtores — mas aí, os preços dos bens e dos serviços que eles vão comprar com sua renda também terão caído. À medida que preços e rendas caem juntos, em termos reais ninguém está pior.

A lei de Say diz que é simplesmente impossível uma economia sofrer um excesso de demanda. Em vez disso, os preços vão se ajustar até a oferta ficar igual à demanda. E, se você acredita nisso, então o único jeito de uma economia sofrer uma recessão é haver um problema com a oferta, como houve no campo de prisioneiros. A experiência do campo de prisioneiros está bem alinhada com a visão clássica das recessões: os preços se ajustaram, os mercados se desobstruíram, mas, por causa de um choque exógeno, a vida era dura, e, se tentassem algo por via política, isso só iria piorar as coisas.

Say nunca ouviu falar da recessão de *baby-sitting*?

Não, porque morreu em 1832. Os Sweeney publicaram seu artigo 145 anos depois, por isso ele não pôde se beneficiar do estudo de caso deles.

A recessão de *baby-sitting* é um exemplo da "lei de Keynes": "A ausência de demanda cria sua própria carência de oferta." Numa recessão keynesiana, a lei de Say não vale, e é possível que a oferta permaneça ociosa por falta de demanda. Se os consumidores não querem gastar, e preferem poupar ou pagar dívidas, talvez nenhum corte de preços vá tentá-los a mudar de ideia — ou tampouco um corte de preços, mas o corte de preços não vem porque os preços são rígidos. O investimento das empresas talvez aproveite isso, ou talvez não; afinal, por que as empresas investiriam quando já têm fábricas e lojas paradas, escuras e vazias?

Nessa visão keynesiana, a recessão se desenvolve simplesmente porque existe gente demais querendo vender e pouca gente querendo comprar — e a cooperativa de *baby-sitting* é a perfeita ilustração desse acontecimento. Muita gente estava contente em ser *baby-sitter*, então não havia problema de oferta. Mas muito pouca gente efetivamente queria serviços de *baby-sitter* por causa da carência de títulos. A cooperativa de *baby-sitting* sofreu uma recessão por pura falta de demanda.

Então achamos um exemplo em que vale a lei de Say, e outro em que vale a lei de Keynes. Parece que nenhuma das duas pode ser chamada de lei...

Pois é. A ciência social é assim — o que você esperava? Às vezes, a produtividade de uma economia é limitada pela demanda por bens e serviços (lei de Keynes), e, às vezes, por sua oferta potencial (lei de Say).

Isso não está ajudando. Não existe um jeito de conciliar as visões clássica e keynesiana?

Na verdade, há. De fato, para muitos economistas não há necessidade de conciliar nada. Às vezes as economias sofrem choques na demanda, e outras vezes sofrem choques na oferta. Tanto a perspectiva keynesiana quanto a clássica podem ser úteis, dependendo das circunstâncias. Existe também uma conciliação num nível mais *geek*. Boa parte da macroeconomia moderna é uma espécie de síntese entre as técnicas analíticas clássica e keynesiana — mas isso é técnico demais para que nos preocupemos com o assunto.

Entretanto, existe também um modo realmente simples de combinar as duas visões. Precisamos introduzir um conceito que você ouvirá discutido com frequência na economia — o "longo prazo" e o "curto prazo".

A maior parte dos economistas concorda que, no curto prazo, a lei de Keynes é que importa. Muitas recessões acontecem por falta de demanda, e essa falta de demanda pode ser consertada por planejadores inteligentes que trabalhem com as devidas ferramentas. E a maioria dos economistas também concorda que, no longo prazo, é a lei de Say que conta: em última instância, a produtividade de uma economia é determinada por sua capacidade de oferecer bens e serviços. Num período longo o suficiente, a demanda vai acompanhar a oferta e o potencial desta será realizado.

Mesmo isso é uma tremenda simplificação. Os choques de petróleo da década de 1970 aconteceram muito rápido, mas foram um problema clássico, e abordagens keynesianas, voltadas para a demanda, não teriam ajudado. Mesmo assim: "no curto prazo, Keynes; no longo, visão clássica" — não é uma regrinha má.

Então agora eu preciso saber: quão longo exatamente é o curto prazo? Keynes não disse que "a longo prazo estaremos todos mortos"?

Disse mesmo — e essa é uma interessante meditação sobre a condição humana, mas não é muito satisfatória enquanto consideração econômica. Mas o essencial é que não basta dizer que a longo prazo tudo vai ficar bem, porque o curto prazo pode ser bem longo. Recentemente, Paul Krugman vem defendendo que, na economia real, assim como na economia de *baby-sitting*, o curto prazo pode durar vários anos, a menos que haja alguma ação política.

Outros discordam, defendendo que, se uma economia está sofrendo efeitos negativos de longo prazo, isso não reflete um problema de demanda prolongado, mas um dano ao potencial de oferta da economia. O *Office for Budget Responsibility* [Ministério de Responsabilidade Orçamentária] do Reino Unido (OBR), órgão criado para dar uma visão independente das projeções de gastos do governo, defende que a crise bancária causou danos permanentes à capacidade econômica do Reino Unido, levando por exemplo empresas fundamentalmente saudáveis à bancarrota. Se o OBR tiver razão, então o remédio do professor Krugman — que consiste em o governo gastar dinheiro para estimular a demanda — corre o risco de inundar de poder de compra uma economia que não tem o que oferecer. O resultado será inflação, ou um aumento de importações, ou as duas coisas.

Você está dizendo que os conceitos de curto e longo prazo são tão escorregadios que os especialistas não concordam a respeito de em qual deles estamos.

Temo que sim. Há muita controvérsia. Parte dela é bastante técnica — qual exatamente é a melhor estratégia de modelo, quais simplificações são razoáveis e quais não são. Mas a verdadeira controvérsia está no diagnóstico do problema: será ausência de demanda ou carência de oferta?

Isso é importante, porque cada situação pede uma solução diferente das autoridades.

De mim, quer dizer.

De você. Se você acha que hoje estamos sofrendo uma recessão keynesiana, então seu remédio é bem simples: primeiro, use a política monetária para cortar as taxas de juros e talvez imprimir dinheiro; se você achar que isso talvez não será suficiente, corte os impostos ou aumente os gastos, como foi descrito no capítulo anterior.

A RECESSÃO NO CAMPO DE PRISIONEIROS

Se, por outro lado, o problema básico é oferta, então estamos numa recessão clássica, e sua resposta é diferente: corte os gastos e aumente os impostos, porque o potencial da economia diminuiu e é melhor você se ajustar à nova e dolorosa realidade. E comece a pensar se existe alguma coisa que você possa fazer para expandir a oferta de longo prazo da economia.

Assim, o que está em jogo aqui é muito. Isso pode explicar por que a controvérsia às vezes não é muito educada.

Estou vendo. Então, como diagnostico se uma economia está sofrendo de uma ausência de demanda de curto prazo ou de uma carência de oferta de longo prazo? Estou imaginando que não pode ser tão fácil, ou os economistas não gastariam tanta energia tentando arrancar os olhos uns dos outros.

Você tem razão, claro. Isso não é nada fácil. Hora de um novo capítulo.

7
Hiatos de produção

Um matemático, um estatístico e um economista candidatam-se ao mesmo emprego. O entrevistador pergunta ao matemático: "Quanto é dois mais dois?" O matemático responde: "Quatro."
Então o entrevistador chama o estatístico e faz a mesma pergunta. O estatístico diz: "Na média, quatro — uns 10% para cima ou para baixo."
Então o entrevistador chama o economista, e pergunta: "Dois mais dois é igual a...?" O economista tranca a porta, se abaixa e chega o rosto perto do entrevistador, sussurrando: "Você quer que seja igual a quê?"

Anedota popular

Você ia me explicar como saber a diferença entre uma recessão como a do campo de prisioneiros e uma recessão como a da cooperativa de baby-sitting.

Sim. Os economistas falam em "hiato do produto" — a diferença entre o produto econômico efetivo e o produto potencial. A ideia básica é que, se estivéssemos numa recessão keynesiana de *baby-sitting*, haveria mais capacidade ociosa que, com o devido estímulo, poderia ser usada. Haveria um hiato do produto, uma diferença entre o produto efetivo e aquilo que potencialmente poderia ser produzido.

"O que potencialmente poderia ser produzido" parece mais um conceito escorregadio.

Temo que sim. Potencialmente sob quais circunstâncias? Se o banco central imprimisse mais dinheiro? Se os empregadores tivessem mais confiança? Se os trabalhadores fossem capazes de identificar por vidência as vagas de emprego e se teletransportar para elas? Se só bastasse querer?

A desconfortável verdade é que "produto potencial" é um número hipotético. Você sempre vai ficar estimando. E, inevitavelmente, os preconceitos das pessoas provavelmente terão um peso importante no que elas estimam. Os economistas que acham convincentes os modelos keynesianos e esperam deparar-se com recessões keynesianas tenderão a acreditar que estão vendo ociosidade na economia. Os economistas com uma abordagem mais clássica partem do princípio de que, por definição, produto efetivo e produto potencial são a mesma coisa: as economias não escangalham, e, portanto, se há alguma espécie de diminuição do ritmo, ele por definição deve ser uma diminuição do potencial da economia.

Mas essa questão não se resume a estimativas e ideologia. Existem quatro grandes indicadores que podemos considerar para avaliarmos se o hiato do produto é pequeno — o que sugere uma recessão originada na oferta — ou grande, o que significa que a demanda deficiente é o problema e que alguma espécie de estímulo é necessária.

Primeiro: a tendência. As economias modernas tendem a ter uma taxa de crescimento típica. Isso é uma função de demografia (as crianças crescem e começam a arrumar empregos), de novas tecnologias e de melhores práticas de trabalho sendo desenvolvidas e adotadas pouco a pouco. Se o crescimento subitamente cair abaixo dessa tendência, isso sugere que um hiato de crescimento está se abrindo. O hiato permanecerá aberto até que um surto de crescimento compense por todo o tempo perdido.

Por exemplo, vamos dizer que a sua economia costume ter um crescimento anual de 3%. Há uma breve recessão, isto é, a economia encolhe por alguns meses e, ao longo do ano, o crescimento é zero. Ao fim desse ano, uma primeira estimativa do hiato de produto ficaria em 3%, que representa o crescimento que deveria ter acontecido, mas não aconteceu. Vamos dizer que, no ano posterior, a economia ainda esteja um pouco fraca, e cresça a 2% — um ponto percentual abaixo da tendência. Agora o hiato do produto está em 4%, refletindo que a produção efetiva não acompanha o ritmo do crescimento populacional e daquilo que seria razoável esperar da marcha das novas tecnologias. Mas não tema: nos dois anos seguintes, o crescimento fica em 5% ao ano. O hiato do produto se fecha, a economia recuperou o tempo perdido, e agora tudo vai bem. Qualquer estímulo à economia — cortes de impostos, truques de despesa, taxas de juros baixas — deve ser retirado, porque a partir de agora não haveria qualquer ajuda substancial à economia, levando tão somente à inflação.

Mas espere aí — se você presume que o produto segue uma tendência constante, então está presumindo que todas as recessões são keynesianas. Não?

Muito perspicaz. A abordagem da tendência constante presume que o potencial de uma economia segue um curso sereno e imperturbável, e que qualquer desvio disso exige estímulo para voltar para os trilhos. O essencial da visão clássica é que o produto potencial é tão irregular quanto o produto efetivo — a tendência, nessa visão, não é um guia extremamente útil.

Contudo, fica claro a partir da última crise que há limites para a utilidade dessa visão clássica. As quedas abaixo da tendência foram simplesmente impressionantes. No Reino Unido, por exemplo, a tendência de crescimento ficava um pouco acima de 2,5% ao ano, mas no fim de 2008 a economia contraiu-se fortemente. Ao final de 2012, a economia estava quase 15% abaixo da tendência, e um crescimento bem abaixo de 2,5% ao ano sugere um hiato do produto que só se alarga.

Um economista clássico linha-dura simplesmente diria: "Que dureza, não é?". O produto caiu quase 15% abaixo da tendência; portanto, o produto potencial também caiu na mesma quantidade. Mas a maioria das pessoas olharia os números e concluiria que simplesmente não é plausível que o produto potencial caísse tanto num tempo tão curto — que tantas fábricas e escritórios subitamente se vissem não apenas inúteis como também inutilizáveis. Uma queda menor, e particularmente uma queda mais gradual por trás da antiga tendência, poderia sugerir perfeitamente que a própria tendência mudou. Mas 15% em poucos anos parece enorme. Se a recessão é realmente grande, então com certeza alguma parte dela deve ser um problema com a demanda, e alguma espécie de estímulo poderia ajudar o produto a recuperar-se rapidamente, ao menos em parte.

A segunda coisa para a qual podemos olhar ao considerar se há ou não há hiato do produto é o desemprego. Se você subitamente tem muita gente desempregada, certamente isso é um bom indicador de ociosidade no sistema econômico. É um forte indicador de que é preciso estímulo.

Agora, mais uma vez, uma visão determinadamente clássica do mundo diria: alto lá! Existem trabalhadores desempregados. Mas, ao menos por ora, eles também são inempregáveis. Um choque atingiu a economia, e as antigas qualificações não são mais valorizadas. Os trabalhadores precisam de tempo, e talvez de apoio, para receber um novo treinamento, ou terão de mudar-se para uma área diferente, e achar seu lugar numa indústria totalmente nova.

Cortar as taxas de juro não vai realmente ajudar, tampouco cortar impostos: é questão de paciência, não de estímulo. Os trabalhadores não conseguem mudar de carreira do dia para a noite. Empregá-los diretamente para enterrar e desenterrar moedas de chocolate seria insustentável: isso vai tirá-los das estatísticas de desemprego por um período, mas vai simplesmente adiar um doloroso ajuste. Todas essas tentativas de estímulo vão se mostrar deslocadas. Elas vão apenas criar inflação — assim como vimos nos anos 1970, com altos níveis de inflação, e crescimento ainda assim quase parando e muita gente atrás de trabalho.

Deve haver maneiras de dizer se os desempregados são realmente inempregáveis.

De fato, há. Um sinal claro desse clássico desalinhamento estrutural seria que alguns setores se expandem, com pleno emprego e salários crescentes, enquanto tentam desesperadamente recrutar trabalhadores qualificados; outros setores permanecem estagnados. Mas, nos Estados Unidos, as taxas de desemprego subiram bastante na maioria dos setores da economia após o início da crise de 2007. Elas também subiram para a maior parte dos tipos de trabalhador. Paul Krugman, apóstolo da visão keynesiana, afirma que isso é um bom indício de um problema geral da demanda, não de uma economia abalroada por um choque estrutural.[1]

No Reino Unido, a situação é um pouco mais complicada. O desemprego subiu, claro, mas muito menos do que se teria esperado, considerando a severidade da recessão. A implicação lógica disso é que a produtividade por trabalhador caiu. O efeito foi bem grande — se eu tivesse de desenhar um gráfico da relação entre produto econômico e crescimento do emprego pelos últimos quarenta anos ou algo assim, você ficaria impressionado ao ver como os dois ficam perto um do outro, e como eles se afastaram durante a recessão. Agora, isso será em parte explicado pela difusão do trabalho em meio período. E em outra parte será explicado pelo "entesouramento do trabalho" — as empresas têm menos clientes, mas têm bons trabalhadores que elas não querem perder, enfrentando toda a despesa de pagar sua demissão e depois todo o custo de se recontratar trabalhadores desqualificados. Mas isso não pode ser toda a explicação, porque os empregadores começaram a contratar vigorosamente assim que o crescimento fraco voltou. Se o entesouramento do trabalho fosse a resposta, você esperaria que as contratações parassem temporariamente, porque os empregadores já dispunham de muitos trabalhadores subempregados.

Tudo isso sugere que os trabalhadores no Reino Unido estão simplesmente produzindo menos do que costumavam produzir, o que implica problemas estruturais — em oposição aos Estados Unidos, há um forte elemento clássico na recessão. O que parece acontecer no Reino Unido é uma mudança de indústrias de alta produtividade, que estão sendo forçadas a encolher, para indústrias de baixa produtividade, que estão crescendo. Essa é uma mudança estrutural típica — metaforicamente, há menos pacotes de comida chegando. E talvez não seja um choque tão grande que o Reino Unido tenha sofrido danos estruturais. O país dependia pesadamente de serviços financeiros, e os serviços financeiros nunca foram os mesmos desde a crise bancária.

Você prometeu quatro maneiras de dizer se há um hiato de produto. Quais as outras duas?

Você pode mandar um questionário para as empresas e perguntar se elas têm capacidade ociosa. No Reino Unido, a resposta era clara: apesar desse amplo hiato entre o produto efetivo e a tendência do produto, as empresas negaram ter muita capacidade ociosa. Isso por si só sugere problemas estruturais e uma recessão clássica, no estilo do campo de prisioneiros. Sugere também que os estímulos monetário e fiscal não vão ajudar muito. Mesmo assim, nunca se sabe. Talvez as empresas estejam "a plena capacidade" no sentido de que todos os seus atuais trabalhadores estão a pleno vapor, mas que facilmente elas poderiam contratar mais pessoas e expandir-se bem rápido caso, digamos, tivessem mais clientes ou acesso a um empréstimo bancário a preço razoável.

E uma pista final para saber se a recessão é keynesiana ou clássica é a inflação. Se a inflação cair a um nível baixo por um longo período, isso sugere demanda fraca. Se a inflação subir apesar do crescimento vagaroso, isso sugere que a causa está do lado da demanda. Mesmo nesse caso, não há garantias — a inflação também será afetada por outros fatores, como o preço do petróleo.

Nenhuma dessas quatro pistas parece particularmente conclusiva.

Você não achava que seria fácil, achava? Se a política econômica fosse algo que entendêssemos tão bem quanto — digamos — a construção de uma ponte, não haveria essas discussões todas.

O fato é que há um problema fundamental que nos detém quando estamos tentando dizer se uma recessão está sendo causada por falta de demanda — ou seja, se é uma recessão da cooperativa de *baby-sitting* — ou por falta de oferta, como no campo de prisioneiros: não é realmente possível observar cada recessão separadamente, uma sem a outra. Alfred Marshall, um dos grandes economistas clássicos, disse certa vez que tentar entender se a culpa é da oferta ou da demanda é como tentar entender qual lâmina da tesoura está cortando o papel.

E, na verdade, é ainda mais complicado do que isso — porque, ao contrário das lâminas da tesoura, a fronteira entre oferta e demanda é em si mesma um tanto nebulosa. Se uma economia se retrai por causa de um problema com a demanda, os danos acabarão sendo repassados à oferta. No caso da cooperativa de *baby-sitting*, por exemplo, podemos imaginar casais ficando tão frustrados com a dificuldade de conseguir alguém para olhar as crianças que saem da cooperativa e instalam um cinema em casa. Assim, eles não estão mais disponíveis para olhar os filhos dos outros: uma recessão que inicialmente não tinha nada a ver com o potencial de oferta da economia acaba por prejudicá-lo.

Numa economia mais complexa, trabalhadores mais qualificados podem emigrar; as empresas que fecham podem levar à perda de conhecimento institucional, que não pode ser facilmente substituído por novas *startups*; máquinas podem enferrujar; fábricas e prédios de escritórios podem ficar em ruínas; os trabalhadores podem passar tanto tempo vivendo de seguro que perdem sua ética de trabalho, ou suas qualificações, ou talvez a mera confiança de empregadores que deveriam estar dispostos a dar-lhes uma oportunidade, mas não estão. Por todas essas razões, uma recessão de curto prazo puxada pela demanda pode transformar-se num dano de longo prazo à oferta.

Quando uma empresa vai à falência, há perturbação. Trabalhadores ficarão desempregados; uma loja, fábrica ou escritório ficará vazio; os fornecedores da empresa falida terão capacidade ociosa e precisarão achar algum novo cliente para preencher seus livros de pedidos. Em princípio os trabalhadores, as instalações vazias e a capacidade ociosa são potencial de oferta que pode instantaneamente ser reempregado num novo propósito. Na realidade, isso leva tempo e tende também a exigir um grande investimento de recursos: os trabalhadores podem precisar voltar à faculdade, as instalações da empresa podem precisar ser demolidas e trocadas. A falta de demanda no curto prazo produziu uma escassez de oferta no médio ou longo prazo.

Um minuto. Se a demanda se transfere para a oferta, existirá mesmo um dilema? Por que não tratar toda recessão com um remédio keynesiano no curto prazo no mesmo tempo em que se cuida dos clássicos problemas da oferta no longo prazo?

Há muitas vantagens nessa ideia. Os comentaristas econômicos gostam de enfatizar suas discordâncias, mas muitas vezes não há contradição entre buscar o estímulo keynesiano — seja fiscal ou monetário — e também cuidar de reformas estruturais.

Para uma versão muito discutida desse falso dilema, consideremos David Brooks, colunista do *New York Times*, que, em maio de 2012, escreveu um artigo de opinião chamado "The Structural Revolution" [A Revolução Estrutural]. Brooks dividiu o mundo em "ciclicistas" e "estruturalistas". Os ciclicistas são a versão de Brooks dos keynesianos, e estruturalistas é o termo de Brooks para os clássicos. Mais ou menos. O problema é que Brooks então se preocupa porque os ciclicistas estariam perdendo de vista as "questões fundamentais", porque eles "acreditam que o nível de gastos do governo é o principal fator na determinação de quão rapidamente cresce uma economia" e "ficam disfarçando" problemas estruturais com mais dívidas.

Isso parece bastante o que você está dizendo.

O artigo de Brooks é fascinante porque está quase totalmente certo, e, no entanto, está errado. Em qualquer recessão, há sempre uma pergunta, que diz respeito a até que ponto o problema é de demanda agregada (e, portanto, receptiva ao estímulo) e até que ponto o problema é de oferta (e, portanto, não pode ser resolvida com estímulo). Mas normalmente a questão não é ou isso ou aquilo. É uma questão de curto e longo prazos. No curto prazo, a maioria das recessões possui um elemento keynesiano, e deve ser abordada com estímulo. O estímulo normalmente virá do banco central, aliás, e não de gastos adicionais do governo. E no longo prazo sempre vale a pena pensar em questões estruturais para ampliar a capacidade de produção da economia.

De fato, você pode até fazer as duas coisas com a mesma política — por exemplo, pode gastar durante uma recessão em projetos de infraestrutura bem selecionados, como ferrovias, consertos em estradas ou banda larga mais rápida. Você daria trabalho a pessoas que de outro modo estariam desempregadas no curto prazo, e melhorando a capacidade estrutural da economia no longo prazo.

É preciso admitir que há riscos em tentar fazer as duas coisas. Se você, em vez disso, pagar as pessoas para enterrar e exumar chocolates, não vai expandir a capacidade de produção da economia. E, como vimos, o estímulo fiscal pode ser difícil de cortar quando vêm os bons tempos, permitindo que a dívida vá lentamente crescendo a níveis não recomendáveis. Muitos países, incluindo os EUA e o Reino Unido, entraram na grande recessão com uma bela dívida e um compromisso embutido de pegar empréstimos só para manter o governo nos bons tempos. Não é a posição ideal — e, para sermos justos, não é o que a abordagem keynesiana efetivamente exige.

Quanto às reformas estruturais, pode parecer que nunca há um mau momento para aumentar a capacidade de base da economia — e isso pode ser verdade se estivermos falando de um projeto de infraestrutura sabiamente escolhido. Mas pense em outra reforma estrutural que é proposta com frequência: alterar a lei para facilitar a demissão de trabalhadores para os empregadores. Existem boas razões para acreditar que isso também faria a economia funcionar mais suavemente a longo prazo — os empregadores ficariam menos nervosos na hora de contratar pessoas, e poderiam dar a trabalhadores mais jovens e inexperientes uma oportunidade sem grande risco. Mas o que acontece no curto prazo se você faz isso no meio de uma recessão? Isso permitiria que os empregadores despedissem mais funcionários que já possuem, deprimindo imediatamente a demanda e prolongando ainda mais a recessão. O lado bom da reforma, o aumento mais rápido de empregos, só seria sentido quando a recessão acabasse.

Parece que aquilo que você está dizendo é que eu deveria gerir a minha economia como um canalha durão de direita durante a expansão, e como um esquerdista de coração mole durante a recessão.

Não é má ideia. Uma expansão é um momento ótimo para cortar gastos, pagar dívidas e tentar fazer os mercados funcionarem melhor reduzindo regulamentações desnecessárias. Todas essas são preocupações da direita. Uma recessão, porém, é um momento terrível para fazer essas coisas. É melhor continuar gastando, ficar endividado, e iniciar imensos projetos de infraestrutura.

Infelizmente, parece que o que costumamos ter é o oposto: nas expansões, temos a sensação de que podemos eleger governos de esquerda para ampliar as proteções trabalhistas e iniciar imensos projetos do setor público, muitas vezes aumentando a dívida nesse processo; então, quando vem o problema, elegemos um governo de direita para cortar o déficit, acabar com os projetos de investimento e fazer uma fogueira com as regulamentações trabalhistas, o que simplesmente faz com que a recessão piore.

Como vimos no capítulo 1, em última instância a razão pela qual devemos nos importar com as recessões é seu custo humano. Acho que é hora de voltar nossa atenção para entender o desemprego — assunto que tem algo de enigmático.

8

A invenção do desemprego

O homem médio só vai trabalhar tudo o que pode trabalhar em um dia se for preso e não puder evitar. Tem muito trabalho para fazer se as pessoas quiserem.

Henry Ford, março de 1931[1]

O que tem de tão enigmático no desemprego?

É um dos problemas mais básicos da economia. Contudo, se você aborda-o usando um dos conceitos mais fundamentais da economia — "oferta e demanda" —, não consegue ir tão longe. Na teoria, se as empresas quiserem mais trabalhadores, deveriam aumentar os salários. Se quiserem menos trabalhadores, deveriam reduzir os salários. Se as pessoas desempregadas quiserem arrumar trabalho, deveriam aceitar salários menores. E, se quiserem permanecer desempregadas, deve ser porque decidiram que preferem ficar descansando. Se você seguir essa lógica até o fim, as recessões não passam de enormes feriados: os desempregados deram uma olhada nos salários que as empresas estão querendo pagar, e chegaram à conclusão de que preferem relaxar e esperar que os salários aumentem até um nível aceitável — o que vai acontecer na recuperação.

Alguns dos economistas mais firmemente clássicos parecem aceitar essa história. Mas é difícil argumentar em favor dela. Para começar, sabemos que os salários muitas vezes não caem durante as recessões: as empresas demitem algumas pessoas e mantêm outras pagando os antigos salários. Além disso, muitas pessoas desempregadas estão extremamente infelizes. Se você levar a sério as pesquisas psicológicas sobre felicidade e circunstâncias econômicas, concluirá que o dinheiro em si tem apenas um modesto impacto na satisfação das pessoas com as suas vidas, mas ter um emprego é uma consideração muito mais importante. É difícil conciliar isso com a ideia de que os desempregados se demitiram simplesmente por estar insatisfeitos com o salário.

Mas, se você realmente quer indícios de que está faltando alguma coisa na história de que é tudo uma simples questão de oferta e demanda, deixa eu contar uma história sobre Henry Ford — o homem que inventou o desemprego.

Inventou o desemprego? Você não está falando das linhas de produção de fábrica, ou do Modelo T?

Disso também — e, ok, estou exagerando. Mas há um quê de verdade. Aqui vai a história. No começo de 1944, Henry Ford, fundador e acionista majoritário da Ford Motor Company, introduziu um novo salário mínimo de 5 dólares por dia — mais do que duas vezes o salário anterior — ao mesmo tempo que reduzia as horas de trabalho diárias de nove para oito. O resultado? Milhares de homens enfrentavam o inverno de Detroit para circular aos bandos em torno da fábrica da Ford todo dia, na esperança de conseguir um emprego. Um dia houve tumulto, e a polícia usou uma mangueira de incêndio para tentar dispersar as multidões. Os homens, encharcados, com suas roupas congelando quase instantaneamente em temperaturas bem abaixo de zero, retiraram-se para secar-se ou para mudar de roupa. Então voltaram imediatamente.

O novo salário, é preciso dizer, não valia para todo mundo. Havia um período probatório de seis meses, e os trabalhadores tinham de satisfazer a equipe paternalista de sociólogos da Ford, mostrando que mantinham uma família prudente e higiênica. Talvez não surpreenda que as mulheres também ficavam de fora, ainda que a Ford tivesse dito oficialmente ao *New York Times* que qualquer mulher que fosse chefe de família poderia ganhar o salário de 5 dólares, que eles chamavam de "divisão de lucros". Mesmo assim, o salário de 5 dólares era pago à maioria dos trabalhadores da Ford. Foi uma jogada impressionante.[2]

Parece mesmo. Ele devia estar realmente tendo dificuldades para recrutar bons trabalhadores, não?

Na verdade, não estava tendo não. Você sem dúvida tem razão de pensar que é isso que uma explicação direta de oferta e demanda iria prever. O aumento salarial de Ford faria sentido se ele estivesse tendo dificuldades para recrutar trabalhadores de um certo naipe. Pode-se imaginar que os competidores da indústria automobilística de Detroit, então em rápida expansão, estavam aumentando seus salários — em mercados bem aquecidos, os salários de fato podem aumentar muito às vezes. Mas não. O mercado de trabalho de Detroit na época não estava bastante aquecido; havia recessão. O número de pessoas que recebia assistência social naquela área tinha quase quadruplicado nos dois anos anteriores aos 5 dólares por dia de Henry Ford.

Ford, então, não estava oferecendo menos do que seus competidores, nem seus competidores enxergavam qualquer necessidade imediata de tentar oferecer mais do que ele: um competidor otimista disse ao *Detroit News* que "a fábrica da Ford só pode empregar um número limitado de trabalhadores, e depois desse limite os outros terão de procurar emprego em outras fábricas, a salários correntes". Em outras palavras, uma vez que Ford tivesse empregado todas as pessoas que queria, os competidores ainda conseguiriam empregar o resto segundo a taxa de mercado da indústria automobilística, que era menos da metade do que Ford tinha começado a pagar.

Podemos dizer que Ford não estava interessado em incentivar um número maior de candidatos a partir do fato de que ele ativamente desencorajava a candidatura de alguns trabalhadores — o que não surpreendia, já que ele tinha tantos candidatos que havia tumulto na porta da fábrica. Depois que trabalhadores de toda parte dos Estados Unidos correram para Detroit na esperança de arrumar um emprego na fábrica da Ford, a empresa anunciou que não contrataria trabalhadores de fora da cidade. Ela também se movimentou para fechar empresas de consultoria que enviavam fichas de trabalhadores a um certo preço.

E não é que Ford estivesse procurando apenas trabalhadores com as qualificações certas: afinal, ele vinha sistematicamente removendo os operários altamente qualificados da sua fábrica. Cinco anos antes, dois terços dos funcionários da Ford eram operários qualificados e sua fábrica mais parecia uma reunião de oficinas mecânicas distintas, cada qual pegando uma miscelânea díspar de peças imperfeitas, produzidas fora da Ford, e cuidadosamente trabalhando-as e juntando-as para produzir um veículo verdadeiramente feito à mão. Mas, no momento em que introduziu os 5 dólares por dia, Ford já tinha varrido essa alfaiataria artesanal e dirigido toda a sua fábrica para produzir, de maneira altamente automática, um único tipo de carro: o Modelo T. A força de trabalho aumentou mais de trinta vezes, e a produtividade também, numa proporção similar. O novo sistema de fabricação de carros de Ford demandava grandes números de homens semiqualificados, realizando tarefas repetitivas. Ele queria robôs dóceis que fizessem o que lhes era mandado, de novo e de novo e de novo. (Um operário resmungou que a monotonia o estava deixando louco: "Se eu continuar colocando o parafuso 86 mais 86 dias, vou ser o parafuso 86 a menos no manicômio de Pontiac.") A última coisa que a empresa queria eram os generalistas altamente qualificados da época anterior ao Modelo T, pessoas com experiência e opiniões, que poderiam ter sido mais difíceis de achar.

Em suma, nada disso sugere uma empresa com dificuldades de arrumar funcionários. Não foi essa a razão que levou Ford a pagar salários muito mais generosos.

Humm. Será que Ford estava tentando ganhar fama de filantropo?

Eis outra teoria que parece plausível. Afinal, ele era rico, e seus 5 dólares por dia tornaram-no famoso — nos meses que se seguiram à sua introdução, Ford passou a aparecer com frequência na primeira página do *New York Times*.

Mas existem muitas razões para suspeitar dessa explicação. Se o anúncio dos 5 dólares por dia foi feito de maneira grandiosa na imprensa local de Detroit, a divulgação parou por ali, e a atenção nacional e internacional parece ter vindo como surpresa. E fazia apenas poucos anos que a empresa de Ford tinha chegado à plena forma: se ele realmente quisesse se dedicar à filantropia, seria como se Bill Gates voltasse o olhar para a pobreza global por volta de 1985, antes de a Microsoft realmente se estabelecer como a usina de software que viria a se tornar. Considerando que, se os 5 dólares por dia tivessem vindo tão cedo na carreira de Ford, a doação filantrópica teria sido extraordinariamente grande: o aumento de salário correspondia a cerca de metade dos lucros esperados da empresa. E Henry Ford não era única e simplesmente o dono da Ford; era apenas o acionista majoritário. Será que ele realmente tinha decidido torrar metade do dinheiro da empresa num gigantesco projeto de autopromoção? Ele poderia ter sido processado pelos acionistas minoritários. (Isso de fato ocorreu, quando os irmãos Dodge o processaram — mas só anos depois.) Em suma, se Ford realmente quisesse ser filantropo, nós esperaríamos que ele deixasse para fazer suas boas obras mais para o fim da vida, após ter buscado mais publicidade, e usando o próprio dinheiro em vez dos recursos de sua empresa.

Mais notavelmente, o próprio Ford repetidas vezes afirmou que seu objetivo com os 5 dólares por dia não era fazer filantropia, era ganhar dinheiro. Teria sido algo bizarro a afirmar se ele estivesse querendo melhorar sua fama de bonzinho. Em vez disso, Ford chamou os 5 dólares diários de "uma das melhores ações de corte de custos jamais feita".

Então vamos lá. Queria saber como um aumento salarial desnecessário pode cortar custos.

A resposta vem ao olhar as taxas de rotatividade da Ford. Em 1913, um ano antes de os 5 dólares por dia serem introduzidos, a fábrica da Ford teve de empregar 50 mil trabalhadores — contudo, a própria fábrica só empregava cerca de 13,5 mil funcionários. Dezenas de milhares de homens se demitiam e precisavam ser substituídos. O trabalhador médio costumava ficar apenas cerca de três meses. Num único mês (março de 1913) mais de 7 mil trabalhadores deixaram a empresa por alguma razão — mais da metade da força de trabalho. E a maioria deles saiu de maneira imprevisível, como "homens de cinco dias". Esse era o termo para as pessoas que simplesmente não se importavam em aparecer no trabalho cinco dias seguidos. Depois disso, presumia-se que tinham se demitido.

Essa alta rotatividade era, porém, um sintoma do problema subjacente, não o problema em si. A rotatividade provavelmente perturbava, mas não excessivamente, porque era fácil contratar novos trabalhadores, e eles podiam ser rapidamente treinados. O problema de fato era que os trabalhadores da Ford estavam incrivelmente infelizes no trabalho. Trabalhava-se até tarde, o trabalho era tedioso, os salários eram baixos, e os chefes no chão da fábrica eram — segundo um documento interno — "imbecis irritantes". (Nenhuma novidade.) Assim, os funcionários tendiam a trabalhar pouco, a faltar sem avisar, a brigar com os supervisores em plena oficina e talvez até a sabotar a linha de produção literalmente jogando uma chave de fenda nas engrenagens. Quando a economia estava razoavelmente em forma, era fácil ir para um emprego similar numa fábrica diferente, então poucos trabalhadores ligariam para ser despedidos. Não era, como você pode imaginar, uma receita de um local de trabalho harmonioso.

Certo dia, em 1912, Henry Ford estava discutindo esse problema com um sujeito chamado Percival Perry. Perry estava no comando da fábrica de Trafford Park da Ford em Manchester, o único posto avançado da Ford Motor Company na Inglaterra. Perry disse a Ford que, quando a fábrica de Trafford Park tinha começado a funcionar, ele pagava o salário de mercado de cerca de 1,5 libra por semana. Isso era o suficiente para recrutar trabalhadores para a fábrica, mas não para que esses trabalhadores sustentassem devidamente uma família. O resultado era que eles ficavam distraídos por causa da fome, e sem motivação. Assim, Perry decidiu pagar a todos os trabalhadores £ 3 por semana, duas vezes o salário de mercado. Ele chamava essa abordagem de "salário alto, salário certo", e ela aumentou muito a produtividade. Ford ouviu Perry explicar tudo isso — e então voltou a Detroit para aplicar basicamente a mesma estratégia.

A adoção por Henry Ford da política de "salário alto, salário certo" de Perry fez três coisas. Primeira, ela significou que os trabalhadores tinham um padrão de vida melhor e provavelmente conseguiam manter uma família estável e alimentar-se bem; com o departamento de sociologia da Ford cuidando do caso, era improvável que eles gastassem alguma parte grande do dinheiro extra em bebidas. Segunda, os trabalhadores poderiam sentir gratidão e compromisso com a Ford Motor Company, e assim ter-se dedicado com muito mais vigor ao trabalho de produzir carros. E, terceira, os 5 dólares por dia de Ford subitamente indicavam que seus trabalhadores tinham muito a perder. O emprego na Ford pagava o dobro do que eles poderiam ganhar em outras empresas. O resultado foi que os funcionários tinham todas as razões do mundo para trabalhar duro, parecer ocupados e seguir instruções. Um comentário da época registrava que "os trabalhadores estão absolutamente dóceis".

Assim como tinha acontecido em Trafford Park, a ação foi um tremendo sucesso. A rotatividade dos trabalhadores caiu barbaramente, como se poderia esperar, mas a verdadeira medida do sucesso foi a produtividade bastante maior do trabalho. A Ford estava pagando mais a seus funcionários, mas obtendo deles muito mais. A fábrica produzia mais carros, e os lucros — apesar da recessão — continuaram a aumentar.

Que bom para ele. Mas nada disso explica o que você falou sobre Ford ter "inventado o desemprego".

Bem, nós começamos esse capítulo da mera visão de oferta e demanda do desemprego, e num certo sentido o esquema de Ford antes de 1914 era basicamente daquele jeito. Ele operava num mercado de trabalho que parecia algo que você poderia encontrar nos livros didáticos clássicos. Nesse tipo de mercado de trabalho "perfeito", os trabalhadores são intercambiáveis, assim como os empregadores, e os salários se acomodam numa "taxa de mercado" — nas palavras do rival da Ford — à qual toda pessoa que quer emprego consegue arrumar um. Se, como trabalhador, você quisesse férias, poderia tirar férias sem aviso, saindo da fábrica e tomando o rumo da praia. (No jargão da Ford, você se tornava um "homem de cinco dias".) Ao voltar, você simplesmente arrumava um trabalho no seu antigo empregador, ou num empregador diferente — não importava qual. O seu antigo empregador não ia se importar de você ter ido embora, porque ele poderia facilmente empregar outro trabalhador exatamente igual a você num instante.

Agora, hoje ainda existem alguns mercados que funcionam de modo muito parecido — o mercado de taxistas autônomos, por exemplo —, e existem partes do mundo em que peões de obras podem pegar trabalhos diferentes a cada dia, qualquer que seja o pagamento oferecido. Mas os mercados de trabalho mais reais hoje em dia estão marcadamente distantes disso: eles exigem grandes esforços tanto de empregador quanto de empregado para iniciar as coisas, a experiência e o treinamento específicos de cada empresa ajudam muito, e normalmente as duas partes do contrato de trabalho esperam que ele dure.

Assim, a solução do mistério dos 5 dólares por dia não é apenas um caso para estudo. Ela nos mostra algo muito importante sobre a economia como um todo. Porque aquilo que Ford — ou melhor, Perry — descobriu foi que, quando se trata de empregar trabalhadores, o que faz um mercado operar perfeitamente não é necessariamente o que faz mais sentido do ponto de vista empresarial.

Assim que Ford instituiu o dia de 5 dólares, seus trabalhadores deixaram de viver no mercado de trabalho de funcionamento perfeito dos livros didáticos clássicos, em que eles poderiam sair de um trabalho para o outro num instante. Em vez disso, passaram a viver no lado feliz de um mercado de trabalho altamente imperfeito. Dentro dos muros da fábrica havia trabalhadores remunerados muito acima do mercado. Do lado de fora havia filas de homens desempregados, levando água da polícia em temperaturas abaixo de zero. Não existia diferença entre quem estava fora e quem estava dentro em termos de qualificações, de caráter ou de disposição para trabalhar; os de dentro apenas tinham tido a sorte de arrumar ótimos empregos e, como era compreensível, queriam muito mantê-los. Os de fora tão somente tiveram azar.

Os economistas chamam o "salário alto, salário certo" de Percival Perry de "salário de eficiência". Os salários de eficiência são mais altos do que os salários competitivos de mercado, mas mesmo assim fazem sentido comercial pelas razões que discutimos. Os salários de eficiência são bons para muita gente. São bons para os empregadores, que garantem uma força de trabalho leal e motivada. E são bons para os trabalhadores, que conseguem bons empregos. Porém, como os salários de eficiência são mais altos do que o salário em que a oferta fica igual à demanda, surge um problema: os empregadores, tendo trabalhadores mais produtivos (porém mais caros), tenderão a empregar menos gente; enquanto isso, como existe oferta de salários e condições melhores, mais gente vai querer trabalhar. É aí que a ideia básica de oferta e demanda volta a ser útil: ela prevê corretamente que os salários de eficiência, apesar de toda a sua lógica comercial, tendem a resultar em mais pessoas atrás de emprego e em menos empregos.

Foi então nesse sentido em que brinquei dizendo que Henry Ford tinha inventado o desemprego. Claro que o desemprego já existia bem antes de Ford, mas o sistema de Ford introduziu uma causa nova e importante de desemprego. Ao ser pioneiro dos salários de eficiência, ele ajudou a criar um grupo de pessoas que quer trabalhar, mas que, por puro azar, não consegue arrumar emprego. Você deve ter isso em mente da próxima vez que alguém disser que os desempregados são todos uns vagabundos que não querem nada.

Estou entendendo. Então, se o desemprego é uma questão de puro azar, logo não seria nada menos do que justo oferecer generosos benefícios previdenciários aos desempregados. Certo?

Ah. Bem... calma. Tendo dito que não devemos condenar os desempregados, achando que são todos uns vagabundos, também precisamos reconhecer como é a natureza humana. Um seguro-desemprego equivale efetivamente a pagar pessoas para permanecer desempregadas. E, se você aumentar o pagamento de quem não trabalha, então terá de esperar que mais pessoas desempregadas ficarão tentadas a se esforçar um pouco menos para procurar trabalho.

Esses dois fatores — salários de eficiência e benefícios previdenciários para desempregados — contribuem para algo que os economistas chamam de "desemprego estrutural". Todo mundo associa o desemprego com as recessões, e claro que nas recessões tendemos a ver mais trabalhadores sendo demitidos e menos trabalhadores sendo empregados. Mas o desemprego estrutural é aquele desemprego que sempre existe, mesmo quando a economia está em expansão — essas são as pessoas que não conseguem empregos como os da Ford porque os salários são mantidos deliberadamente altos (ou às vezes porque as leis de salário mínimo colocaram o mínimo legal num patamar excessivamente alto), e também as pessoas que decidem que viver da previdência é preferível a viver trabalhando duro — ou, ao menos, que faz sentido ficar alguns meses vivendo da previdência procurando um emprego que elas queiram em vez de simplesmente aceitar o primeiro emprego que aparecer.

Então como eu vou saber se as pessoas estão desempregadas por causa de uma recessão ou por causa dessas razões estruturais?

Com dificuldade, naturalmente. Mas um instrumento útil é a "curva de Beveridge", que deve seu nome a William Beveridge, arquiteto do Estado de bem-estar social do Reino Unido do pós-guerra. Essa curva coloca o número de vagas anunciadas contra a taxa de desemprego. A correlação é negativa: quanto mais vagas houver, menor tenderá a ser a taxa de desemprego. Imagine uma curva que vai do canto superior esquerdo (muitas vagas, baixo desemprego — a economia está em expansão) até o canto inferior direito (poucas vagas, alto desemprego — uma recessão). Se você medir a taxa de vagas e a taxa de desemprego de uma determinada economia a qualquer momento, o resultado será um ponto na curva de Beveridge daquela economia naquele intervalo determinado.

Quando a economia entra em recessão, ou se recupera, esperamos que os dados se movam nessa curva — que subam para a esquerda nos bons tempos, que desçam para a direita nas épocas difíceis. Mas, se acontecer alguma coisa que afete o desemprego estrutural, podemos esperar que os dados se movam completamente para fora da curva: a própria curva de Beveridge não vai se mover. Digamos, por exemplo, que você decida pagar benefícios extremamente generosos aos desempregados. Esperaríamos que isso movesse a curva inteira para a direita. A partir de agora, não importando o quão bem a economia esteja, a taxa de desemprego será maior do que teria sido. Mais vagas ainda estarão associadas com desemprego mais baixo, mas, para qualquer taxa de vagas, a taxa de desemprego agora será mais alta. Isso é um problema estrutural com a economia, que aparece numa curva de Beveridge mais alta.

Permita-me dar um exemplo da diferença entre uma mudança ao longo da curva de Beveridge e uma mudança de lugar da curva como um todo. Nos Estados Unidos, antes da recessão de 2008, o desemprego era de menos de 5%. Ele rapidamente foi a 10% no outono de 2009, quando a recessão chegou. Essa foi uma movimentação padrão ao longo da curva de Beveridge. Em 2012, a economia estava mostrando sinais claros de recuperação — havia mais e mais vagas sendo anunciadas. Mas, em vez de subir de volta na curva anterior para o canto superior esquerdo do gráfico, a taxa de desemprego permaneceu obstinadamente alta, praticamente sem cair abaixo de 8%. Isso não foi uma movimentação ao longo da velha curva de Beveridge. Na verdade, ela produziu uma curva nova, mais alta. Em suma, ela sugeria que boa parte desse desemprego pode ter sido estrutural, e não cíclico. Se isso for verdade — e é um pouco cedo para dizer —, será uma má notícia para os Estados Unidos. Por mais que a economia esteja indo bem, o desemprego agora será mais alto do que teria sido. E esse estado lamentável de coisas vai permanecer até que outra mudança estrutural abaixe novamente a curva de Beveridge.

Se você observar os países desenvolvidos, encontrará curvas de Beveridge bem diferentes — isto é, níveis distintos de desemprego estrutural. A taxa de desemprego quando a economia vai bem costuma ficar em cerca de 3% na Coreia e na Islândia, por exemplo, em 5% no Reino Unido, em 10% na Alemanha e em 15% na Polônia. A média na União Europeia é de cerca de 8,5%, e, na Organização para a Cooperação Econômica e o Desenvolvimento (OCDE), um clube de países ricos, é de cerca de 6,5%. Se você quiser saber como reduzir o desemprego, não basta ter interesse em como resolver recessões — você também precisa perguntar por que o desemprego estrutural varia tanto por economias distintas.

Os economistas chegaram à conclusão de que parte da resposta tem a ver com paquera.

Paquera? No sentido de procurar um parceiro?

Isso mesmo. Pense nisso da seguinte maneira — quando você está desempregado, dizemos que você está "à procura de um emprego". E isso descreve de maneira bem razoável o que está acontecendo. Você não vende o seu trabalho do mesmo jeito que um supermercado vende tomate. Um supermercado não diz que está "à procura de clientes": os clientes estão aí e, se o preço e a qualidade forem bons, eles vão comprar. Mas procurar emprego não tem nada a ver com isso: você não diz simplesmente: "Meu trabalho está à venda e a qualidade é razoável" — imagino a que preço o cliente do emprego vai querer comprar. Você tem calma e olha por aí até achar um emprego que pareça certo para você.

Os possíveis empregadores também não simplesmente anunciam um emprego a um certo salário sem se importar com quem vai aparecer. Eles também estão à procura. Na maior parte dos ofícios, os empregadores precisam despender tempo e esforços anunciando a existência de vagas e avaliando quais candidatos são os mais adequados para o trabalho. Para alguns empregos, o processo de seleção consome muito tempo e recursos.

Por muitos anos, essa realidade prática foi varrida para baixo do tapete pelos teóricos da economia — ela parecia acrescentar muita complexidade à análise sem adicionar grandes intuições. Mas começamos a perceber que modelar explicitamente o processo de procura de emprego e de recrutamento é valioso. O desemprego hoje costuma ser modelado como processo de procura de uma combinação entre vaga adequada e trabalhador adequado, algo bem parecido com o namoro e o casamento. Christopher Pissarides ganhou um prêmio Nobel por seu trabalho nessa área.[3] Ele observa que o desemprego é a condição inicial da existência econômica, assim como estar solteiro é a condição inicial da existência romântica — todos nós nascemos desempregados e solteiros e, se quisermos que essa situação mude, cedo ou tarde teremos de começar a procurar um parceiro adequado.

Esses modelos de "busca" do desemprego mostraram-se muito úteis na compreensão do problema. Eles nos ajudam a resolver o enigma que — segundo a escola de pensamento de oferta e procura — o desemprego parece ser à primeira vista. E apontam algumas estratégias que podemos usar para tentar enfrentar o elemento estrutural do desemprego — em outras palavras, para mudar a curva de Beveridge para a esquerda. Se existe algum jeito de mudar a curva nessa direção, aí temos basicamente um almoço grátis: o desemprego diminui, não importando se a economia está em queda ou expansão.

Então como eu faço para ganhar o meu almoço grátis?

Algumas sugestões.

A primeira é subsidiar esse processo de combinação, especialmente para os jovens. (Sim, eu sei que um subsídio não chega a ser um almoço grátis, mas esse tem o potencial para ser um negócio excelente.) Esse problema pesa especialmente para eles porque não têm muita experiência em procurar emprego. Não têm muitos contatos. Não sabem direito qual tipo de emprego seria adequado e, por não terem experiência, têm dificuldade em provar para os empregadores que vale a pena lhes dar uma chance.

Não precisamos dar subsídios para que os jovens saiam paquerando, porque eles parecem apreciar esse processo específico de descobrir se existe ou não um par adequado. Mas, se você estiver falando de uma moça que se candidate a um emprego de que talvez ela não goste ou para o qual não tenha aptidão, você há de entender que os empregadores podem não estar cheios de vontade de gastar um bom dinheiro treinando-a. O problema é que, quando os jovens candidatos são treinados, é mais provável que eles acabem se candidatando a trabalhos apropriados, o que é bom para os empregadores; além disso, um empregador pode acabar treinando alguém e essa pessoa pode ir trabalhar para seu concorrente. Por todas essas razões, o benefício social do treinamento para o trabalho muito provavelmente é maior do que o benefício para qualquer indivíduo em particular — o que é um bom argumento em prol de algum tipo de subsídio. (Leitores atentos de *O economista clandestino* vão reconhecer que se trata de um caso de externalidades positivas: bons efeitos de transbordamento que não acontecem tanto quanto deveriam.)

Não combina com um economista propor um subsídio.

Não. Não mesmo. Por isso esses subsídios precisam ser devidamente testados. Por exemplo, considere o Future Jobs Fund [Fundo para Empregos Futuros] (FJF), que existiu por alguns anos no Reino Unido. A ideia básica era bem grosseira: o governo pagava aos empregadores £ 150 por semana — mais ou menos US$ 250 ou € 200 — para contratar um jovem por seis meses, mais alguns milhares de libras à vista. Havia algumas restrições: o novo emprego deveria ser um emprego que sem o subsídio não existiria, e ele tinha de oferecer algum benefício à comunidade. Mas, se você acreditar que essas restrições significam grande coisa, eu gostaria de vender-lhe a Tower Bridge.

Naturalmente, esses vultosos subsídios convenceram os empregadores a contratar muitos jovens, ao menos enquanto os subsídios duraram. Muitos dos jovens trabalhadores foram despedidos outra vez ao fim dos seis meses. O Future Jobs Fund foi fechado no começo de 2011; o governo não estava convencido de que subsídios tão grosseiros algum dia fossem trazer quaisquer benefícios duradouros.

Porém, coisa esplêndida, o órgão governamental relacionado tinha encomendado um estudo dos benefícios de longo prazo do programa, estudo que teve revisão por pares e foi publicado no outono de 2012, um ano depois de o FJF ser cancelado. Não foi feito um teste aleatório, mas a análise é bastante sólida. A conclusão do estudo, que tentou comparar participantes do programa a não participantes com o mesmo perfil, foi que, dois anos depois de entrar no FJF, os participantes tinham 11% a mais de oportunidades de estar em empregos não subsidiados; tinham 7% a menos de chance de estar reivindicando benefícios previdenciários. Esses benefícios foram sentidos muito depois de o programa de seis meses ter acabado, claro. O total líquido de benefícios do programa para participantes, empregadores e a sociedade como um todo foi estimado em cerca de £ 18 mil por participante, divididos de maneira quase igual entre os três; para obter esse resultado, o governo teve de gastar £ 3,1 mil líquidas por participante. O programa foi extraordinariamente eficiente — foi uma vergonha que tivesse sido fechado antes que a avaliação fosse concluída.[4]

Seguindo essa mesma lógica, também poderíamos tentar subsidiar agências que façam a combinação entre trabalhadores e empregos — ainda que eu também fosse gostar de ver esse tipo de projeto conduzido e testado com cuidado, porque ideias que parecem promissoras muitas vezes fracassam na prática. Por exemplo, na França foi recentemente realizado um grande estudo com a participação de Esther Duflo, um dos grandes nomes no uso de experimentos de campo. O estudo avaliava aquilo que parecia um modo razoável de ajudar as pessoas a encontrarem empregos. Muitas delas à procura de emprego na França têm direito a algum aconselhamento de carreira para ajudá-las, mas esse experimento escolheu algumas dessas pessoas aleatórias para receber uma assessoria particularmente intensiva de uma empresa privada, por até um ano, para ajudá-las a encontrar um emprego.[5]

Esse tipo de experimento é essencial se queremos entender como melhorar as políticas públicas. Porém, nesse caso, o experimento nos deu uma informação útil mas deprimente: o aconselhamento de carreira intensivo não funcionou bem. As contratações foram poucas, o efeito foi baixo e temporário, e pior de tudo, o aconselhamento não ajudou o mercado de trabalho como um todo a funcionar melhor, mas apenas deu àqueles que o receberam uma pequena vantagem competitiva. Se eles tinham uma chance levemente maior de arrumar trabalho, seus pares, que (aleatoriamente) não receberam o aconselhamento, passaram a ter chances levemente menores de arrumar trabalho, porque, como se pode presumir, a competição ficou um pouco mais dura.

A outra coisa que se pode fazer é tornar mais fácil para as pessoas mudar-se em busca de trabalho. Muitas das políticas de que os governos gostam tendem a militar contra isso. No Reino Unido, por exemplo, é difícil obter permissão para construir casas perto de onde empregos estão sendo criados. Assim como mudar de casa também é um processo custoso, caso você seja proprietário; se não se paga imposto por possuir uma casa e morar nela, efetivamente comprar uma casa acarreta um pesado imposto, cobrado uma única vez. Nos EUA, a propriedade de uma casa é fortemente subsidiada por meio da dedução dos juros da hipoteca, o que significa que pessoas com hipotecas pagam menos imposto. E, se a região estiver em dificuldades, o instinto político é sempre tentar reanimar os moribundos, em vez de apoiar o nascimento de algo novo. Assim, regiões em decadência tendem a atrair subsídios, os quais incentivam as pessoas a ficar onde estão, em vez de mudar-se para um lugar com mais atividade, onde talvez seja mais fácil arrumar emprego. Por todas essas razões, é comum que as economias tenham muitas vagas numa região e muito desemprego em outra.

Existem outras boas razões pelas quais as pessoas não querem se afastar dos amigos e da família.

Existem, verdade. Mas precisamos reconhecer que incentivar as pessoas a criar raízes num lugar não é um bem inequívoco. Existem custos atrelados aos benefícios.

Falando em benefícios, onde entram aqui os benefícios previdenciários?

Acho que os termos gerais da questão são bastante claros: se você der às pessoas benefícios mais generosos quando estiverem desempregadas, elas ficarão menos desesperadas para fazer o que for preciso para arrumar emprego. Tudo o mais constante, benefícios generosos tenderão a empurrar a curva de Beveridge para fora, no sentido de que, para qualquer nível de vagas, haverá mais desemprego. Uma explicação possível para o fato de que a curva de Beveridge parece estar se deslocando para fora nos Estados Unidos é que o seguro-desemprego foi ampliado. Outra explicação possível, a partir daquilo que eu estava dizendo a respeito de mudar-se para arrumar emprego, são os problemas no mercado imobiliário — as pessoas ficaram presas pela queda no mercado imobiliário, sem conseguir vender a um valor razoável e pagar suas hipotecas. Isso dificulta a mudança.

Existe o argumento de que benefícios mais generosos podem efetivamente criar empregos mais duradouros e valiosos a longo prazo, por dar às pessoas o fôlego necessário para encontrar um emprego que realmente seja adequado a suas aptidões e a seus interesses. Mas o principal argumento em favor desses benefícios é humanitário: mesmo que eles tendam a elevar o desemprego, é esse o preço de viver numa sociedade civilizada.

Então: subsidiar a busca de emprego, facilitar as mudanças e colocar o seguro-desemprego num nível que é humano mas não excessivo. E isso vai resolver?

Bem, vai ajudar. Mas você não vai se surpreender ao ouvir que não existe só uma resposta. Dois países que têm um histórico de desemprego estrutural baixo usam abordagens muito diferentes.

A Alemanha possui um elaborado sistema de estágios e treinamentos para que os jovens consigam empregos, e também subsidia os autônomos, o que ajuda as pessoas a continuar trabalhando e aprimorando suas capacidades. O sistema americano usa uma abordagem muito diferente: ele é ultraflexível. As pessoas podem ser demitidas a qualquer momento, o que não deve ser muito divertido. Mas a vantagem, claro, é que as pessoas também podem ser contratadas a qualquer momento. O resultado é que é mais fácil botar o pé na escada empregatícia. Sistemas diferentes, vantagens e desvantagens diferentes.

O que está bem nítido é o que não funciona: o modelo mediterrâneo da Espanha, Itália e Grécia oferece pouca ajuda a jovens e uma proteção extravagante a pessoas com contratos permanentes. Na Espanha, o contrato de trabalho padrão dá 45 dias de indenização por ano de trabalho. Assim, para cada oito anos trabalhando para uma empresa, você ganha um ano de salário caso seja demitido. O resultado é um mercado de trabalho esclerosado: como é quase impossível demitir trabalhadores bem estabelecidos, as empresas são extremamente cautelosas na hora de contratar. As taxas de desemprego são altas.

Se o problema é óbvio, a solução não é fácil. Seria preciso um político ousado para varrer as proteções dos trabalhadores estabelecidos, por isso a Espanha tentou uma reforma parcial — muitos trabalhadores jovens hoje dispõem de uma nova forma de contrato temporário, com direitos bastante limitados. Infelizmente, é possível que isso tenha piorado as coisas ainda mais. Quando vem a recessão, esses jovens trabalhadores sofrem a força total do golpe — nenhum empregador que esteja tentando cortar custos numa recessão vai demitir um empregado permanente quando existe um temporário que pode ser demitido antes, não importando o quão capaz seja esse temporário. E, naturalmente, os empregados temporários tendem a não receber treinamento. Enquanto isso, os empregados para a vida toda podem relaxar, sabendo que seus empregos estão muito seguros. Também não seria boa ideia para eles trocar de emprego, mesmo que as atribuições do trabalho mudassem e eles ficassem infelizes ou incompetentes, porque estariam perdendo sua segurança empregatícia duramente conquistada. Em suma, o mercado de trabalho de duas categorias é ao mesmo tempo ineficiente e tremendamente injusto, dando à Espanha muitas das desvantagens de um mercado de trabalho rígido e também algumas das desvantagens de um mercado flexível. As taxas de desemprego da juventude ficaram em torno de 50% durante a crise do euro e, no momento em que escrevo essas palavras, não há sinal de melhora. A reforma deveria ser um primeiro passo útil, mas os planejadores de políticas públicas da Espanha agora parecem estar com um pé em cada lado de uma fenda que se alarga.[6]

Ok. Hora de um resumo.

Justo. Existem basicamente dois tipos de desemprego: o desemprego cíclico que vem e vai junto com as recessões, e um desemprego estrutural mais permanente. O desemprego estrutural é uma função de diversas coisas, algumas inevitáveis (sempre haverá pessoas "em busca de novas oportunidades", mesmo que por um breve período) e algumas serão o efeito colateral nada bem-vindo de políticas como seguro-desemprego e salário mínimo, e outras ainda o resultado de salários de eficiência ao estilo de Henry Ford. O desemprego estrutural não precisa ser permanente — por exemplo, se ele fizer com que antigas indústrias encolham enquanto novas indústrias crescem, esperaríamos que as pessoas se requalificassem e encontrassem novos empregos no devido tempo. Mas o desemprego estrutural, mesmo que temporário, não receberá grande ajuda de políticas de estímulo que incentivem a demanda.

Existem duas maneiras de atacar o desemprego. Uma é atacar as recessões — batalhar constantemente para levar a economia para o canto superior esquerdo da curva de Beveridge, com muitas vagas e poucos desempregados. A outra, porém, é mais estrutural, e tenta deslocar a curva para baixo e para a esquerda, de modo que, para qualquer nível de vagas, haja menos gente sem trabalho. Na maioria dos casos, não vejo por que você não poderia tentar os dois métodos ao mesmo tempo.

Há também uma outra coisa — algo que muitas vezes fica faltando quando os economistas discutem o desemprego: o estudo da gestão.

9

A economia da gestão

O que me incomoda nesse trabalho? O desperdício de talento. As pessoas podiam vir até mim e falar: "Com licença, David, mas há doze anos você está nesse ramo. Será que você tem um minuto para nos dizer como gerir uma equipe, como manter a equipe concentrada no trabalho e também contente?" Mas ninguém faz isso. É essa a tragédia.

David Brent, *The Office*

Claro que é verdade que a gestão é importante — David Brent e Michael Scott, os horrendos chefes de *The Office*, inadvertidamente provam isso a cada dia de suas tristes vidas fictícias.

Claro. Mas, se o desemprego é geralmente considerado uma preocupação fundamental para o economista, as frustrações da vida corporativa não tendem a ser vistas como parte do nosso ramo. No que diz respeito ao desempenho econômico, a gestão tem sido vista como uma dessas coisas exógenas, como o fornecimento de pacotes da Cruz Vermelha a um campo de prisioneiros. Talvez a gestão melhore com o tempo, mas talvez não — de qualquer jeito, ela simplesmente não pareceu o tipo de coisa que um economista sensato fosse discutir. Felizmente, isso agora está começando a mudar.[1]

O que permitiu essa mudança foi que agora dispomos de dados melhores. Por muito tempo soubemos que existe uma enorme discrepância na produtividade de diferentes empresas dentro da mesma indústria. Algumas vão se arrastando, outras vão à falência, e outras têm sucesso e lucros imensos. Não seria uma grande surpresa ficar sabendo que a boa e a má gestão desempenharam um papel importante na explicação dessa tendência. A dificuldade tem sido provar isso. John van Reenen e Nick Bloom são membros de um pequeno grupo de economistas que começaram esse projeto, levando a sério a gestão como explicação de por que algumas economias funcionam bem e outras não. Van Reenen e Bloom desenvolveram uma pesquisa enorme e cuidadosamente aplicada, criada para medir práticas de gestão.

Estou pressentindo um problema. É improvável que gente como David Brent e Michael Scott venham a dar uma descrição sincera e autoconsciente de suas práticas de gestão numa pesquisa.

De fato, não. É por isso que as pesquisadoras — alunas de MBA confiantes e boas de conversa que já possuem elas mesmas uma experiência corporativa razoável — combinam longas entrevistas por telefone, com respostas livres, com os gerentes das empresas que estão sendo pesquisadas. (Essas entrevistas são longas e abrangentes o suficiente para que os entrevistados cheguem a tentar cantar as entrevistadoras, de maneiras que revelavam intrigantes diferenças culturais. No Reino Unido, um gerente britânico disse à sua entrevistadora australiana: "O seu sotaque é tão bonito, e eu estou adorando o seu jeito de falar. Quer me encontrar aqui perto da fábrica?" A resposta, infelizmente, foi: "Desculpe, mas preciso lavar o cabelo toda noite por um mês." Na Índia, a conversa foi um pouco diferente: "Você é brâmane?"

"Sou, por que você está perguntando?" "E é casada?" "Não". "Ótimo, meu filho está procurando uma noiva e eu acho que você seria perfeita. Preciso entrar em contato com os seus pais para discutir isso.")

Quando não estavam evitando propostas amorosas, as entrevistadoras aparentemente conduziam uma entrevista sobre "práticas de gestão enxuta" — isto é, sobre o modo como a empresa opera, e não sobre qualquer detalhe financeiro. E a entrevista é conduzida duplamente às cegas: os pesquisadores não sabem nada sobre a performance financeira da empresa que estão avaliando, e os gerentes entrevistados não sabem que aquilo que estão dizendo está sendo cuidadosamente julgado segundo diversos critérios específicos. As questões foram formuladas para descobrir o que acontece dentro de uma empresa sem oferecer um cardápio de respostas, o que poderia introduzir um viés. Em vez de perguntar, por exemplo, "Você promove por mérito?", o entrevistador diria: "Imagine que um empregado está na sua empresa há um ano. Como você decidiria se ele deve ser promovido?" Ao longo de diversas questões como essa, os entrevistadores podem avaliar a qualidade de diversas práticas de gestão.

Ao final de 2010, a equipe já tinha completado mais de 8 mil entrevistas, tendo encontrado empresas com má gestão de inventário, promoções baseadas exclusivamente em tempo de serviço, ausência de monitoramento de performance, e outras técnicas de gestão da Idade da Pedra.

O resultado? Como você poderia esperar, a qualidade da gestão parece ser muito importante. Ela está muito intimamente relacionada à produtividade do trabalho, e a produtividade do trabalho é, a longo prazo, um dos números mais importantes de uma economia — ela explica por que o trabalhador médio da Tanzânia produz num mês aquilo que um trabalhador americano produz num dia, ainda que dispondo do mesmo equipamento.

Não podemos provar que uma gestão melhor é responsável por toda essa diferença, mas parece altamente provável que ela seja parte da resposta.

Assim eu fico curioso. Quais os países que têm os piores gestores?

Que jeito mais negativo de fazer essa pergunta. Mas, se você insiste, são a Índia, seguida por China, Brasil e Grécia. Eu deveria dizer que esses são os piores de uma lista de vinte, a maioria dos quais são países ricos. Presumo que tenham julgado que valia a pena examinar China, Brasil e Índia porque são economias muito grandes e importantes.

Segundo Bloom e Van Reenen, os Estados Unidos têm a melhor gestão do mundo. Japão, Alemanha, Suécia e Canadá estão num pequeno grupo atrás dos Estados Unidos, e o grupo que vem logo abaixo inclui Austrália, Reino Unido, Itália e França.

Isso é interessante, mas será útil para mim, na minha posição de ditador econômico supremo? Não posso exatamente sair catando país afora os chefes iguais ao do Dilbert e dando uma bofetada em cada um deles, posso?

Não, não pode. E eu também não mandaria nenhum funcionário público fazer isso para você, porque — segundo Bloom e Van Reenen — as empresas geridas pelo governo estão lá no final das tabelas de qualidade de gestão.

Mas existem algumas coisas que você pode fazer.

Acontece que a diferença entre, digamos, os Estados Unidos e a Índia não é que as melhores empresas americanas sejam mais bem geridas do que as melhores empresas indianas. Na verdade, é que a economia indiana abriga muitas empresas realmente mal geridas; elas são bem mais raras nos Estados Unidos. O modo de melhorar a performance gerencial média é ou forçar essas empresas a melhorar seu jogo, ou trocá-las por algo melhor. E existe um belo instrumento para atingir esses dois objetivos: o nome dele é concorrência. Empresas mal geridas lutam para sobreviver se têm concorrentes razoáveis, então basta promover a concorrência para que os padrões de qualidade de gestão subam. E o modo de promover a concorrência é basicamente fazer o contrário daquilo que a Índia fez por tanto tempo — o que você precisa fazer é dividir os grandes monopolistas, reduzir a burocracia que retarda as *startups*, melhorar a infraestrutura de transporte para que as empresas possam competir fora da sua cidade sede, e abrir-se para competidores globais.

Num estudo recente publicado no *Journal of Financial Economics*, Kathy Fogel, Randall Morck e Bernard Yeung compilaram listas dos dez maiores empregadores em 44 países do mundo inteiro.[2] Eles descobriram que países que entram e saem rapidamente desse grupo de elite também têm as economias que crescem mais rapidamente. E o mais impressionante: a relação parece ser causal — a alta rotatividade ontem está correlacionada com o rápido crescimento econômico de amanhã — e se mantém após o controle estatístico de outros fatores. Fogel e seus colegas também afirmam que o principal fator não é "estrelas em ascensão", mas "gigantes que desaparecem". O fracasso empresarial é muitas vezes equivocadamente associado com o fracasso de uma economia como um todo, e claro que uma recessão vai colocar empresas fora do mercado. Mas o fracasso empresarial não é a causa dos problemas econômicos — é o processo pelo qual empresas mal geridas são trocadas por concorrentes mais produtivos. Dizendo de outro modo, não é possível ter sucesso sem aceitar alguns fracassos particulares no caminho. E, se você puder me desculpar a breve propaganda, é esse o tema de *Adapte-se*, meu último livro.

Tudo bem, tudo bem. O que eu espero é que você me diga como gerir a minha economia. É possível que eu de algum modo melhore as práticas de gestão mais diretamente?

Bem, você certamente pode tentar evitar solapar ativamente a boa gestão. Eis um exemplo do Reino Unido: se, ao morrer, você passa a empresa da família para os filhos, ela não vai pagar imposto de herança. John van Reenen observa que isso é um incentivo tributário para manter uma empresa dentro da família, e no Reino Unido ainda é bastante comum entregar as rédeas da empresa familiar ao filho mais velho — uma pessoa que pode ser totalmente inadequada para essa tarefa. A pesquisa de Van Reenen diz que as empresas familiares tendem a ser mal geridas.

Ou talvez você possa ser ainda mais direto, e mandar logo os consultores de gestão.

Rá! Pois é, o que vai resolver é meia dúzia de formados da Harvard Business School sem qualquer experiência no setor.

Você pode rir, mas na verdade existem dados sobre consultores de gestão — e são da Índia, o principal praticante de má gestão do mundo.

A Accenture, uma vasta empresa de consultoria de gestão, concordou em submeter seus conselhos a um teste aleatório. Os sócios devem ter colhões de aço — ou talvez eles não tenham percebido no que estavam entrando. Afinal, o estudo — realizado por uma equipe de economistas do Banco Mundial, de Berkeley e de Stanford, e que incluía Nick Bloom — abertamente averiguava se técnicas modernas de gestão poderiam melhorar a produtividade de grandes empresas têxteis da Índia. Afinal, se quer melhorar técnicas de gestão, você manda uma empresa de consultoria de gestão. Desse modo, o estudo também foi um teste dos conselhos da Accenture.

Os pesquisadores contrataram a Accenture, com desconto, para prestar serviços de consultoria a um grupo de fábricas em Tarapur e em Umbergaon — dois centros manufatureiros a cerca de uma hora a norte de Bombaim. Os pesquisadores abordaram 66 empresas indianas e perguntaram se elas teriam interesse em ganhar 250 mil dólares em consultoria gratuita de gestão — Stanford e o Banco Mundial estavam pagando a conta da Accenture, de modo que os proprietários das fábricas não tinham de pagar nada. O fato de que a maioria deles disse "não" já revela algo sobre as atitudes dos gestores indianos e da fama dos consultores de gestão.

Enfim, vinte fábricas foram selecionadas para participar do estudo e, aleatoriamente, catorze foram escolhidas para receber o serviço de consultoria completo (um mês de diagnóstico seguido de quatro meses de aconselhamento de gestão), enquanto as outras seis serviram de grupo de controle, que recebeu uma auditoria de performance de um mês, mas quase nenhum assessoramento de verdade.

Os resultados foram inegavelmente impressionantes. O efeito de alguns meses de consultoria foi elevar os lucros em quase 20%, chegando a várias centenas de milhares de dólares por ano. A produtividade aumentou, o estoque diminuiu, e as taxas de defeitos caíram 50%.

A taxa cobrada pela Accenture para a consultoria, em valores comerciais, teria sido praticamente igual ao aumento dos lucros — assim, o plano teria pagado a si mesmo até o fim do ano. Se os conselhos fossem retidos, o investimento teria sido fantástico. Os indícios são de que os conselhos são mais do que retidos: os novos procedimentos geram mais informação, mais ideias para a gestão de uma empresa enxuta, e uma espiral de melhorias contínuas.

Antes que todos nós saiamos correndo para contratar um consultor de gestão, é preciso fazer duas observações cautelares. A primeira foi que, à medida que o experimento foi na verdade projetado para avaliar técnicas de gestão e não consultores de gestão, a Accenture ficou encarregada de coletar seus próprios dados de performance. (Os dados, porém, foram submetidos a duas avaliações independentes, e não há qualquer indício de que haja alguma coisa errada com eles.)

A questão mais significativa é que as empresas têxteis da Índia têm seus próprios problemas particulares: ferramentas e maquinário ficavam largados ao chão, e o controle de estoque muitas vezes nem existia. Se um trabalhador precisava achar algum item em particular, a técnica preferencial era simplesmente ficar procurando nos caixotes de armazenamento até alguma coisa útil aparecer. O depósito talvez estivesse fechado, e a única chave estaria pendurada no pescoço do dono da fábrica — medida de segurança que poderia causar horas de atraso. Havia, para usar um eufemismo, alguns alvos bem fáceis para os consultores de gestão acertarem. Técnicas modernas de gerenciamento de inventário fizeram uma diferença enorme nesse setor particular da economia de Bombaim, mas isso não significa que a Tesco ou a Apple — ou mesmo o serviço público — tenha tanto a ganhar se contratar consultores.

Você quer dizer que eu não preciso abandonar por completo meu cinismo quanto aos formados da Harvard Business School, bem-vestidos e inexperientes?

Seria bom saber se consultores de gestão conseguem mostrar seu valor em Londres ou em Nova York. Não sei a resposta, mas conheço alguns economistas que adorariam supervisionar um teste aleatório.

Mas veja as coisas da seguinte maneira: eu me concentraria em promover a concorrência, não em contratar consultores. Muitas indústrias estão confortavelmente protegidas contra os competidores, de um jeito ou de outro, e a pressão competitiva é um bom jeito de aumentar a qualidade da gestão — assim como, aliás, para baixar preços, aumentar a demanda por trabalhadores qualificados e promover a inovação.

10

As sereias da macroeconomia

Depois da detonação, ela vai produzir radiação letal o suficiente para que, em dez meses, a superfície da Terra fique tão morta quanto a da Lua! (...) Não é algo que um homem são fosse fazer. A Máquina Apocalíptica foi projetada para dar a partida em si mesma automaticamente.

Embaixador soviético Sadeski, em Dr. Fantástico

Por que você está citando uma comédia de aniquilação nuclear num livro de economia?

Ela vai ser útil para entender por que você provavelmente deveria ter um banco central independente, por que provavelmente não deveria estender esse modelo a muitas outras partes da sua gestão econômica, e por que aconteceu a crise do euro. Esse capítulo tem tudo a ver com credibilidade — por que ela é importante, e também intrinsecamente arriscada.

Parece uma força explicativa improvável para um filme *cult* da década de 1960.

Vou te contar que um dos verdadeiros gênios da economia, Thomas Schelling, assessorou Stanley Kubrick quando ele estava trabalhando no roteiro de *Dr. Fantástico*. Na verdade, foi o contato com Schelling que convenceu Kubrick de que o filme tinha de ser uma comédia de humor negro e não um *thriller*: Schelling convenceu-o de que, ainda bem, eram poucos os cenários realistas em que poderia acontecer uma guerra nuclear total.

Schelling tinha começado como negociador comercial; trabalhou no Plano Marshall, estabelecendo os termos da ajuda americana à Europa após a Segunda Guerra Mundial. Ficou fascinado pelos lances e contralances de uma negociação bem planejada, assim como pelos usos e abusos da teoria dos jogos, uma abordagem matemática recém-desenvolvida para a modelagem das interações entre lados concorrentes. Em fins da década de 1950, Schelling levou tanto suas perspectivas de políticas públicas quanto um cauteloso afeto pela teoria dos jogos para o campo da dissuasão nuclear. Tornou-se um pensador influente na área, normalmente a um grau de separação de John F. Kennedy, Robert McNamara e Henry Kissinger, por meio de colegas que os assessoram na crise de Berlim, na crise dos mísseis cubanos e na Guerra do Vietnã.

Uma das ideias mais notáveis de Schelling, que serviu de base para o enredo de *Dr. Fantástico*, foi a estratégia do compromisso: a ideia de que, limitando as suas opções, você poderia efetivamente obter uma vantagem, por causa do efeito que isso poderia ter na tomada de decisão do seu oponente. Um exemplo simples é a política de bancos e de carros blindados de que a equipe na linha de frente não tem acesso ao cofre. Se os ladrões de bancos sabem que a equipe não pode abrir o cofre, não faz muito sentido ameaçar a equipe e insistir para que abra.

A Máquina Apocalíptica, como imaginada em *Dr. Fantástico*, era a estratégia de compromisso definitiva — um conjunto de bombas vasto o bastante para destruir toda vida e tornar a atmosfera toxicamente radioativa "por 93 anos", projetado para disparar automaticamente caso haja um ataque nuclear à União Soviética (ou se alguém tentar desarmá-lo). A estratégia de compromisso está nesse gatilho automático. Como observa o embaixador Sadeski, "somente um louco" daria voluntariamente a partida na Máquina Apocalíptica, portanto a ameaça de fazê-lo não teria credibilidade. Contudo, o gatilho é uma deterrência perfeita — ninguém atacaria a União Soviética, uma vez que ela tivesse construído uma Máquina Apocalíptica. Como nota o próprio Dr. Fantástico, "a deterrência é a arte de produzir na mente do inimigo o medo de atacar. E assim, por causa do processo automático e irrevogável de tomada de decisão que afasta a interferência humana, a Máquina Apocalíptica é aterrorizante, simples de entender, e completamente digna de credibilidade e convincente".

Schelling desenvolveu a ideia de estratégias de compromisso em diversas áreas distintas, incluindo embates da vontade contra seus próprios demônios interiores — por exemplo, fazer uma aposta com um amigo poderia ajudar você a parar de fumar. Quando Schelling estava trabalhando nessas ideias na década de 1960, elas não tinham qualquer implicação óbvia para a macroeconomia. Mas, na década de 1970, em meio ao caos econômico dos choques do petróleo, a conversa mudou radicalmente. A ideia de Schelling de compromisso crível hoje informa a maior parte das nossas instituições econômicas, nem sempre para o melhor.

Para começar essa história, precisamos voltar a Bill Phillips.

O homem que inventou o MONIAC.

Aquele mesmo. Após o triunfo do MONIAC, e apesar de não ter qualificações sérias, em 1950 Phillips foi nomeado professor da London School of Economics. Ele recebeu o maior salário permitido, e um plano de carreira com a expectativa de rapidamente tornar-se professor titular enquanto estudava para o doutorado. Phillips tinha uma reputação estratosférica na universidade. Lionel Robbins, chefe do departamento, escreveu num memorando interno que Phillips estava prestes a dar a mais importante contribuição à teoria econômica desde o livro *Teoria geral do emprego, do juro e da moeda*, de John Maynard Keynes, publicado vinte anos antes. E mesmo assim, na academia, ou você publica ou morre: Phillips precisava desesperadamente publicar alguns artigos para que o departamento pudesse justificar torná-lo professor titular.

Desde que construiu o MONIAC, Bill Phillips ficou fascinado com a dinâmica do sistema econômico — com a maneira como ele flutuava ou mesmo oscilava como um pêndulo, e com o modo como essas flutuações podiam ser contidas. Era natural que um engenheiro se propusesse essa questão, ainda que até hoje ela permaneça um problema dos diabos para os economistas. Como parte de seu trabalho sobre a dinâmica econômica, Phillips reuniu dados sobre salários nominais (bons representantes da inflação) e sobre o desemprego, e projetou os dados num gráfico. Ele encontrou uma relação forte entre os dois: quando os salários nominais estivessem subindo fortemente, o desemprego tenderia a ser baixo. Quando os salários nominais estivessem em queda ou estagnados, o desemprego seria alto.

O próprio Phillips não pareceu ter-se impressionado particularmente com essa descoberta, que fez durante um fim de semana. Ele a colocou de lado para prosseguir seu trabalho teórico mais profundo e sofisticado sobre a contenção de oscilações econômicas. Bill Phillips não estava com pressa: era um homem que gostava de pensar em profundidade e de pensar diferente. Mas seus colegas estavam ficando nervosos porque sua campanha para dar-lhe uma cátedra seria descarrilhada por sua abordagem modesta da publicação de artigos. E, caso os poderes da LSE impedissem sua nomeação, o homem considerado um gênio pelos colegas podia trocá-los pela Austrália ou pelos Estados Unidos.

Assim, Phillips, pressionado pelos colegas para publicar alguma coisa, tirou o pó de seu trabalho de fim de semana e transformou-o num artigo. Não achou seu trabalho nada de mais, e depois chegou a descrevê-lo como "apressado". Os colegas de Bill, sempre ansiosos para ajudar sua carreira, fizeram com que o artigo fosse publicado em *Economica*, a revista da LSE, sob o título "A Relação entre o Desemprego e a Taxa de Mudança de Salários no Reino Unido entre 1861 e 1957". E ele se tornou o artigo acadêmico mais citado da história da macroeconomia.[1]

Mesmo? O resultado não parece lá muito surpreendente — o aumento de salários significa desemprego menor.

Era isso que o próprio Bill pensava. A razão de a "curva de Phillips" ter ficado tão famosa é que outros economistas — com destaque para Paul Samuelson — defenderam a ideia de que os planejadores de políticas públicas poderiam escolher um ponto da curva como alvo. Se quisessem reduzir o desemprego, teriam de tolerar uma inflação mais alta; se quisessem menos inflação, teriam de aceitar maior desemprego. Eles podiam olhar a curva, escolher qual *trade-off* entre inflação e desemprego estariam dispostos a tolerar, e a partir disso planejar sua política monetária.

Parece razoável.

Parece. Mas, infelizmente, não funciona. Acontece que dizer "a inflação alta sempre esteve correlacionada com o desemprego baixo, então podemos enfrentar o desemprego aceitando uma inflação mais alta" é um pouco como dizer "o Forte Knox nunca foi roubado, então podemos poupar dinheiro despedindo os guardas". Você não pode olhar só os dados empíricos, também precisa pensar nos incentivos. A inflação alta tende a significar um nível mais baixo de desemprego porque os empregadores e as pessoas à procura de emprego esperavam uma determinada taxa de inflação e foram ocasionalmente surpreendidos por um aumento de preços; os empregadores confundiram-no com um aumento na demanda e tentaram contratar funcionários; os funcionários, por sua vez, acharam que estavam recebendo salários reais maiores. Ambos estavam equivocados: de fato, o que estava realmente acontecendo era que a economia estava sofrendo de uma inflação inesperada e eles foram lentos demais para perceber.

O problema é que as pessoas não continuariam a surpreender-se com a inflação se os planejadores de políticas, encantados pela curva de Phillips, continuassem deliberadamente criando inflação com o objetivo de suprimir o desemprego. Ninguém seria enganado; todo mundo veria a inflação chegando lá de longe. A inflação aumentaria, mas o desemprego não cairia.

Então quando essa lógica ficou evidente?

A interpretação de Samuelson da curva de Phillips como uma espécie de cardápio no qual os planejadores de políticas poderiam escolher sua combinação favorita de inflação e desemprego foi estilhaçada por dois golpes, um empírico e outro teórico. O empírico veio com os choques do petróleo da década de 1970, quando a inflação levantou voo no mesmo tempo em que o desemprego permaneceu obstinadamente alto. As claras linhas da curva de Phillips desapareceram num emaranhado de estagflação. Já o teórico veio de um homem chamado Robert Lucas. Aquilo que ficou conhecido como "a crítica de Lucas" vai ser imensamente importante — e, para você, frustrante — na hora em que você tentar manter sua economia nos trilhos.

Foi a crítica de Lucas que discutimos ao falar de Forte Knox e de incentivos. Lucas não foi o primeiro a cogitar que a curva de Phillips poderia dissolver-se caso um peso excessivo de políticas públicas fosse colocado nela. Milton Friedman e Edmund Phelps, que viriam a ganhar o prêmio Nobel de economia, tinham cada qual apresentado versões desse argumento no fim da década de 1960. Mas Lucas, no final, foi quem teve mais influência — talvez porque a curva de Phillips estivesse dissolvendo-se no momento em que ele escreveu, e talvez por ele ter levado os argumentos de Phelps e Friedman a suas consequências lógicas extremas. O problema não era tão somente a curva de Phillips, disse Lucas: era qualquer correlação entre variáveis econômicas. Essas correlações não surgiam só de uma política, mas do modo como tomadores individuais de decisões reagiam a essa política. Se você mudasse a política, então as pessoas reagiriam, e a correlação mudaria.

Eis um exemplo da crítica de Lucas, inspirada pelo economista Thomas Sargent: no futebol americano (ou apenas "futebol", como dizem tão bizarramente nos Estados Unidos), os times têm quatro oportunidades, chamadas de *downs*, para conduzir ou passar a bola 10 jardas à frente. No quarto *down*, é comum que os times chutem, lançando a bola longe no território adversário, ainda que isso conceda a posse.[2]

Agora imagine que o corpo dirigente do esporte decida reduzir os chutes no jogo. Os donos do futebol olham as evidências estatísticas e concluem que ela é completamente inequívoca: os times com frequência chutam no quarto *down* e raramente chutam nos outros. Assim, se o quarto *down* simplesmente fosse abolido, o chute se tornaria extremamente raro.

Você consegue enxergar o problema nesse raciocínio com muita facilidade se parar de olhar os dados empíricos e começar a olhar os incentivos do time de futebol. Eles querem manter a posse de bola, mas, se perdê-la parece provável, preferem que a bola esteja no fundo da metade do campo adversário. Quando chega o quarto *down*, o time está prestes a perder a posse de bola de qualquer jeito, então chuta fundo. Se a regra fosse mudada para permitir apenas três *downs*, eles passariam a chutar no terceiro.

No caso do futebol americano, o problema com a regra da "abolição do quarto *down*" é totalmente óbvio. Mas o argumento análogo com a política e os dados econômicos não tinha sido plenamente apreciado até Lucas aparecer. Ele derrubou a arrogância da profissão de economista dos anos 1950 e 1960. Os economistas tendiam a presumir que, à medida que seus dados fossem ficando cada vez mais precisos, seu entendimento do mundo ficaria cada vez mais confiável, e eles poderiam usar esse entendimento para gerir economias e impedir recessões. Aquilo que Lucas mostrou foi que as relações para as quais os economistas estavam olhando — entre inflação, desemprego, crescimento do PIB etc. — não eram leis de ferro da economia. Elas poderiam mudar. Não era possível confiar apenas nos dados.

Um tantinho pessimista, não?

Sim, a ideia de Lucas realmente introduziu uma importante sensação de niilismo na economia. Os economistas perderam a confiança naquilo que podiam aprender ao olhar relações macroeconômicas empíricas. E, se você não pode confiar nos dados, vai confiar no quê, então? A resposta é voltar-se para a teoria, usando a microeconomia para modelar explicitamente a maneira como os indivíduos chegam às suas decisões. O problema é que a modelagem baseada na microeconomia tende a ter pouca relação com os dados econômicos reais.

Como você consegue justificar ignorar os dados?

Concordo: não dá para justificar ignorar os dados. Mas você pode entender a posição dos economistas depois do colapso da curva de Phillips e da lógica irrefutável da crítica de Lucas: se dados econômicos aparentemente sólidos dissolvem-se quando tentamos construir algo a partir deles, por que deveríamos nos importar tanto com o encaixe entre os modelos econômicos e os dados? Os dados não parecem capazes de nos dizer nada a respeito de políticas práticas.

Assim, a estratégia passou a ser desenvolver modelos econômicos a partir de ideias da microeconomia. Isso significa pensar explicitamente em incentivos e em expectativas individuais, em vez de olhar vastidões de dados macroeconômicos sem ter um senso das relações causais. A esperança era que alguns desses modelos fossem ficar sofisticados o bastante para explicar dados do mundo real, no mesmo tempo em que resistissem a mudanças nas políticas públicas. Mas isso talvez só fosse acontecer depois, quiçá décadas depois — e, como Keynes nos lembrou, "a longo prazo estaremos todos mortos".

Então como funcionam esses modelos desenvolvidos a partir da microeconomia?

Eles se baseiam numa ideia denominada "expectativas racionais". Em sua forma mais pura, essa teoria é claramente irrealista — ela presume que todas as pessoas descritas num modelo econômico entendem o modelo e vão agir racionalmente de acordo com seus melhores interesses. No mundo real, as pessoas nem sempre agem racionalmente, e não compreendem a estrutura da economia global — ninguém entende isso. Porém, a ideia de expectativas racionais tem seu valor. As pessoas não são completamente idiotas.

Se elas continuarem a ouvir no rádio que as políticas do governo provavelmente levarão a uma inflação mais alta no futuro, ao menos algumas delas provavelmente vão considerar isso em suas decisões de quanto pedir de aumento salarial. E, se não parece razoável presumir expectativas racionais, até agora a profissão econômica vem lutando para encontrar uma alternativa melhor. Antes de Lucas, os economistas muitas vezes nem sequer pensavam em expectativas. Na melhor das hipóteses, eles presumiam que as pessoas simplesmente achavam que a taxa de inflação de amanhã seria igual à de hoje. Uma ideia alternativa seria apostar nas "expectativas adaptativas", que iriam lentamente se ajustando à medida que a própria realidade se ajustava. Nenhuma dessas alternativas era muito convincente.

Agora vamos reconectar essa história com Thomas Schelling e a ideia de credibilidade. Robert Lucas mandou a profissão econômica parar de pensar na economia como um problema de engenharia, em que um único ator — o governo — usa políticas fiscais e monetárias para estabilizar flutuações no sistema econômico. Em vez disso, deveríamos pensar na economia como um jogo, em que o governo não é o único jogador. E existe um instrumento analítico desenvolvido muito explicitamente para lidar com problemas de jogadores múltiplos: chama-se *teoria dos jogos*.

Não demorou, então, para que dois economistas — Finn Kydland e Edward Prescott — pegassem a crítica de Lucas e começassem a aplicar a teoria dos jogos ao vasto jogo da microeconomia. Eles concluíram imediatamente que a credibilidade era uma questão-chave. Se as pessoas agem diferente quando esperam inflação alta, a lição óbvia seria que precisamos convencê-las a esperar uma inflação baixa. Simplesmente dizer: "Temos uma política de inflação baixa" é como a União Soviética dizer: "Temos uma política de responder a qualquer ataque nuclear soltando bombas o bastante para tornar o mundo um lugar inabitável." Falar é fácil.

Antes de Friedman, Phelps e Lucas, os economistas presumiam que o público em geral faria papel de Charlie Brown enquanto o governo fazia o de Lucy segurando a bola numa tira de *Peanuts*: o público ia correndo chutar a bola (concordar com salários baixos) e então o governo ia tirar a bola da frente (criar inflação). Essa história parou de fazer sentido depois da crítica de Lucas. O público não agiria como Charlie Brown e não acreditaria nas promessas do governo de inflação baixa.

Se não existe uma razão crível para que as pessoas tenham fé nas promessas do governo, elas vão ignorar aquilo que o governo diz, concordando com preços e salários na confiante expectativa de que a inflação vai efetivamente ser alta. O resultado é que temos o pior de dois mundos: inflação alta, mas desemprego alto também. Essa infeliz combinação caracterizou os anos 1970 e veio a ser conhecida como estagflação — uma inflação obstinadamente alta numa economia estagnada.

O que nos leva de volta a Schelling e à ideia de uma estratégia de compromisso. Se o governo pudesse de algum modo dar credibilidade à promessa de inflação baixa, todos estaríamos em melhor situação.

Sim. Se você possui uma Máquina Apocalíptica, então não precisa usá-la. E se conseguisse colocar a política monetária "no automático", mantendo a inflação baixa mesmo quando fosse tentador imprimir dinheiro, você poderia ter a mesma produtividade do seu mundo não crível, mas com inflação menor.

Excelente. Mais um almoço grátis! Então qual o equivalente econômico da Máquina Apocalíptica?

Não estou bem certo de que as expressões "almoço grátis" e "Máquina Apocalíptica" devessem ser justapostas tão casualmente. Mas tenho uma resposta: o equivalente econômico da Máquina Apocalíptica é um banco central independente comprometido com uma inflação baixa. Antes de Kydland e de Prescott, só existia um banco central desses numa economia grande: o Bundesbank da Alemanha Ocidental, estabelecido em 1957, sustentado pela traumática e folclórica lembrança da hiperinflação de Weimar e da ascensão de Hitler, e ferozmente determinado a conter a inflação desde o primeiro dia.

Depois de Kydland e de Prescott — e, claro, depois da dolorosa estagflação da década de 1970 —, outros bancos centrais também começaram a pensar seriamente sobre a credibilidade. O Federal Reserve americano já era independente, mas Paul Volcker, seu presidente, deixou clara sua determinação de causar uma recessão profunda em prol de manter baixa a inflação. Ao fazer isso, ele estabeleceu as credenciais de combate à inflação do Federal Reserve.

Outros países simplesmente nem possuíam bancos centrais independentes; a política monetária era facilmente controlada por ministros das finanças interessados na próxima eleição. Mas, à medida que a questão da credibilidade passou a ser mais bem compreendida, as grandes economias foram uma a uma dando independência a seus bancos centrais. Volcker e o Bundesbank deram o exemplo prático; Kydland e Prescott, a justificativa intelectual. O primeiro dos novos bancos centrais independentes foi estabelecido na Nova Zelândia em 1989. No Reino Unido e no Japão, em 1997. A zona do euro ganhou um banco central em 1999, antes mesmo de ganhar uma moeda física.

Sem ter a reputação de um Bundesbank, esses bancos centrais de independência recente normalmente adquiriram sua credibilidade por meio de uma meta de inflação anunciada publicamente. A do Banco da Inglaterra é de 2%. Em princípio, o governo vigente pode mudar essa meta a qualquer momento. Na prática, os custos políticos de mexer na meta de inflação parecem proibitivos — isso só aconteceu uma vez. (E mesmo nessa vez a meta foi reduzida, não aumentada, e veio junto com uma mudança para uma medida de inflação aprovada pela União Europeia.) A meta de inflação em quase qualquer economia cujo nome valha a pena dizer hoje tem uma boa credibilidade, graças a essas mudanças legislativas, ou à reputação histórica do próprio banco central, ou às duas coisas.

Isso parece promissor. Se a credibilidade é tão importante na política monetária, posso aplicar esse princípio para resolver outros problemas macroeconômicos?

Ocasionalmente surgem propostas para outros dispositivos econômicos de compromisso. Por exemplo, um que costuma ser proposto é algum tipo de exigência constitucional de que o governo equilibre seu orçamento todo ano. Parece uma sugestão de bom senso para eliminar a tentação dos políticos de aumentar irresponsavelmente a dívida, mas seria um desastre: nos bons tempos, quando os benefícios previdenciários estivessem baixos e a base tributária, saudável, os impostos cairiam muito, superestimulando uma economia já em expansão; nas épocas de dificuldade, quando aumentassem os pedidos de seguro-desemprego e a base tributária diminuísse, os impostos teriam de ficar altíssimos, ou os programas de gastos teriam de ser eliminados, exatamente quando a economia estaria mais necessitada de um impulso.

Então isso não. Algo mais?

A credibilidade é mais importante para problemas de longo prazo. Um exemplo é o problema que as sociedades mais idosas têm para conceder benefícios estatais. Há três décadas sabemos que os países desenvolvidos enfrentariam um desafio cada vez maior para financiar as pensões estatais, porque o número de pessoas em idade de receber pensão estava crescendo muito em relação ao número de jovens trabalhadores que pagam impostos para sustentar o sistema. Agora, se você puder achar um jeito crível de dizer aos jovens: "Você não vai ter benefícios estatais quando ficar velho", talvez conseguisse convencê-los a começar a poupar para a própria velhice — e, se eles pouparem, isso significa que você não vai ter de ficar tão preocupado com a possibilidade de eles precisarem de benefícios estatais.

Por exemplo, fazer com que essa ameaça seja crível parece difícil. Por exemplo, em 1980 o governo conservador de Margaret Thatcher tentou atacar esse problema cortando o elo tradicional entre pensões estatais e ganhos médios — em vez disso, as pensões iriam acompanhar apenas a inflação. Como os salários tendem a exceder os aumentos de preços ao longo do tempo, essa política era um modo bem elegante de fazer as pensões encolherem pouco a pouco — a diferença entre os salários médios e a inflação é pequena o bastante para não ser terrivelmente observável em alguns anos, mas, em vinte ou trinta anos, ela seria um bocado. Qualquer pessoa jovem o bastante para ficar preocupada também seria jovem o bastante para guardar dinheiro para completar a pensão, assim reduzindo a necessidade de futuros benefícios estatais.

Mas as pessoas só fariam isso se acreditassem que a política teria credibilidade — isto é, se acreditassem que os sucessores de Thatcher também fossem continuar o plano. Elas não acreditaram, e de fato não foi isso que aconteceu. Os governos subsequentes primeiro suplementaram a pensão com todo tipo de bônus — licenças gratuitas de TV,* pagamentos para "combustível de inverno" — e finalmente voltaram para o sistema que associa a pensão aos ganhos, ou à inflação, ou a um aumento fixo arbitrário, o que quer que seja mais favorável aos aposentados. Aquilo que provavelmente era um modo razoável de fazer com que as pessoas pouco a pouco fossem poupando para sua própria aposentadoria foi amplamente sabotado pelo fato de que a reforma não tinha credibilidade de longo prazo.

A mudança climática é outra área em que alguma credibilidade realmente viria a calhar. Muitos governos adotaram metas extremamente severas para a redução de dióxido de carbono em quarenta anos. Se as pessoas acreditassem que os governos realmente pretendiam cumprir essas metas, então elas provavelmente correriam para investir em infraestrutura de baixos níveis de carbono, como a energia maremotriz ou nuclear — e esse investimento, por sua vez, ajudaria no cumprimento dessas metas. Mas os potenciais investidores estão compreensivelmente cautelosos para ver se o governo está falando sério, ou se vai mudar as regras quando for conveniente — ainda mais quando as metas de curto prazo parecem muito mais difíceis de cumprir.

Agora, na teoria, você poderia responder a esses problemas de credibilidade do mesmo jeito que responde à inflação. Mas será realmente sensato tentar criar o equivalente do Banco da Inglaterra para pensões ou emissões de carbono? Uma autoridade independente de emissões de carbono, por exemplo, precisaria ter vastos poderes para regular e tributar todas as facetas do sistema energético. Você realmente acha que é possível delegar tanto poder assim a tecnocratas e permanecer um democrata?

---

* Na Inglaterra, assim como na França, paga-se uma taxa anual pela posse de aparelhos de TV. Essa taxa ajuda a financiar as TVs estatais, como a BBC. [N. do T.]

O que você está dizendo é que a política monetária é um caso especial.

Acho que é, por algumas razões. Primeira, ainda que a condução de uma política monetária moderna seja impenetravelmente opaca, o objetivo básico não é difícil de expressar. Isso significa que a política monetária se presta muito bem a uma divisão compreensível entre democratas e tecnocratas — o governo eleito democraticamente estabelece as metas de inflação, e aí os tecnocratas manipulam as taxas de juros e a oferta monetária para garantir que a meta seja cumprida. Segunda, uma inflação baixa tende a ser um objetivo relativamente incontroverso — as pessoas podem reclamar quando as taxas de hipoteca sobem, mas em geral elas concordam que impedir uma inflação alta é uma boa ideia.

Não é esse o caso com o objetivo de reduzir dramaticamente os benefícios estatais ou reformar o sistema energético. Você pode apostar que haveria uma vasta demanda popular para que o governo retirasse o controle das pensões estatais dos tecnocratas que as cortam, ou o controle da política energética de tecnocratas que ficam taxando a gasolina. Isso, é claro, solaparia a credibilidade de longo prazo dos tecnocratas e acabaria com a razão para tê-los criado.

Porém, existe um problema ainda mais fundamental com dispositivos de compromisso. O dispositivo de compromisso mais sensato pode dar completamente errado se houver uma falha de projeto. Lembra-se do que acontece no final de *Dr. Fantástico*?

O fim do mundo, não é?

Isso. A Máquina Apocalíptica dos soviéticos certamente teria conseguido deter os ataques, não fosse o fato de que eles decidiram mantê-la em segredo por alguns dias (como solenemente explica o embaixador Sadeski, enquanto uma guerra nuclear explode à sua volta, "Ela seria anunciada no Congresso do Partido na segunda-feira. Você sabe, o Premier adora uma surpresa"); com esse *timing* infeliz, o general de brigada Jack D. Ripper, que está determinado a acabar com a "conspiração comunista internacional para destruir e contaminar todos os nossos preciosos fluidos corporais", decide ele mesmo lançar uma bomba. Esse é o problema com dispositivos de compromisso: se alguma coisa der errado e uma crise acontecer de qualquer jeito, o dispositivo de compromisso garante que ela vai resultar no fim do mundo.

Infelizmente temos um importante paralelo na economia. Seu nome é zona do euro.

Com a Grécia no papel de Jack D. Ripper?

Mais ou menos isso; a Grécia, ou os investidores que emprestaram dinheiro para a Grécia. Uma das ideias centrais por trás da criação da zona do euro — e certamente a razão pela qual tantas economias mais fracas quiseram entrar nela — era que ela permitia que todos os países da Europa adquirissem a inatacável credibilidade do Bundesbank. O resultado seria que essas economias ganhariam acesso imediato a dinheiro barato.

Antes de o euro ser criado, os investidores internacionais hesitavam em emprestar dinheiro à Grécia e, de fato, a muitas outras economias não alemãs. O medo era de que a Grécia ia ficar encrencada, imprimir dinheiro e pagar a dívida com uma dracma desvalorizada. Tanto o governo grego quanto o setor privado grego enfrentavam taxas de juros mais altas como resultado desse risco, o que, é claro, dificultava várias coisas na Grécia, como construir infraestrutura, erguer um novo prédio ou iniciar um novo negócio.

Quando a Grécia entrou para o euro, ela se atrelou à política monetária do Banco Central Europeu, um banco central independente e de credibilidade com mais do que só o cheiro do Bundesbank. (O BCE fica em Frankfurt, literalmente a cinco minutos de caminhada através de um parque do Bundesbank. Politicamente, ele sofre uma forte influência de seu vizinho anti-inflacionário.) Claro que os gregos poderiam ter anunciado uma política de atrelamento da dracma ao euro. Superficialmente, a economia teria sido a mesma. Mas esse atrelamento não teria tido credibilidade. Foi só em nome da credibilidade que a Grécia decidiu abolir a dracma por completo e entrar para o euro, que foi deliberadamente projetado sem mecanismos de retirada para qualquer país. Talvez os políticos gregos estivessem pensando em um dos primeiros heróis de seu país, Odisseu, amarrando-se ao mastro para poder ouvir o belo canto das sereias sem ser atraído para sua morte. Ao entrar para o euro, os políticos gregos esperavam colher os benefícios de seu compromisso crível.

E, por algum tempo, o compromisso funcionou exatamente como eles tinham esperado. Acreditando que a desvalorização era agora impossível, os investidores internacionais voluntariamente emprestaram dinheiro, em euros, para a Grécia e para outras economias até então arriscadas na periferia europeia.

Mas talvez os políticos gregos devessem ter lembrado o que acontece com Odisseu mais tarde na viagem, quando ele se vê sugado para a boca escancarada de Caríbdis, um monstro marinho submerso. Odisseu escapa pulando da jangada e segurando uma figueira — o que só foi possível, claro, porque ele não estava mais amarrado num mastro. Tendo garantido aos investidores que era impossível para eles imprimir dinheiro e desvalorizar suas dívidas, o governo grego imediatamente adquiriu dívidas insustentáveis de qualquer jeito. Quando veio a crise bancária de 2008, o governo viu-se sugado para a boca de Caríbdis sem qualquer maneira à vista de pular do barco.

Seria possível, claro, que o Banco Central Europeu imprimisse dinheiro para ajudar a Grécia e outros países em apuros. (A Espanha e a Itália foram consideradas particularmente dignas de alguma ajuda do BCE, porque parecem vítimas de um pessimismo autorrealizável da parte dos investidores em títulos: capazes de pagar suas dívidas se os investidores tiverem confiança, mas incapazes de pagá-las caso os investidores entrem em pânico.) Mas credibilidade é credibilidade: o BCE, sob a influência do Bundesbank, tem sido coerente em sua má vontade em correr qualquer risco de inflação, não importando a severidade da crise. Afinal, é essa a cara da credibilidade.

Então vou tomar cuidado para não colocar muitas Máquinas Apocalípticas na minha economia.

Elas têm seu lugar, e eu certamente recomendaria um banco central independente. Mas vá com cuidado. A Grécia está nos ensinando a lição que o embaixador Sadeski também aprendeu do jeito mais difícil — o preço da credibilidade pode ser uma dolorosa ausência de flexibilidade quando alguma coisa dá errado.

11
O culto do PIB

Demasiadamente, por um tempo demasiado, parecemos ter trocado a excelência pessoal e os valores comunitários pelo mero acúmulo de coisas materiais. Nosso Produto Nacional Bruto, atualmente, é de mais de 800 bilhões de dólares por ano, mas esse Produto Nacional Bruto — se formos julgar os Estados Unidos da América por ele — inclui a poluição do ar e as propagandas de cigarro, e também ambulâncias para limpar as carnificinas das estradas. Ele inclui trancas especiais para nossas portas e as cadeias para as pessoas que as rompem. Inclui a destruição das sequoias e a perda das nossas maravilhas naturais num caos desordenado. Inclui o napalm, as ogivas nucleares e os carros blindados para que a polícia enfrente os tumultos nas cidades. Inclui o rifle de Whitman e a faca de Speck, e os programas de TV que glorificam a violência para vender brinquedos a nossas crianças. Porém, o Produto Nacional Bruto não contém a saúde das nossas crianças, a qualidade de sua educação, nem a alegria de suas brincadeiras. Não inclui a beleza da nossa poesia, nem a força dos nossos casamentos, nem a inteligência do nosso debate público, nem a integridade das autoridades. Ele não mede nem nossa esperteza, nem nossa coragem; nem nossa sabedoria, nem nossa erudição; nem nossa compaixão, nem nossa dedicação a nosso país. Em suma, ele mede tudo, exceto aquilo que faz com que a vida valha a pena. E ele pode nos dizer tudo sobre a América, exceto por que temos orgulho de ser americanos.

Robert F. Kennedy

Que citação mais crítica essa de Robert Kennedy. Ele tinha alguma razão, não tinha?

Não.

Você está briguento.

Ok, vou relativizar a resposta. Claro que Kennedy estava certo ao dizer que muitas coisas importantes não estão incluídas nas estatísticas econômicas que estão por trás dos números de crescimento que você vê nas manchetes. O que me incomoda é a sugestão de que os economistas só se importam com esses números.

Falamos disso no primeiro capítulo.

Falamos, e dei uma resposta curta — se nos importamos com coisas como a desigualdade, o meio ambiente e a felicidade, então fazer a economia crescer não é um mau jeito de nos dar os meios de resolver essas coisas. Mas quero dar uma resposta mais abrangente, porque a crítica da economia exemplificada por Bobby Kennedy é muito comum hoje em dia. Você vai sempre ouvir as pessoas criticando a economia por sua fixação no crescimento. Na verdade, esses argumentos vêm de duas maneiras distintas, muitas vezes fundidas, mas que merecem ser distinguidas e discutidas em separado.

O primeiro argumento é mais ou menos assim: *É má ideia preocupar-se com o crescimento econômico porque o crescimento é medido pelo PIB, e o PIB é uma medida falha. Deveríamos medir algo mais útil no lugar dele — a felicidade, talvez.*

O segundo argumento é o seguinte: *É má ideia preocupar-se com o crescimento econômico porque em última instância chegaremos a um limite do crescimento econômico. Um dia vamos ter de viver sem crescimento, portanto deveríamos aprender a fazer isso desde já.*

Permita-me passar este capítulo e o seguinte discutindo o primeiro argumento, e o capítulo subsequente discutindo o segundo.

Tudo bem. Mas vamos esclarecer um pouco da terminologia primeiro. Por que Robert Kennedy está falando em PNB, e não em PIB? Qual a diferença?

PIB significa "produto interno bruto", PNB significa "produto nacional bruto", e RNB — que se refere basicamente à mesma coisa que o PIB, mas é um nome muito mais descritivo — significa "renda nacional bruta". São todos intimamente relacionados. Essas medidas estão tentando calcular o valor da renda, das despesas ou da produção num país como um todo. Falo "renda, despesa ou produção" porque existem três maneiras diferentes de calcular o PIB e elas todas deveriam, em princípio, dar o mesmo número. Você pode somar a renda de todo mundo — isto é, os salários, mais a renda que as pessoas ganham por possuir propriedades, ações ou debêntures. Ou pode somar todo o dinheiro que as pessoas gastam. Ou somar o valor de mercado de tudo que todo mundo produz. E, como o gasto de uma pessoa é a renda de outra, e, como o valor de mercado da produção é julgado por aquilo que as pessoas gastam ao comprá-la, esses conceitos são dois lados da mesma moeda. Bem, *três lados da mesma moeda,* mas você entende o que eu quero dizer.

Os conceitos diferem no quesito "num país". Por exemplo, se um canadense possui um apartamento em Londres e o aluga por dinheiro, esse valor econômico deve ser registrado no Canadá ou no Reino Unido? Uma questão similar surgiria se uma empresa canadense possuísse uma fábrica no Reino Unido. A resposta é que um ativo de propriedade canadense no Reino Unido acrescente ao PIB do Reino Unido mas ao PNB ou à RNB canadense. "Produto interno bruto" é o valor de mercado produzido dentro das fronteiras de um país, mas "renda nacional bruta" (ou "produto nacional bruto") é a renda que vai para os cidadãos de um país. Se todos os cidadãos só possuíssem ativos em seus países de origem, então o PIB e a RNB estariam tentando medir a mesma coisa. Aliás, em alguns países com economias extremamente abertas — a Irlanda é um ótimo exemplo — o PIB é substancialmente diferente da RNB. O PIB irlandês é alto porque muitas empresas estrangeiras se estabeleceram ali; a RNB irlandesa não é tão alta porque os irlandeses não possuem tantos investimentos estrangeiros. E normalmente dizemos "RNB" e não "PNB" porque, se você está falando de quem é dono de um ativo, pode-se presumir que você esteja mais interessado em quanta renda ele gera, e não em quão produtivo ele é, ainda que supostamente os dois conceitos sejam intercambiáveis.

Outra diferença entre o PIB e a RNB aparece quando você os converte para a mesma moeda (normalmente o dólar) com o mesmo fim de fazer comparações internacionais. O PIB normalmente é convertido usando taxas de câmbio estrangeiro, que refletem o valor de mercado das exportações de um país. A RNB tende a ser convertida segundo aquilo que se chama de "paridade de poder de compra", que faz a correção para o custo de vida. Por exemplo, se você comparar o PIB *per capita* da Suíça com o dos Estados Unidos, vai ver que os suíços são cerca de 60% mais produtivos: graças ao setor bancário de Zurique e a um longo histórico de manufaturas de precisão, a Suíça tem um dos mais altos PIBs *per capita* do mundo. Mas, se você em vez disso olhar a RNB por pessoa convertida segundo a paridade do poder de compra, verá que os Estados Unidos e a Suíça estão basicamente no mesmo patamar: os Estados Unidos podem produzir menos por cidadão de acordo com os mercados de câmbio estrangeiro, mas, se você mede por aquilo que pode comprar dentro do país com o seu dinheiro, os Estados Unidos são quase tão prósperos quanto a Suíça porque lá é mais barato comprar combustível, comida e moradia.

Certo. Entendi. Vamos falar do que disse Kennedy. E as omissões? O que é que fica de fora das estatísticas do PIB?

A lista de coisas que o PIB não mede não tem fim: a felicidade, claro; as brincadeiras das crianças e os casamentos estáveis, como ele disse; a saúde e a expectativa de vida; a desigualdade; os direitos humanos; a corrupção; as emissões de dióxido de carbono; o tempo perdido em engarrafamentos. Eu poderia continuar, mas acho que é mais útil tentar ficar só com as coisas que conceitualmente poderiam ser incluídas na medida do PIB, mas não o são.

Lembre-se de que o PIB é uma medida de valor acrescentado num determinado ano, calculado usando os preços de mercado como regra. Considerando esse arcabouço, faz sentido perguntar que valor é acrescentado ou perdido e ainda não foi registrado nas estatísticas do PIB.

Existem coisas simplesmente imponderáveis. Na verdade, nossas estatísticas do PIB medem, sim, o valor da poesia: é o dinheiro gasto comprando livros de poesia, menos o custo de imprimir e distribuir livros de poesia. Você pode dizer que essa não é uma boa medida do valor da poesia. Tudo a que eu posso responder é que o seu tempo seria mais bem gasto lendo e escrevendo poesia do que tentando inventar uma valoração "melhor".

Existem transações que, em princípio, poderiam acontecer no mercado, mas não acontecem, e assim não têm preço de mercado. Quanto a esse ponto, ou vamos ignorá-las, ou vamos estimar qual seria seu valor. A maior delas é o valor de as pessoas morarem na própria casa. Se eu me mudasse da minha casa para a sua, e lhe pagasse £ 10 mil por ano de aluguel, e você se mudasse da sua para a minha, e me pagasse £ 10 mil por ano de aluguel, então uma mensuração ingênua do PIB aumentaria em £ 20 mil. Mas o consumo efetivo de abrigo não aumentou: nós simplesmente o transformamos numa transação de mercado, que ele não era. De fato, as estatísticas do PIB tentam ajustar-se para esse problema incluindo uma estimativa do valor que as pessoas obtêm ao morar em suas próprias casas.

As estatísticas do PIB também tentam estimar a produção de governos e de instituições de caridade; ela tende a ser valorada segundo o custo. Em outras palavras, se o governo gastar £ 10 bilhões em alguma coisa, presume-se que, bem, trata-se de um valor de £ 10 bilhões. Talvez, se as pessoas efetivamente tivessem de comprar o produto do governo, estivessem dispostas a pagar muito mais, ou muito menos. As estatísticas do PIB põem de lado essa possibilidade inconveniente.

Outras formas de trabalho não de mercado são simplesmente ignoradas. O exemplo clássico (e infelizmente machista) disso é a observação de que "se um homem se casar com sua faxineira, o PIB cai" — dando a ideia de que se espera que as esposas façam o trabalho doméstico sem ganhar salário, e assim o trabalho doméstico feito pelas esposas não é parte dos cálculos do PIB.

Então se um playboy milionário (como aquele interpretado por Richard Gere) se casa com uma prostituta de coração de ouro (como a interpretada por Julia Roberts), o PIB também cai?

Só se estivermos num lugar em que a prostituição seja legalizada. Caso contrário, não faz a menor diferença, porque transações do mercado cinza ou negro também não são incluídas no PIB — pela simples razão de que, se estão escondidas do governo, os estatísticos do governo têm dificuldade para contabilizá-las. Isso significa que o PIB não inclui coisas como drogas ilícitas, produtos falsificados e serviços pelos quais os profissionais são pagos sem nota.

Voltando ao trabalho doméstico, o termo geral para esses casos é "produção doméstica", e a produção doméstica não costuma aparecer em estatísticas do PIB. Assim, uma criança cuidada por um membro da família não acrescenta ao PIB, mas uma criança cuidada por uma babá remunerada aparece. O mesmo vale para parentes mais velhos cuidados em casa e não no asilo, vegetais que crescem no quintal em vez de ser comprados na quitanda, consertos que você faz você mesmo em vez de chamar um profissional etc.

Parece loucura que uma sociedade em que os pais paguem para que cuidem dos seus filhos — e, portanto, tenham de trabalhar para isso — vá ter um PIB mais alto do que uma sociedade em que os pais cuidam dos próprios filhos.

Parece, à primeira vista. Mas que diferença isso faz? Só faz diferença se você acreditar que incluir no PIB os cuidados dos filhos pelos pais iria mudar as atitudes da sociedade ou as políticas do governo. Será que os governos realmente decidem incentivar creches comerciais em vez de cuidados domésticos com os filhos porque eles querem melhorar o PIB? Pessoalmente, duvido — mas, se você achar o contrário, pode dizer isso aos estatísticos do seu governo.

Na verdade, a produção doméstica há muito tempo é uma das omissões mais controversas do PIB. Simon Kuznets, talvez o mais influente dos criadores da moderna contabilidade do PIB, queria muito incluir nele estimativas dela. Ele achava que isso faria do PIB uma medida melhor do bem-estar nacional. Foi uma discussão que ele perdeu, ao menos no que diz respeito às estatísticas oficiais, **e que continua a reaparecer com o passar dos anos**: será que o PIB deveria tentar medir bem uma coisa (a produção de mercado) ou deveria tentar ser mais abrangente, correndo o risco de medir as coisas mal?[1] Acho que existem ótimos argumentos para medir aquilo que se pode medir bem.

Antes que eu decida isso, preciso saber o que mais estamos perdendo ao não tentarmos ser mais abrangentes.

O valor dos ativos é a última grande omissão. Se o King Kong derrubar o Empire State Building, e gastar-se dinheiro para reconstruí-lo, o PIB pode perfeitamente subir. (Ele não vai *necessariamente* subir: se a economia já está em sua plena capacidade, então a obra vai simplesmente sugar recursos de outros projetos, sem aumentar a produção econômica; as questões aqui são basicamente as mesmas que discutimos em nosso capítulo sobre estímulo fiscal.) Mas, se você tivesse um arranha-céu lendário, o perdesse e então gastasse US$ 10 bilhões tentando substituí-lo, parece estranho tentar registrar os US$ 10 bilhões gastos como "PIB" sem mencionar primeiro a perda de um prédio de US$ 10 bilhões.

Essa questão é particularmente óbvia quando se trata de ativos ambientais. Se o Catar produz 113 bilhões m³ de gás natural e vende o gás, o PIB vai registrar os proventos da venda. O fato de que agora existem 113 bilhões m³ de gás a menos debaixo do Catar provavelmente não vai merecer nem uma nota de rodapé, mas você não precisa ser um ambientalista preocupadinho com os pandas para perceber que alguma coisa está faltando nesse cálculo.

Parece uma omissão séria. Será que não podemos incluir ativos ambientais no PIB?

Em princípio, sim. Também poderíamos atribuir um valor à destruição da camada de ozônio, ao acúmulo de gases de efeito estufa na atmosfera, à qualidade da água, à quantidade de peixes — a lista infelizmente é bem longa. Houve tentativas de chegar a um valor por "serviços do ecossistema" — uma, publicada em 1997 por uma vasta equipe de pesquisadores, estimou que o ecossistema provia benefícios de valor igual ou até três vezes superior ao PIB do mundo, que à época era de US$ 18 trilhões.[2] Esse tipo de estimativa parece não fazer sentido: é bem óbvio que, se não tivéssemos luz solar, água e oxigênio, estaríamos todos mortos. Com base em quê, então, faz tanto sentido atribuir um valor ao ecossistema do mundo e afixá-lo a nossos números de PIB?

Mas, numa base mais local, há boas razões para tentar medir o valor dos serviços de ecossistema que podem ser melhorados ou destruídos pela atividade humana. Certamente é importante tentar dar um valor ao ecossistema quando a questão é decidir o nível apropriado de uma taxa de dióxido de carbono, ou decidir se uma construtora pode drenar um pântano e colocar um aeroporto em cima dele. Esses benefícios ambientais não podem ser fáceis de estimar, mas, a menos que estejamos planejando tomar essas decisões a partir de meros preconceitos ideológicos, é preciso tentar. Quanto a acrescentar tudo isso ao PIB, não tenho grandes objeções, mas a questão-chave é se esses esforços estatísticos vão ajudar você a tomar decisões melhores.

Então você está dizendo que o PIB simplesmente não pode ser melhorado enquanto medida?

Não. Certamente há ajustes técnicos que você poderia fazer, com a ajuda de alguns estatísticos confiáveis. Um poderia ser incluir a depreciação — calcular o "produto interno líquido" em vez do PIB. A depreciação, o valor decrescente dos ativos antigos, é difícil de medir. Mas, com a rápida obsolescência dos computadores e de outros equipamentos de TI, ela está ficando cada vez mais difícil de ignorar. Uma segunda questão é o valor dos serviços em comparação com os de bens manufaturados: é difícil atribuir um valor aos serviços, particularmente quando se tenta levar em conta a qualidade — se o preço de um corte de cabelo ou de uma refeição no meu bairro dobra em alguns anos, é por causa da inflação ou porque a área está se aburguesando e novos lugares chiques abriram para oferecer um produto mais sofisticado? Essa é uma pergunta complicada para os estatísticos, mas os serviços hoje ocupam uma parte tão grande da economia que eles também pedem uma atenção estatística mais detida.

Eis outra questão, particularmente atual: saber o valor dos serviços financeiros. Andrew Haldane, do Banco da Inglaterra, observa que, no Reino Unido, os bancos deram sua maior contribuição em todos os tempos ao crescimento do PIB no último trimestre de 2008 — o trimestre que se seguiu imediatamente ao colapso do Lehman Brothers e da implosão do sistema bancário por todo o mundo. Isso, muito obviamente, reflete o fato de que não fazemos um trabalho muito bom quando se trata de medir o valor dos serviços bancários. Eis aí um bom argumento para ir revirar esses cantos escuros das estatísticas do PIB.

Ainda não consigo acreditar que não exista nenhum número mais útil que eu possa olhar além do PIB, algo mais abrangente.

Tipo?

O CULTO DO PIB

Tenho certeza de que li nas notícias alguma coisa sobre índices de felicidade nacional ou algo parecido. De repente eu podia tentar levar meu país ao primeiro lugar nisso.

Talvez você esteja pensando no Índice do Planeta Feliz. Ele foi lançado em 2006 pela New Economics Foundation (NEF). Eles descobriram que Vanuatu, um pequeno arquipélago no Pacífico, era o lugar mais feliz do planeta. Houve muita cobertura na imprensa sobre as lindas praias de Vanuatu, sobre seu sol, sua cultura poligâmica e sua ausência de imposto de renda. Infelizmente, boa parte dessa cobertura não noticiou aquilo que o verdadeiro Índice do Planeta Feliz media. Não era felicidade.

O que media, então?

Ele era uma medida — bem, sob o risco de soar não muito gentil, devo dizer que ele era uma medida da agenda política da New Economics Foundation.

O Índice do Planeta Feliz pegava uma medida de felicidade, multiplicava-a por uma estimativa de expectativa de vida e então a dividia pela medida da pegada ecológica do país em questão. Era mais uma tentativa de medir a eficiência ambiental: se você consegue ter vidas longas e felizes sem prejudicar a ordem natural das coisas, aí está uma receita para chegar ao topo do Índice do Planeta Feliz. Agora, no caso de Vanuatu, o cálculo foi o seguinte: a expectativa de vida de 68,6 anos foi multiplicada por uma satisfação de vida de 7,4 numa escala de 1 a 10, e o resultado foi dividido por uma pegada ecológica de 1,1. (Os detalhes de como foi calculada essa pegada ecológica não são realmente importantes: você entende o principal.)

O resultado foi 461, medido provavelmente em "anos felizes por pegada".

A pegada ecológica dos Estados Unidos era 9,5. Assim, para chegar a 462 anos felizes por pegada e superar os vanuatuenses, os cidadãos americanos precisariam de 4.389 anos felizes cada um. Por definição, a satisfação de vida não pode ser maior do que 10. Portanto, para superar Vanuatu no Índice do Planeta Feliz, e presumindo que todos os cidadãos americanos vivessem vidas da mais pura felicidade orgástica do nascimento até a morte, a expectativa de vida americana teria de subir para 439 anos. Um pouco difícil.[3]

A outra maneira de os Estados Unidos chegarem ao topo do Índice Planeta Feliz, claro, seria reduzir dramaticamente sua pegada ecológica. O que pode ser ótimo, mas poderia ter sido melhor para a New Economics Foundation simplesmente nos pedir que consumamos menos recursos materiais. Em vez disso, a NEF produziu o Índice do Planeta Feliz, como um jeito enviesado de atrair a cobertura da imprensa para a ideia. Como muitos jornais preguiçosamente confundiram-no com uma medida crua da felicidade, não estou certo nem de que a ideia tenha funcionado segundo sua própria intenção.

E, na verdade, as coisas pioram. A New Economics Foundation nem sequer perguntou aos vanuatuenses o quanto eles eram felizes. Ninguém perguntou. O lugar é pequeno demais, com uma população de menos de um décimo do distrito nova-iorquino do Brooklyn. O número de felicidade que entrou no Índice do Planeta Feliz foi uma estimativa baseada em quanto outros países, aparentemente comparáveis, são felizes. O episódio todo não é muito bonito: um ranking foi construído para divulgar as prioridades de um *think tank* particular, a mídia engoliu tudo sem ler as letras miúdas (nem, para dizer a verdade, boa parte das letras grandes) e o país que ganhou as manchetes nem deveria ter sido incluído no ranking porque os dados relevantes sequer existiam.

Ok. Talvez eu não deva dirigir a minha política para chegar ao topo do Índice do Planeta Feliz.

Para ser justo, não é só a New Economics Foundation. Todo tipo de organização já descobriu que, se você publicar alguma espécie de ranking, consegue atenção da mídia a preço de banana. A Heritage Foundation, pró-mercado, publica o Índice de Liberdade Econômica, com Hong Kong no primeiro lugar; o Programa das Nações Unidas para o Desenvolvimento (PNUD) publica o Índice de Desenvolvimento Humano, que exalta a Noruega; e a Transparência Internacional publica o Índice de Percepção da Corrupção, com a Dinamarca no topo e a Somália e o Afeganistão lá embaixo.

Agora, a New Economics Foundation quer promover um planeta feliz, a Heritage Foundation defende a liberdade econômica, o PNUD quer desenvolvimento humano e a Transparência Internacional combate a corrupção. Mas, só porque os órgãos estatísticos do governo compilam dados sobre o crescimento do PIB, isso não significa que tudo o que importa para os governos é o crescimento do PIB.

Você argumentou contra o Índice do Planeta Feliz. Mas ainda não argumentou contra o uso de rankings baseados no PIB.

Nem pretenderia fazer isso. Se os governos publicassem um ranking de PIB *per capita*, como esses *think tanks* fazem para ter sua cobertura midiática, então o país no topo da lista seria o Catar, Luxemburgo, Liechtenstein, Mônaco ou Bermuda. Nenhum deles tem importantes lições econômicas para dar sobre o gerenciamento de uma economia. A Heritage Foundation diz que Hong Kong é um modelo, o PNUD diz que é a Noruega — eu na verdade não vejo que lição poderíamos aprender com o Catar ou com Bermuda.

É claro que qualquer pessoa pode fazer um índice baseado na RNB ou no PIB *per capita* — existem vários na Wikipédia —, mas não acho que esses rankings tenham grande influência na política governamental. O que nos traz ao cerne do problema com ataques ao PIB como o a Robert Kennedy. Eles se baseiam no difundido equívoco de que o PIB é uma espécie de fetiche; que boa parte do que está errado com o modo como a economia está organizada se deve ao fato de fazermos estatísticas do índice, e que o jeito de resolver nossos problemas econômicos é medir alguma outra coisa. Acho que isso é tão somente um erro. O discurso de Robert Kennedy é bonito, é forte, mas também tem suas iscas retóricas. Ele começa dizendo que "parecemos ter trocado a excelência pessoal e os valores comunitários pelo mero acúmulo de coisas materiais", e talvez isso seja verdade. Um instante depois, ele está observando que o PIB não mede a alegria das brincadeiras das crianças, o valor de um casamento forte ou a beleza da poesia. É mesmo? Não me diga.

Mas, se você começar a efetivamente reformular a retórica como argumento lógico, ela começa a parecer um pouco suspeita. "Deixamos de lado a excelência pessoal e os valores comunitários. Não lemos mais a boa poesia, nem permitimos que nossas crianças brinquem como um dia nós brincamos, e as taxas de divórcio estão aumentando. E por que isso? Porque órgãos estatísticos do governo surgiram quase que do nada desde o começo dos anos 1930, fazendo estimativas do potencial produtivo da economia. É claro que, ao reunir e publicar essas estatísticas, esses órgãos solaparam nossa apreciação da arte, nosso compromisso com os ideais tradicionais do casamento, e nossas qualidades como pais." Como é? Foi isso mesmo que aconteceu?

Mas a gente fala de PIB o tempo todo! Como você pode dizer que não é esse o objetivo da política do governo?

Não estou dizendo que ele seja totalmente irrelevante para a política do governo, claro. Só não acho que ele esteja nem perto de ser o bicho-papão que alguns de seus críticos parecem achar.

Para começar, não esqueça que o crescimento econômico acontece independentemente de estarmos tentando medi-lo. Ao fim do século XIX, a Europa e os Estados Unidos experimentaram uma transformação econômica sem precedentes na história humana. Essa irrupção de um crescimento econômico incrível teve como base muitas das coisas que causam desconforto aos críticos do PIB: a industrialização da agricultura; a exploração do combustível fóssil mais intensivo em carbono, o carvão; e a movimentação massiva de trabalhadores das áreas rurais para as cidades e para suas perigosas fábricas fumacentas. Mas tudo isso aconteceu antes de o PIB ser vagamente vislumbrado pelo estatístico. Os economistas da época conseguiam ver o que estava acontecendo — todo mundo conseguia — mas não conseguiam medir. O crescimento econômico não começou a acontecer de repente, na hora em que os estatísticos do governo começaram a medir o PIB.

Mesmo assim, os políticos modernos sabem que os números do PIB têm um impacto em sua popularidade.

Assim como diversas outras coisas. Você realmente acredita que os ministros do governo acordam de manhã e pensam: "O que eu posso fazer para aumentar o PIB?" No mês em que escrevo este parágrafo, os ministros e demais autoridades do governo britânico estão discutindo as seguintes políticas econômicas: sair ou não sair da União Europeia (decisão que não tem nada a ver com o PIB); lançar uma nova versão do sistema de pensões (projetada para simplificar o sistema e efetuar uma branda redistribuição, o que, outra vez, nada tem a ver com o PIB); decidir não consertar uma falha no modo como a inflação era calculada (decisão com consequências redistributivas, mas irrelevante para o PIB); e várias reformas educacionais (projetadas para melhorar os resultados educacionais, outra vez sem referência ao PIB).

Os políticos sabem que, mesmo dentro do estreito terreno da economia, as pessoas têm outras preocupações: justiça, preços que aumentam, a qualidade dos serviços públicos, a liberdade, o medo do desemprego — que na melhor das hipóteses estão meramente correlacionadas com o PIB, e, na pior, não têm nada a ver com ele. Ministros de sucesso vão se concentrar nesses problemas, não numa construção estatística abstrata.

Então para que coletar estatísticas?

As estatísticas são úteis quando ajudam você a tomar decisões melhores quanto a políticas públicas. Isso geralmente não inclui o tipo de ranking expelido por *think tanks* que estão tentando promover uma determinada ideia da vida boa. Esses exercícios de relações públicas dizem muito pouco que pode ser realmente colocado em prática.

E não esqueça que boa parte dos dados mais úteis que os estatísticos do governo coletam não tem a ver com a economia como um todo. Você pode estar preocupado com violência doméstica, talvez, ou com a extinção de uma espécie, ou com a alfabetização infantil. Sendo o caso, meça o problema da melhor maneira que puder, e encomende uma pesquisa de boa qualidade, como testes aleatórios de políticas públicas, para ajudar a desenvolver uma solução. Claro que, hipoteticamente, você poderia tentar atribuir um valor monetário ao "custo psíquico" da violência doméstica, e você poderia subtrair esse valor do PIB. Mas provavelmente esse não é o melhor jeito de lidar com o problema. E, só porque você não insere a violência doméstica no cálculo do PIB, isso não significa que você não se importa com a violência doméstica.

De qualquer jeito, por que achar que você precisa produzir um único número que resuma tudo? Todos os agregados são meios-termos estatísticos: as estatísticas de inflação medem o preço de uma cesta "típica" de bens, que não vai refletir seus hábitos de consumo individuais, nem os meus; ao compilar números de emprego, você vai precisar encontrar algum jeito de dar conta do trabalho em meio período. Algum grau de agregação é inevitável, mas também lembre que você pode medir a inflação, a desigualdade, o desemprego e o PIB sem ter de produzir algum resumo amorfo dos quatro. Todas essas medidas, e outras, são úteis para informar suas prioridades de políticas públicas. Nenhuma delas deveria monopolizar a sua atenção.

Mesmo assim, se eu me importo com a felicidade das pessoas, não posso também medir a felicidade delas diretamente e considerar isso também na minha formulação de políticas públicas?

Sim, se você quiser. Vamos falar disso num novo capítulo.

12

A economia da felicidade

Os políticos equivocam-se ao acreditar que o crescimento econômico deixa uma nação mais feliz... Mas hoje existem muitas evidências estatísticas e laboratoriais em favor de uma heresia: uma vez que um país tenha enchido as despensas, não faz sentido ficar mais rico. Os hippies, os verdes, aqueles que fazem protestos nas estradas, os que trocam o sucesso por uma vida melhor, o movimento de slow food — todos eles estão tendo sua silenciosa vingança. Objeto constante de zombaria, as ideias desses filósofos pé no chão estão sendo confirmadas por novos trabalhos estatísticos de psicólogos e de economistas.

Professor Andrew Oswald, "The Hippies Were Right All along about Happiness". *Financial Times*, 19 de janeiro de 2006

Andrew Oswald é um homem inteligente. Falei que devíamos estar medindo a felicidade.

Eu nunca falei que você não devia medi-la; só refleti que isso talvez não ajude você a tomar decisões melhores. Aliás, muitos países já reúnem dados oficiais sobre a felicidade. Não é muito difícil fazer isso — são só algumas questões a mais numa pesquisa que seria feita de qualquer jeito. E, em muitos países que não coletam esses dados, a Gallup, uma empresa privada de pesquisas, coleta. David Cameron tornou-se primeiro-ministro britânico prometendo novas medidas de bem-estar; Nicolas Sarkozy, presidente da França à época, já tinha feito a mesma coisa. Barack Obama nomeou alguns dos principais pesquisadores da felicidade, incluindo Betsey Stevenson, Alan Krueger e Cass Sunstein, para posições importantes de seu governo. O remoto reino montanhoso do Butão vem falando em "felicidade nacional bruta" há muitos anos. Assim, se você quiser mesmo insistir nesse negócio de economia da felicidade, só posso dizer que você está se juntando a um pessoal bem chique.[1]

Mas você me parece cético.

Sim e não. Acho que é boa ideia coletar esse tipo de dado, mas acredito que estão dando valor demais a isso, por diversas razões. Por que não damos uma olhada em como é medida a felicidade, e naquilo que aprendemos até agora, e aí você tira as suas próprias conclusões?

Em termos gerais, existem três maneiras de medir a felicidade de um país. A primeira é pegar as contas nacionais e trabalhá-las para que mostrem o custo do esgotamento dos recursos, dos engarrafamentos, o trabalho não remunerado etc. Essa é a abordagem preferida por Simon Kuznets, e já a discutimos de modo bem abrangente. A segunda maneira é juntar um monte de dados relevantes, da expectativa de vida à taxa de homicídios, da desigualdade de renda à prevalência da depressão. A maior parte dos países civilizados já vai dispor desses dados, mas sua qualidade é variável.

A terceira maneira, porém, é ir perguntar às pessoas como elas se sentem — isto é, tentar medir diretamente a felicidade (ou, como os economistas e psicólogos da área tendem a chamar, o "bem-estar subjetivo"). O modo mais popular de fazer isso é também o mais simples: perguntar às pessoas o quanto elas estão satisfeitas com suas vidas. A questão básica a respeito da satisfação em geral com a própria vida, na deliciosa fórmula do jornalista e guru estatístico Michael Blastland, é a seguinte: "No fim das contas, no apagar das luzes, juntando o bom e o ruim e tudo o mais, que nota você daria para o seu bem-estar, de 1 a 10?"[2]

Realmente perguntam isso?

Claro que não perguntam exatamente isso. Mas o sr. Blastland já mostrou mais ou menos como é. No início era comum simplesmente perguntar: "No geral, o quão feliz você diria que é, hoje em dia? Muito feliz, suficientemente feliz, ou não muito feliz?" Meça o resultado numa escala de 1 a 3 e você consegue calcular a felicidade de todo mundo.

Ainda que a questão diga "no geral...", as pessoas acham difícil fazer isso. Nossas avaliações subjetivas da nossa satisfação com nossa própria vida podem ser influenciadas por coisas tão efêmeras quanto um dia ensolarado. Norbert Schwarz, psicólogo da Universidade de Michigan, demonstrou o efeito de contextos aparentemente banais com um experimento ótimo. Ele pediu às pessoas num escritório que completassem uma pesquisa de satisfação de vida, mas solicitou que elas tirassem uma cópia da pesquisa antes de responder a ela. Para metade das cobaias, o ardiloso professor Schwarz deixou uma moeda de 10 centavos em cima da máquina de xerox, onde, naturalmente, elas a encontrariam. Acabou que achar uma moeda de 10 centavos logo antes de preencher uma pesquisa sobre felicidade deixa você mais satisfeito com a sua vida como um todo.

O economista Angus Deaton descobriu que a felicidade das pessoas durante os dias mais difíceis da crise de 2008 a 2010 estava intimamente relacionada à saúde da bolsa de valores. Isso pode ser porque tanto a felicidade quanto a bolsa de valores estavam sendo puxadas por algum terceiro fator (talvez por uma visão clara das perspectivas futuras da economia; talvez pelo clima). Outra explicação, que considero plausível, é que as pessoas veem os preços das ações no noticiário da manhã e seu ânimo fica influenciado pelo resto do dia.[3]

Quaisquer que sejam suas limitações, essas pesquisas são o fundamento da maioria dos estudos sobre a felicidade, e o trabalho mais influente sobre a economia da felicidade, "Será que o Crescimento Econômico Melhora a Vida Humana?", publicado em 1974 por Richard Easterlin, discute extensivamente dados tirados delas.[4]

Bem poucos americanos que responderam à pesquisa disseram que não estavam "muito felizes". Quase metade disse que estava "muito feliz", a mais venturosa resposta. Os americanos, então, estão de modo geral felizes com suas vidas — felizes demais, até, para uma escala de três pontos. Já se discutiu muito a observação de que os americanos não ficaram muito mais felizes desde a década de 1950, ainda que agora estejam bem mais ricos. Mas e se metade dos americanos já disseram que estavam "muito felizes" na década de 1950 e a resposta média ficou em 2,5 numa escala de 1 a 3, então quão mais felizes poderíamos ter esperado que eles ficassem? Muitas vezes Easterlin é mencionado por ter provado que o crescimento econômico não produz felicidade, mas talvez devamos dizer na verdade que ele encontrou indícios de que o crescimento econômico não elimina a miséria.

Hoje em dia essa escala varia entre 1 e 7, ou às vezes entre 0 e 10, o que claramente dá mais espaço para a variação — ainda que esse espaço não seja exatamente ilimitado. Os Estados Unidos podem ser (e são) cem vezes mais ricos do que, digamos, a Libéria, mas numa escala de 1 a 3 ou de 1 a 7 é simplesmente impossível que sejam cem vezes mais felizes. Isso é apenas um fato sobre o modo como medimos essas coisas, que muitas vezes é varrido para baixo do tapete.

A ECONOMIA DA FELICIDADE

E esse Richard Easterlin é responsável pela ideia de que o dinheiro não traz felicidade?

Acho que o budismo é responsável pela ideia de que o dinheiro não traz felicidade. Richard Easterlin na verdade descobriu algo muito mais sutil e enigmático, e é por isso que sua descoberta costuma ser chamada de "paradoxo de Easterlin".

Easterlin descobriu que o dinheiro pode muito bem trazer felicidade — dentro do contexto de uma determinada sociedade. As pessoas mais ricas tendem a ser mais felizes do que as pessoas mais pobres. Esse resultado é extremamente robusto, ainda que valha a pena observar que outras coisas — o divórcio, o desemprego, a doença — tenham um impacto muito maior na felicidade do que a mera ausência de dinheiro.

O paradoxo de Easterlin é o seguinte: ainda que as pessoas mais ricas sejam mais felizes do que as mais pobres, as sociedades mais ricas não são mais felizes do que as sociedades mais pobres. Dizendo de outra maneira, um aumento de 10% vai deixar você mais feliz. Mas um crescimento econômico de 10% não vai deixar a sociedade à sua volta mais feliz.

Dá para entender por que chamam isso de paradoxo. Qual a explicação?

Existem três explicações possíveis.

Uma possibilidade é que essas questões simplesmente não dizem grande coisa ao longo do tempo. Por exemplo, se pergunto a um pescador português em 1955 o quanto ele é feliz numa escala de 1 a 3 (em português), e também faço a um funcionário japonês a mesma pergunta na década de 1970 (em japonês), e depois faço a uma dona de casa alemã a mesma pergunta nos anos 1990 (em alemão), será que realmente descubro alguma coisa ao comparar as respostas? É razoável comparar pessoas dentro da mesma sociedade, usando o mesmo idioma, no mesmo momento — mas certamente se pode duvidar de que podemos descobrir alguma coisa comparando sociedades diferentes ao longo do tempo.

O artigo de Easterlin, por exemplo, contém o seguinte e intrigante dado, baseado numa pesquisa de 1965: 53% dos pesquisados britânicos eram "muito felizes", mas apenas 20% dos alemães ocidentais e 12% dos franceses o eram. A renda *per capita* era similar à época. Mais recentemente, uma pesquisa do Eurobarometer descobriu que 64% dos dinamarqueses descreviam-se como "muito satisfeitos", ao passo que só 16% dos franceses diriam a mesma coisa. Devemos concluir que os franceses são infelizes? Devíamos chegar a concluir qualquer coisa? Os linguistas avisam que é preguiçoso e injustificável presumir que outros idiomas sequer possuem uma analogia precisa para "feliz".[5]

E, como experimento mental, imagine que em vez de calcular o PIB, medíssemos o crescimento econômico perguntando às pessoas numa pesquisa: "Quão rico você diria que é hoje em dia? Muito rico, bem rico ou nada rico?" Pense na qualidade dos dados que viriam, e em como eles poderiam mudar com o tempo. E imagine que eu tivesse dito que era "bem rico", mas nunca tivesse ouvido falar de Bill Gates. Depois eu veria um documentário sobre Bill Gates e mudaria minha resposta para "nada rico". Ela não significaria que eu tenho menos dinheiro, nem que eu me sentia mais pobre, mas simplesmente que eu tinha mudado de ideia em relação ao tipo de riqueza que era possível. Talvez com a felicidade seja a mesma coisa: talvez nos sintamos mais felizes do que nossos pais, mas tenhamos inconscientemente ajustado nossas ideias a respeito de como podemos razoavelmente esperar que nos sintamos. Ou talvez não: é difícil saber.

Uma segunda possibilidade é que essas pesquisas internacionais nos dizem alguma coisa, mas que, como Easterlin teve de usar os dados não muito detalhados que estavam disponíveis na década de 1970, suas conclusões não sejam mais válidas. Por exemplo, a felicidade média do Japão pareceu estagnar, mesmo no momento em que sua economia se expandia. Mas, desde que os questionários do Japão foram retraduzidos, ficou claro que a razão pela qual as pessoas pareciam menos satisfeitas era que as perguntas ficavam mudando, elevando o padrão do que era felicidade.

Diversos economistas, incluindo Betsey Stevenson, publicaram trabalhos afirmando que, quando a felicidade é devidamente medida, o dinheiro traz felicidade *para* uma sociedade exatamente na mesma medida em que o dinheiro traz felicidade *dentro* de uma sociedade. Justin Wolfers, coautor com Stevenson, me disse que a relação entre a satisfação de vida e a renda é "uma das correlações mais altas que você jamais vai encontrar num conjunto de dados para um país inteiro nas ciências sociais".[6]

Easterlin e outros, porém, contra-atacaram com sua própria análise. Minha conclusão: o júri ainda está decidindo. O paradoxo de Easterlin pode não existir, mas é cedo demais para descartá-lo.

A terceira explicação para o paradoxo de Easterlin é tomá-lo literalmente e concluir que aquilo com que as pessoas se importam não é a renda absoluta, mas a renda relativa — sua posição econômica dentro da sociedade. Outra maneira de interpretá-lo é que o que realmente deixa as pessoas felizes não é tanto a renda quanto o status — um jogo de soma zero no sentido de que, se você subir na hierarquia, alguém tem de descer —, fortemente relacionado à renda. Então talvez o dinheiro não traga felicidade, mas *ser mais rico do que outras pessoas* traz.

Essa terceira hipótese parece horrendamente plausível.

Há uma famosa pesquisa dos economistas Sara Solnick e David Hemenway que costuma ser resumida da seguinte maneira: se você perguntar às pessoas se elas preferem uma renda de US$ 50 mil num mundo em que todo o resto tem US$ 25 mil ou uma renda de US$ 100 mil num mundo em que todo o resto tem US$ 200 mil, você vai ver que as pessoas preferem a primeira opção — isto é, elas preferem ser ricas em termos relativos a ser ricas em termos absolutos.[7] É preciso entender isso com uma pitada de sal: a maior parte das pessoas que responderam à pesquisa de Solnick e Hemenway estudava em Harvard, onde a competição pode ser particularmente forte. Quando os pesquisadores fizeram a pergunta aos *funcionários* da universidade, só um terço concordou.

Mesmo assim, a ideia de que as pessoas se importam mais com sua renda relativamente a seu grupo de pares é tão enormemente plausível que, apesar de todas as dificuldades com os dados, seria preciso muito para convencer as pessoas de que Richard Easterlin está errado.

Eu certamente considero convincente a conclusão de Easterlin. E isso simplesmente mostra que deveríamos dedicar mais recursos a medir adequadamente a felicidade. Não quero que o Butão seja o único país do mundo que estima a "felicidade nacional bruta".

Ah, é. O Butão. O reino das montanhas do Himalaia é o melhor exemplo em que consigo pensar de que existe uma diferença entre coletar estatísticas sobre a felicidade e fazer as pessoas felizes. O Butão é venerado pelos mais ingênuos entendidos em felicidade...

Que rude.

... como eu estava dizendo, o Butão é venerado pelos mais ingênuos entendidos em felicidade, que parecem não estar cientes de sua ficha bastante duvidosa no que diz respeito aos direitos humanos.

Segundo a Human Rights Watch, muitos membros da minoria nepalesa do Butão perderam sua cidadania e foram postos para fora do país. Ainda que eles já tivessem começado numa situação de miséria, esse tipo de limpeza étnica de fato pode elevar os níveis gerais de felicidade — no próprio Butão, mesmo que não nos campos de refugiados do outro lado da fronteira no Nepal.[8]

O que é engraçado é que esse negócio de "felicidade nacional bruta" parece ter surgido como reflexo defensivo — o rei do Butão à época, Jigme Singye Wangchuck, proclamou que "a Felicidade Nacional Bruta é mais importante do que o Produto Interno Bruto" ao ser duramente questionado sobre a falta de progresso econômico do Butão numa entrevista com o *Financial Times* em 1986. Sua Majestade não é a última pessoa a ter recorrido a medidas alternativas de progresso como consolo. Quando Nicolas Sarkozy era presidente da França, ele encomendou aos professores Stiglitz, Sen e Fitoussi que contemplassem alternativas ao PIB; uma razão possível para o entusiasmo do presidente Sarkozy era que os franceses passam a maior parte do seu tempo não trabalhando, e isso reduz o PIB francês. O país provavelmente vai se sair melhor na maioria dos índices alternativos. Não é insensato olhar essas alternativas, mas não vamos nos enganar: os políticos estão sempre atrás de medidas estatísticas que reflitam uma boa imagem deles.

Você mencionou que o presidente Obama nomeou diversos especialistas em economia da felicidade. Foi a mesma coisa?

Menos, porque nenhum dos nomeados — Alan Krueger, Betsey Stevenson e Cass Sunstein — trabalhava principalmente com a economia da felicidade. Mas o professor Krueger vem fazendo um trabalho muito interessante sobre o bem-estar subjetivo com os psicólogos Norbert Schwartz e Daniel Kahneman — sendo que

Kahneman é o ganhador do prêmio Nobel que já mencionamos ao falar dos preços rígidos.[9]

Kahneman observa que "felicidade" é um conceito nebuloso. "O conceito de felicidade precisa ser reorganizado", disse-me ele numa entrevista no outono de 2010. Na verdade, há três conceitos: o tipo de resumo subjetivo medido no trabalho de Easterlin (e na maioria dos outros trabalhos sobre o assunto), em que se pergunta às pessoas o quão satisfeitas elas estão com suas vidas; depois vem aquele fluxo emocional constante — primeiro cansado, depois rindo, depois estressado, depois alegre, depois agitado — que podemos dizer que resulta numa vida prazerosa (ou não); e depois vem um certo esforço externo para medir o bem-estar de uma pessoa segundo critérios objetivos (será que ela tem dificuldades para dormir, problemas de saúde etc. etc....?). Muitas ideias preguiçosas simplesmente juntam os três conceitos e dão o nome de "felicidade". Mas os três não são idênticos — e a felicidade mesma, um termo maravilhosamente flexível, provavelmente significa algo mais do que qualquer uma dessas coisas.

Kahneman e seus colegas estão tentando medir o fluxo de estados emocionais — ou, mais especificamente, tentando rastrear quanto tempo por dia uma pessoa gasta sentindo alguma emoção negativa, como medo, raiva ou tristeza. O "método de reconstrução do dia" pede às pessoas que recordem, episódio por episódio, os acontecimentos do dia anterior e a sensação mais prevalente que os acompanhou — entusiasmo, tédio, alegria, irritação.

Kahneman, aliás, publicou um artigo com Angus Deaton que esclarece algo da questão sobre dinheiro e felicidade.[10] Kahneman e Deaton descobriram que uma renda mais alta está correlacionada com satisfação de vida, sem limite — mas, além de uma renda de cerca de US$ 75 mil por ano, o dinheiro a mais não melhora o seu ânimo segundo a medida da reconstrução diária.

Então o dinheiro trazer ou não trazer felicidade depende de como você define felicidade.

Basicamente. A reconstrução diária gera resultados bem diferentes dos resultados das pesquisas mais tradicionais de satisfação de vida. Uma pesquisa que comparava as mulheres na França com as de Ohio descobriu que era duas vezes mais provável que as mulheres americanas dissessem estar muito satisfeitas com suas vidas. E, contudo, eram as francesas que passavam mais tempo de bom humor. O prazer minuto a minuto não é a mesma coisa que um juízo sumário sobre a satisfação de vida.

Se você realmente planeja não apenas medir a felicidade, mas usá-la para influenciar as políticas, essa é uma distinção que precisa começar a levar a sério.

Ela tem implicações diferentes para as políticas públicas?

Bem, eis aí uma ótima pergunta.

Se você aceitar a explicação de Richard Easterlin de seu paradoxo — de que as pessoas não se importam com a renda absoluta, mas só com a renda relativa à dos outros —, então isso obviamente seria um argumento em favor da tributação redistributiva. Afinal, ao tirar dinheiro dos ricos você deixa todos os outros mais felizes, antes mesmo de gastar o dinheiro. Contudo, claro que já temos tributação redistributiva; se deveríamos ter mais ainda do que já temos não é tão claro. Outra implicação das pesquisas de satisfação de vida para as políticas públicas é que você deveria realmente se esforçar para reduzir o desemprego porque essa experiência é particularmente deprimente — ainda que eu tenha esperanças de que isso já esteja no seu programa.

Outra possibilidade é usar os dados de satisfação de vida para avaliar indenizações adequadas a pessoas que sofreram danos físicos ou emocionais. O economista britânico Andrew Oswald tem dados sobre como esses infortúnios afetam as pessoas, junto com quanto dinheiro se poderia esperar que contrabalançasse o impacto emocional desses acontecimentos traumáticos. Mas, se isso pode ser uma prática útil, não chega exatamente a ser matéria de política macroeconômica.

Você está dando a impressão de que nada disso faz sentido.

Não é que não faça sentido. Só que não é tão revolucionário assim. Lembre-se de que muitos países já coletam dados sobre satisfação de vida, e não é tão difícil coletar um pouco mais; é só acrescentar mais perguntas às pesquisas que já existem.

O método de reconstrução do dia usado pelos professores Kahneman e Krueger é mais caro, mas também pode ser mais útil para informar as políticas. Kahneman e Krueger vêm defendendo a publicação de medidas de "contabilidade de tempo" junto com as contas nacionais regulares. Essas contas de tempo estão sendo inseridas numa parte bem estabelecida do aparato estatístico americano, a pesquisa de uso do tempo, que pergunta às pessoas como estão passando seu tempo — indo para o trabalho ou para a escola, rezando, vendo TV ou almoçando. A inovação é combinar essas pesquisas de uso do tempo com o método de reconstrução diária para produzir uma medida de quanto do seu dia as pessoas passam num estado de espírito desagradável, junto com um registro do que elas estão fazendo enquanto se sentem assim.

Estou curioso...

Ok. Ir para o trabalho e trabalhar são as atividades que têm mais chance de induzir um estado de espírito negativo. Almoçar, jantar e fazer sexo raramente são consideradas atividades desagradáveis, mas, se você escolher o cônjuge errado, então todas essas três provavelmente podem ser bem decepcionantes.

Você está dizendo que eu deveria proibir o trabalho e subsidiar o sexo?

Não seria ótimo? Mas, sério, você pode ver como essas contas de tempo nacionais poderiam ajudar a avaliar projetos como investimentos para reduzir o tempo de ida ao trabalho (novas estradas, ou trens de alta velocidade) ou oferecer opções de lazer como praças, parques e museus. Claro que não podemos fugir totalmente do problema de comparar minha nota seis em dez com a sua nota cinco em dez — mas o método de reconstrução do dia, que mede quanto tempo passamos em atividades que azedam nosso humor, pode mostrar-se um pouco mais objetivo.

A equipe de Kahneman e Krueger desenvolveu uma versão mais despojada do método de reconstrução do dia, que pode ser feita como uma pesquisa telefônica comum, e o Bureau of Labor Statistics [Órgão de Estatísticas do Trabalho] já fez sua primeira pesquisa com o novo método. Vamos ver o que sai — talvez você mesmo possa usar essa técnica.

Talvez. Obrigado por me explicar.

Foi um prazer.
   Ficou feliz?

13

Pode o crescimento continuar para sempre?

Qual podemos esperar que seja nosso nível de vida econômico daqui a cem anos? Quais são as possibilidades econômicas de nossos netos?

John Maynard Keynes, "As possibilidades
econômicas de nossos netos", março de 1930

Você queria que esse capítulo fosse sobre os limites do crescimento, não é?

Isso. Basicamente tudo que eu disse até agora baseia-se no pressuposto de que o crescimento econômico é bom. Isso incomoda algumas pessoas. Especialmente os físicos, ao que parece.

Engraçado que você mencione isso. Desde que me colocaram no comando da economia, as pessoas ficam me mandando links para vídeos do YouTube com físicos falando de crescimento exponencial.

Ficam me mandando esses links também. Tem "The Most Important Video You'll Ever See" [O Vídeo Mais Importante que Você Jamais Verá], do físico Albert Bartlett — e vou presumir que não foi o professor Bartlett que escolheu o título —, que já teve cerca de 5 milhões de visualizações, apesar de se tratar de uma palestra estática ministrada por um cara mais idoso numa pequena sala de aula com a mensagem fundamental de que "o maior defeito da raça humana é sua incapacidade de compreender a função exponencial". Uma reprise mais recente e bem popular de um assunto parecido veio na forma de um post de blog intitulado "Exponential Economist Meets Finite Physicist" [O Encontro do Economista Exponencial com o Físico Finito], de Tom Murphy, outro físico.[1]

O que eles dizem?

A questão-chave é que o crescimento exponencial vai acabar levando a lugares impossíveis. E com "vai acabar" eles querem dizer "antes do que você espera".

Crescimento exponencial é qualquer tipo de crescimento que funciona como juros. O exemplo mais clássico é o do arroz no tabuleiro de xadrez. Segundo uma antiga história, o inventor do jogo de xadrez recebeu a oferta de uma recompensa do rei, maravilhado. O pagamento que ele pediu parecia modesto: um grão de arroz para o primeiro quadradinho do tabuleiro, dois para o segundo, quatro no terceiro, dobrando a cada vez. Intuitivamente, você imagina que, com apenas 64 quadradinhos no tabuleiro, tudo vai dar no máximo algumas sacas de arroz. Na verdade, a quantidade é colossal — inúmeras vezes maior do que a produção anual de arroz de todo o planeta. É isso que o professor Bartlett quer dizer: simplesmente é difícil dar-se conta das implicações do crescimento exponencial.

O prêmio do tabuleiro era um crescimento de 100% por quadradinho; mas 10%, 1% ou até 0,0001% — tudo isso é crescimento exponencial. E tudo acaba virando encrenca, porque cada pedacinho de crescimento será multiplicado por crescimento no futuro. Como Albert Einstein teria dito (mas provavelmente não disse) numa declaração célebre: "A força mais poderosa do universo são os juros compostos."

A implicação para o crescimento econômico parece óbvia. Nossa economia cresce alguns pontos percentuais por ano. Isso até agora não apresentou muitos problemas insuperáveis. Mas crescimento exponencial é crescimento exponencial, e um dia — essa é a preocupação dos físicos — vamos ter um quadradinho no tabuleiro que simplesmente não conseguimos preencher.

Esse parece um argumento que bate no cerne mesmo da economia.

Pelo contrário, os economistas captam essa mensagem perfeitamente bem. Uma das primeiras pessoas a ser chamadas de "economista" foi o reverendo Thomas Malthus, que morreu há quase duzentos anos. A reputação de Malthus vem de "Ensaio sobre o Princípio da População", em que ele explicou que haveria problemas no futuro porque a população humana cresce exponencialmente, tornando a situação insustentável. Não importa, por exemplo, a rapidez do crescimento da produtividade agrícola. Se esse crescimento for aritmético — 10, 20, 30, 40, 50 —, então ele vai ser inevitavelmente superado pelo progresso exponencial do crescimento populacional humano — 2, 4, 8, 16, 32, 64. E isso vai ser verdade, não importando qual seja efetivamente a taxa de crescimento da população, desde que seja maior do que zero, e proporcional à população existente. Assim, dificilmente esse é um problema de que os economistas profissionais não tenham se dado conta.

Que interessante ver você adotando Malthus. Achei que os economistas tinham passado boa parte desses últimos dois séculos fazendo piada dele.

Tenho de admitir que isso em grande parte é verdade. O *timing* de Malthus foi infeliz. Ele explicou que a população humana seria detida pela disponibilidade de comida; talvez não morramos de fome, mas certamente poderíamos esperar que, toda vez que algum avanço tecnológico elevasse os padrões de vida, o crescimento populacional acabaria superando essa folga e trazendo os padrões de vida de volta aos níveis de subsistência. E ele estava errado. A matemática é perfeita, mas os pressupostos são falhos: o progresso tecnológico foi mais rápido do que o crescimento populacional no curto prazo, e mais recentemente o crescimento populacional vem diminuindo dramaticamente. Há inúmeras razões para acreditar que a população do planeta vá estabilizar-se.

E o crescimento populacional zero — bem, não vejo por que isso seria insustentável.

Mas o crescimento do PIB vai continuar, ainda que o crescimento populacional fique estável. Isso não vai acabar entrando em conflito com o problema do arroz no tabuleiro?

Acho que aqui nos deparamos com uma séria lacuna dos catastrofistas exponenciais. Eles estão olhando o crescimento exponencial em processos *físicos* — coisas como aquecimento, resfriamento, iluminação, movimento. Isso é compreensível, porque, afinal, eles são físicos. O post de Tom Murphy é particularmente perturbador nesse aspecto. Ele observa que, se nosso consumo de energia crescer 2,3% ao ano — menos do que as taxas históricas mas o suficiente para aumentar o consumo de energia dez vezes a cada século —, então o planeta inteiro vai chegar ao ponto de ebulição em meros quatro séculos. Não por causa do efeito estufa; é irrelevante para o que o professor Murphy está dizendo se a energia vem de combustíveis fósseis, da energia solar ou do pó de pirlimpimpim. A questão é simplesmente a inevitável perda de calor quando se usa energia para realizar trabalho útil. E é bem difícil argumentar contra as leis da termodinâmica. O cálculo parece chocante, mas, outra vez, é só uma reprise do arroz no tabuleiro.

Eis a lacuna no raciocínio: o crescimento energético não é igual ao crescimento econômico. O PIB só mede aquilo por que as pessoas estão dispostas a pagar, que não necessariamente está relacionado ao uso de energia, ou a qualquer outro recurso físico. É verdade que desde o início da revolução industrial os dois tendem a andar juntos, mas não há razão lógica para que essa tendência se mantenha. Quer chutar qual foi o crescimento energético por pessoa nos Estados Unidos ao longo dos últimos 25 anos?

Imagino que você vá dizer que foi menos de 2,3%.

Não só menos de 2,3%. Menos de zero. Comparei 1986 com 2011 e cheguei a uma taxa de 0,17%. O crescimento econômico por pessoa no mesmo período ficou em média superior a 2,5%. Ao longo de 25 anos, o PIB como um todo quase dobrou, mas o uso de energia cresceu menos de 25%. Se eu tivesse escolhido um período diferente, o número seria ligeiramente distinto, mas a história teria sido a mesma: nos Estados Unidos, o uso de energia por pessoa parou de crescer. Ele teve seu pico em 1978. (É preciso admitir que parte desse consumo de energia foi "exportado" na forma de processos industriais na China ou no México que depois são importados. Mas o efeito de exportação simplesmente não parece tão grande: as importações correspondem a menos de 20% da economia americana, e claro que temos de balancear o consumo da energia importada com todo tipo de coisa que os EUA fazem domesticamente e exportam.)

Para o Japão, o Reino Unido e a União Europeia, é a mesma coisa — todos esses, devo dizer, têm um uso de energia por pessoa bem menor do que os Estados Unidos. O mais alto consumo energético por pessoa na história do Reino Unido foi em 1973; na Alemanha, foi em 1979. No Japão, o pico foi mais recente — o ano 2000. Mas o quadro geral em todos esses países é o mesmo: as economias cresceram, mas o consumo de energia por pessoa ficou igual, ou até diminuiu um pouco. No Reino Unido, o consumo de energia por pessoa está em seu ponto mais baixo dos últimos cinquenta anos. Fazer previsões é um negócio arriscado, mas, com a queda do consumo de energia por pessoa nos países ricos, e com a diminuição dramática do crescimento populacional, não há motivo para que o consumo de energia deva crescer indefinidamente.

É fácil entender por que o crescimento econômico exponencial não é a mesma coisa que o crescimento energético exponencial. Se estou preocupado com dinheiro, posso desligar o aquecimento e usar casaco e gorro dentro de casa; um pouco mais de dinheiro vai significar que posso tirar o casaco e o gorro e usar mais energia. Mas nem por isso, caso eu ganhe na loteria, vou querer me matar de calor.

Igualmente, gosto de comida, mas há um limite para o que consigo comer, e, ainda que eu tenha certeza de que uma culinária mais rica envolva desperdício, não consigo imaginar a quantidade de comida que desperdiço crescendo exponencialmente. As roupas dos ricos e famosos não pesam mais do que as roupas que eu e você usamos.

Os ricos, porém, vão desperdiçar mais — usando roupas uma vez só e depois jogando fora.

Verdade. Mas boa parte do que está acontecendo com o crescimento do PIB não é que mais materiais estão sendo usados, e sim que boa parte dos mesmos materiais vai adquirindo valor, por ser usada em objetos mais bem projetados. Isso vale para comida e roupas, para meu computador, minha bicicleta, minha máquina de lavar. Provavelmente poderíamos queimar muita energia apressadamente se começássemos a usar carros voadores, propulsores a jato ou teletransporte, mas não vou perder o sono agora com essa possibilidade.

Olha, eu concordo plenamente com os ambientalistas que se preocupam porque não podemos continuar consumindo cada vez mais água, liberando cada vez mais dióxido de carbono e queimando cada vez mais carvão. O problema vem se disso concluirmos que a própria economia não pode continuar crescendo. Uma coisa não se segue da outra. A economia vem se desmaterializando: porque cada vez mais aquilo que consumimos nos países ricos demanda menos recursos graças a tecnologias mais eficientes (lâmpadas de LED e não incandescentes; laptops em vez de *mainframes*), ou porque o valor está principalmente no design estético (alta-costura, alta gastronomia), ou até porque — como no caso do e-book que você pode estar lendo ou do audiolivro que baixou — o produto é digital e praticamente não tem forma física.

Pense na cidade de Nova York. É um lugar de alta renda, e há mais de um século é uma força criativa: o mundo editorial, da música, da moda, da arte, das finanças, do software, tudo. Mas o consumo de energia por pessoa em Nova York é menor do que nos EUA como um todo — na verdade, é menor do que a média de qualquer estado americano. Em última instância, podemos fazer muitas das coisas a que damos valor — incluindo valor no sentido do vil metal, de "estar disposto a pagar um dinheirão" — sem gastar vastas quantidades de energia.

Talvez no futuro todos nós acabemos sendo carregados em máquinas de realidade virtual, onde poderemos experimentar todas as delícias imagináveis. Afinal, nós já passamos um bocado de tempo nos divertindo em espaços virtuais, do Facebook ao World of Warcraft. Talvez o futuro crescimento econômico vá girar em torno da longevidade, de livrar-se de desconfortos, e de outros progressos médicos. Talvez todos tenhamos máquinas que transformem materiais descartados em brinquedos maravilhosos. Ninguém sabe. A questão é que crescimento econômico e crescimento energético não são a mesma coisa, e há boas razões para acreditar que eles já começaram a descolar-se um do outro.

Perdoe-me se eu achar difícil imaginar o crescimento econômico exponencial entre cérebros flutuando em vasos de realidade virtual. Vamos simplesmente imaginar que o crescimento econômico está mais relacionado aos recursos físicos do que se imagina, e que chega um ponto em que é preciso aceitar o crescimento econômico zero. Isso não põe em xeque tudo o que pensamos sobre a economia?

No fundo, não acho que nosso modelo econômico realmente dependa do crescimento, mas vale a pena examinar a questão. Eis o problema: o progresso tecnológico significa que nossa produtividade econômica por hora só aumenta; a menos que a economia continue a crescer para sempre, uma de duas coisas pode vir a acontecer. Ou vamos todos aprender a trabalhar menos, talvez trabalhando dois dias por semana e descansando cinco enquanto robôs nos trazem café e nos fazem massagem nas costas, ou vamos ter desemprego em massa.

PODE O CRESCIMENTO CONTINUAR PARA SEMPRE?

Pelo que tudo indica até agora, não somos lá muito bons em converter riqueza em lazer. Keynes levantava questões a esse respeito em "As possibilidades econômicas de nossos netos", célebre ensaio publicado em 1930. Ele estimava que — se tudo fosse bem — todos teríamos nossas necessidades materiais atendidas em 2030, e nosso "problema real... e permanente" seria como usar nossa liberdade de preocupações materiais; como ocupar nossas horas de lazer "para viver bem, de modo sábio e agradável". À medida que 2030 se aproxima, vemos que Keynes acertou bem na mosca no que diz respeito ao crescimento econômico. Mas o problema de preencher nossas horas de lazer sem fim ainda não está entre as prioridades. Ainda trabalhamos duro, mesmo que não tão duro quanto antes. Pesquisas de uso do tempo mostram que, entre 1965 e 2003, as mulheres americanas ganharam entre quatro e seis horas a mais de lazer semanal, e os homens americanos se deram melhor ainda, ganhando entre seis e oito horas.[2] Também vivemos mais, passamos mais tempo na escola e na universidade, e nos aposentamos antes do que costumávamos — assim, a porcentagem do tempo que passamos trabalhando está caindo bastante. Mas está caindo muito mais lentamente do que esperava Keynes, considerando o crescimento do PIB.

Isso não sugere então que, se o crescimento econômico parar e o crescimento em produtividade por hora trabalhada continuar subindo por causa do progresso tecnológico, algumas pessoas vão trabalhar direto, enquanto a maioria vai permanecer desempregada?

Bem, talvez — se continuarmos a agir como hoje. Uma resposta possível — defendida pelo economista Robert Frank — é tributar o consumo. Quanto mais você consumir, mais vai pagar. À medida que o imposto sobre o consumo sobe, fica cada vez mais atraente usar o tempo livre para dar um passeio ou pintar uma aquarela. Já fazemos algo bem parecido com isso na maioria das economias avançadas, com impostos progressivos. (Um imposto sobre o consumo é como um imposto de renda com isenção para o dinheiro que você poupa ou investe em vez de gastar.) Mas talvez devamos fazer mais. Você está no comando — veja onde sua imaginação o leva.

Mas não existe alguma outra razão para nossa economia estar viciada em crescimento? Não precisamos de crescimento para conseguir pagar nossas dívidas?

Não é bem assim. A renda crescente de fato torna as dívidas mais suportáveis. Sua hipoteca vai ficar mais fácil de pagar caso você ganhe um aumento todo ano do que se a sua renda permanecer igual até você se aposentar. Mas isso não significa que é impossível pagar sua hipoteca se você nunca tiver aumento. Igualmente, tudo que uma economia de crescimento zero significaria seria que nenhuma geração seria mais rica do que a geração anterior. Mesmo sem a expectativa de rendas futuras maiores, as pessoas ainda teriam boas razões para ficar endividadas. Você ainda poderia pegar dinheiro emprestado para fazer faculdade, para comprar seu primeiro carro e para comprar uma casa. Você poderia pagar essas dívidas e começar a poupar para ter uma pensão. Em algum momento você poderia se aposentar e viver da poupança. Só porque o crescimento econômico parou, isso não significa que as pessoas não iriam querer mover seu poder de compra usando a dívida.

Concordo que, num mundo de crescimento zero, os governos teriam de repensar algumas coisas. Eles não poderiam basear o financiamento de seus sistemas de previdência e de saúde na esperança de que cada geração seria maior e mais rica do que a anterior, e poderiam confortavelmente pagar a conta. Nem poderiam eles ter déficits rotineiros por saber que a dívida permaneceria estável enquanto proporção do PIB. Os governos poderiam até achar razoável pagar todas as suas dívidas gradualmente — e até acumular ativos, como já fazem alguns países ricos em recursos. No longo prazo, num sistema de crescimento econômico baixo ou zero, todo mundo, de indivíduos a governos, teria de ser mais cuidadoso em relação a dívidas do que tem sido nos últimos anos. Alguns podem achar isso revolucionário; eu diria que é uma modesta mudança de comportamento.

Então eu nem preciso clicar nesses links do YouTube, não é?

Eu sugeriria que você se concentrasse no verdadeiro problema. Se está preocupado com emissões de dióxido de carbono — e eu acho que deveria estar —, então arrume um jeito de aumentar o custo de emitir dióxido de carbono. Um imposto sobre o carbono poderia resolver a questão; um esquema de licenças de emissão, também. O mesmo vale para o uso de energia, para o uso de metais raros, ou para o uso de água — ou de praticamente qualquer coisa. O crescimento econômico em si não é o problema; o problema é consumir recursos não renováveis. Atualmente não precisamos nos preocupar com os limites físicos do crescimento econômico, ainda que esses limites possam existir um dia — mas há muitos problemas ambientais reais e tangíveis para enfrentar agora mesmo.

14

Desigualdade

Um desequilíbrio entre ricos e pobres é o vício mais antigo e fatal de todas as repúblicas.

Plutarco

Ainda não falamos muito de pobreza e desigualdade.

Concordo, e isso porque nenhuma das duas tem um papel muito importante nos modelos macroeconômicos padrão. Ainda tendemos a lidar com grandes agregados econômicos chapinhando como os conteúdos dos tanques do MONIAC, de Bill Phillips. As questões em que estamos pensando — oferta agregada, demanda agregada, produtividade e preços rígidos — não dizem muita coisa sobre quem fica com o quê numa economia. Mas naturalmente para você é importante se a sua economia tem uma grande classe média que vive em moderado conforto ou uma elite super-rica que se isola de uma ampla miséria.

A pobreza e as riquezas são coisas difíceis de medir quando queremos fazer comparações entre países ou períodos. Até algo aparentemente simples — como a questão de quem é a pessoa mais rica que jamais viveu — torna-se uma questão bastante sutil quando você a examina. Por exemplo, se você quiser comparar Bill Gates com Marco Crasso, o mais famoso plutocrata da república romana, você logo vai ver que está comparando aviões particulares com adegas repletas de vinho e azeite.

Acho que estou mais interessado em enfrentar a pobreza do que em fazer um ranking histórico dos super-ricos.

Claro, mas dificuldades bem parecidas existem na outra ponta da escala de renda. Como definir a pobreza?

Bem, certamente pobreza é a incapacidade de adquirir o básico — comida, roupas e moradia.

Ok, então você está falando de uma definição absoluta de pobreza, em termos de uma certa medida objetiva de poder de compra. Certamente há uma longa tradição por trás dessa abordagem. Um de seus pioneiros foi o *quaker* Seebohm Rowntree, filho de um rico fabricante de chocolates, Joseph Rowntree. Ao final do século XIX, Seebohm decidiu tentar medir a pobreza que o cercava em sua cidade natal de York. Para esse fim, ele definiu uma "linha da pobreza" estimando o quanto custaria comprar certos itens básicos, que incluíam uma porção de *pease pudding* com bacon no domingo. Qualquer pessoa que não pudesse adquirir esses itens básicos estava abaixo da linha de pobreza de Seebohm.

Linhas absolutas de pobreza até hoje são um conceito atraente. O Banco Mundial tem diversas delas, incluindo a famosa linha de "1 dólar por dia" que define a pobreza extrema — a brilhante ideia de um economista chamado Martin Ravallion, que percebeu no fim da década de 1980 que diversos países tinham linhas de pobreza em torno de US$ 370 por ano. A definição oficial de "dólar" é bem mais complexa do que você talvez imagine. Para começar, ela é atualizada para refletir a inflação, então na verdade estamos falando do que 1 dólar poderia ter comprado 25 anos atrás. E ela é corrigida pelo custo de vida, ou não faria muito sentido como linha da pobreza global. Assim, o "dólar" em Déli não é exatamente o que você teria caso convertesse seu dólar a taxas de câmbio internacionais. É muito menos. A ideia é que alguém que viva no padrão de "1 dólar por dia" na Índia só conseguiria comprar aquilo que se consegue com 1 dólar nos Estados Unidos. Em outras palavras, um pouco de arroz ou de lentilhas, e nenhuma moradia.[1]

Mas é chocante como isso é baixo. Seria impossível viver com 1 dólar por dia nos Estados Unidos.

Centenas de milhões de pessoas realmente vivem assim nos países mais pobres. Mas sim, seria muito difícil ter uma conversa útil sobre o que significa ser pobre nos Estados Unidos se 1 dólar por dia fosse seu único ponto de referência. Na verdade, os EUA têm seu próprio conjunto de linhas de pobreza absoluta para famílias de diferentes tamanhos: essa linha estava em US$ 30,52 para uma única pessoa por dia em 2012, muito acima daquilo que o Banco Mundial consideraria pobre.

A definição americana de pobreza tem cinquenta anos: a linha de pobreza foi calculada em 1963 por uma pesquisadora da Administração da Previdência Social chamada Mollie Orshansky. A sra. Orshansky baseou sua estimativa em métodos muito similares àqueles usados por Seebohm Rowntree 64 anos antes — tentar ter uma ideia de quanto custaria alimentar uma família com uma dieta razoável. (Mollie Orshansky tinha ela própria estimado os padrões nutricionais no fim dos anos 1940 e nos anos 1950, enquanto trabalhava na Agência de Nutrição Humana e de Economia Doméstica. Ela também era realista a respeito das demandas que seus planos alimentares traziam para as famílias — em particular, que "a dona de casa será uma compradora cuidadosa, uma cozinheira hábil e uma boa gerente que vai preparar todas as refeições da família em casa".)[2] A estimativa de Orshansky é decente considerando os recursos limitados da época, mas, desde que foi oficialmente adotado pela Casa Branca em 1969, o limiar só foi alterado para levar em conta a inflação.

Parece bem razoável, mas não é muito dinheiro.

Claro que não é muito dinheiro. Dificilmente seria uma linha da pobreza se fosse muito dinheiro, não é? Mas eu questionaria sua sugestão de que uma linha de pobreza absoluta é o jeito certo de abordar essa questão. Afinal, se Seebohm Rowntree fosse um burocrata americano, os Estados Unidos talvez ainda estivessem usando uma linha da pobreza baseada no preço do *pease pudding*.

Eu estava querendo perguntar — o que é *pease pudding*?

Pois é, nem você sabe, e mesmo depois de ler a descrição na Wikipédia eu preciso confessar que não entendi bem os detalhes. Mas, se existissem linhas de pobreza absoluta já definidas em 1899, e corrigidas pela inflação, a iguaria vitoriana que era o *pease pudding* teria permanecido nas estatísticas atuais de pobreza, como um eco de antigos hábitos culinários. Não é preciso dizer que Seebohm Rowntree não pensou em perguntar sobre o preço da luz elétrica ou do encanamento interno, que eram luxos em sua época e, portanto, claramente irrelevantes para saber quem era pobre. E naturalmente ele não poderia nem ter sonhado em calcular o preço de uma televisão ou de acesso à internet.

Mas as pessoas não precisam de televisão, nem de acesso à internet. São luxos.

Alto lá! Concordo que as pessoas não precisam de televisão ou de acesso à internet do mesmo jeito que precisam de comida, de roupas e de moradia. Mas você realmente quer juntar essas coisas com a alta culinária, bolsas de grife e champanhe? Imagine que seu filho chega da escola num país rico e conta sobre o colega cuja família não tem dinheiro para comprar uma televisão. Você realmente vai dizer: "Que besteira, filho, aquela família não é pobre?"

Então você está dizendo que deveríamos medir a pobreza em termos relativos e não absolutos?

Isso também não é lá muito fácil. Definições rudimentares de pobreza relativa, como aquelas usadas na Europa, são bem esquisitas. Por exemplo, a Eurostat, órgão de estatísticas da União Europeia, define a linha da pobreza como 60% da renda média de cada nação. (A renda média é a renda da pessoa no meio da distribuição de renda, a pessoa mais pobre do que metade da população e mais rica do que a outra metade.)

Isso tem uma consequência bizarra: a pobreza é permanente, a menos que a desigualdade mude. Se todo mundo na Europa acordasse amanhã duas vezes mais rico, as taxas de pobreza europeia permaneceriam iguais. Inversamente, as taxas de pobreza caíram durante a última recessão no Reino Unido. A razão disso, obviamente, é que a própria linha de pobreza estava caindo. Uma família podia ter a mesma renda de sempre, e mesmo assim "fugir da pobreza" porque as rendas médias tinham caído.

Isso não dá certo. A linha de pobreza da Eurostat compara as famílias pobres com as famílias de renda média e ignora o que pode estar acontecendo com os ricos. Acho que o melhor é dar o nome certo às coisas e admitir que a Eurostat na verdade está medindo a desigualdade na metade inferior das faixas de renda.

Você simplesmente não fica satisfeito, não é? Descartou a ideia de uma linha de pobreza absoluta e agora está descartando a ideia de uma linha de pobreza relativa.

Adam Smith pôs o dedo na ferida em 1776. Em *A riqueza das nações*, ele escreveu: "Uma camisa de linho, estritamente falando, não é uma necessidade básica. Os gregos e os romanos viveram, imagino, muito bem, apesar de não conhecerem o linho. Mas, atualmente, na maior parte da Europa, um trabalhador digno teria vergonha de aparecer em público sem sua camisa de linho."

O que Smith queria dizer era não que a pobreza seja relativa, mas que seja uma condição social. As pessoas não ficam pobres só porque o cidadão médio recebe um aumento de salário, não importando o que a Eurostat vá dizer. Mas elas podem ficar pobres se alguma coisa que elas não podem comprar — como uma televisão — passar a ser considerada um bem essencial. Uma pessoa pode não ter o dinheiro necessário para participar da sociedade, e isso, num sentido importante, é a pobreza.

Para mim, as linhas de pobreza que mais fazem sentido são as linhas de pobreza absoluta, corrigidas ao longo do tempo para refletir a mudança social. Muito apropriadamente, uma das tentativas de realizar esse trabalho vem de uma fundação estabelecida pelo pai de Seebohm Rowntree, Joseph. A Fundação Joseph Rowntree usa grupos de foco para estabelecer que coisas as pessoas julgam hoje essenciais para participar da sociedade — a lista inclui férias em apartamentos, em que você mesmo cozinha, um celular despojado, e dinheiro o bastante para comprar um terno barato a cada dois ou três anos. Claro que tudo isso é subjetivo, mas a pobreza é subjetiva. Não tenho certeza de que vamos chegar a algum lugar se acreditarmos que algum especialista, em algum lugar — mesmo um especialista tão cuidadoso como Mollie Orshansky ou Seebohm Rowntree —, vá ser capaz de definir, de maneira permanente e precisa, o que significa ser "pobre".

Mesmo que aceitemos a ideia bem mais simples de uma linha da pobreza absoluta baseada na nutrição, sempre haverá complicações. Uma delas é o custo de vida: menor, digamos, no Alabama do que em Nova York. Em princípio as linhas de pobreza absoluta poderiam e deveriam levar em conta o custo de vida, mas a linha de pobreza americana não leva. Uma segunda questão é como lidar com a perda de renda no curto prazo. Uma gerente de médio escalão que perca seu emprego e fique desempregada por três meses antes de achar outra posição bem remunerada pode temporariamente ficar abaixo da linha da pobreza no que diz respeito à sua renda, mas, com boas perspectivas, um cartão de crédito e dinheiro no banco, ela não vai precisar viver como uma pessoa pobre — e ela provavelmente vai manter boa parte de seus padrões de consumo anteriores à pobreza. Por essa razão, alguns economistas preferem medir a pobreza não por aquilo que uma família ganha numa determinada semana, mês ou ano — mas por quanto dinheiro aquela família gasta.

Entendi — é complicado. Mas se eu puder deixar toda essa complexidade de lado para ter alguma perspectiva — quantas pessoas são pobres?

Segundo a definição oficial do governo dos Estados Unidos, 15% da população americana era pobre em 2011. Essa foi a mais alta porcentagem desde o começo da década de 1990. Em 2006, pouco antes de a recessão começar, estava em 12,3%. Apesar de todos os problemas, é fácil ver um dos apelos de uma linha de pobreza absoluta: se a pobreza subir durante as recessões, provavelmente você está medindo algo apreciável.³

A União Europeia não usa uma linha da pobreza comparável, mas, no ano 2000, pesquisadores da Universidade de York tentaram estimar quais seriam as taxas de pobreza da União Europeia medidas pelos padrões americanos. Eles estimaram taxas de pobreza que chegavam a 48% em Portugal e não passavam de 6% na Dinamarca, com 12% na França, 15% na Alemanha e 18% no Reino Unido. Claramente, a renda nacional é uma grande influência na pobreza absoluta (Portugal é bem mais pobre do que a Dinamarca), mas o mesmo vale para a distribuição de renda (a França e o Reino Unido têm rendas médias similares, mas a França é mais igualitária).⁴

Globalmente, como vimos, o Banco Mundial usa o padrão de "1 dólar por dia" para a pobreza extrema. O número de pessoas que é pobre segundo esse padrão bem baixo vem caindo rapidamente. Um famoso objetivo de desenvolvimento internacional era diminuir pela metade a proporção da população mundial que vivia na pobreza extrema entre 1990 e 2015. Em grande parte graças ao crescimento da China, esse objetivo foi atingido: em 1990, 31% da população do mundo em desenvolvimento vivia com menos de 1 dólar por dia; em 2008, essa proporção caiu para 14%. É um progresso real.

A situação é menos inspiradora nos Estados Unidos. As taxas de pobreza caíram violentamente ao longo da década de 1960, de cerca de 22% no fim dos anos 1950 para 11,1% em 1973 — número que permanece o mais baixo da história do país. Parece bem impressionante que um país possa gozar de décadas de crescimento econômico sem fazer nenhum progresso quanto ao número de pessoas que estão abaixo da linha de pobreza absoluta — especialmente quando a experiência dos anos 1960 mostrou que o progresso rápido era efetivamente possível.

Então qual a solução?

Existem três grandes abordagens. Uma, para nos inspirarmos num personagem de *A fogueira das vaidades*, de Tom Wolfe, é "insular, insular, insular" — tratar os pobres como algo que deve ser posto de quarentena.

Que vergonha.

Que bom que você pensa assim. Tenho certeza de que você agora vai rever as suas políticas de imigração. Muita gente parece ver de um jeito bem diferente a pobreza de seus concidadãos e a pobreza dos estrangeiros.

Assim, para passarmos a soluções reais, a questão entre as duas abordagens restantes é se você quer dirigir recursos para transferências diretas de renda, ou para a melhoria de oportunidades — por exemplo, melhorando as escolas, lutando contra o crime, tentando criar mais empregos decentes. Em outras palavras, será que você deve ajudar as pessoas pobres, ou deve tornar mais fácil que elas ajudem-se a si mesmas?

Uma escola de pensamento diz que transferências de renda são na verdade contraproducentes por incentivar um comportamento irresponsável — como a dependência ou o abuso de drogas. Não está nada claro que seja assim: gerações de políticos ficaram contentes por turvar as águas, usando "pobres", "irresponsáveis" e "encrenqueiros" de modo intercambiável. Recentemente, o governo britânico estimou que havia 120 mil "famílias perturbadas" no país, e o primeiro-ministro David Cameron denunciou essas famílias, que estariam arrasadas pelo "Vício em drogas. Abuso de álcool. Crime". Um exame mais detalhado revelou que o critério para ser uma "família perturbada" não tinha nada a ver com crime, nem com drogas, e tudo com a pobreza, com deficiências físicas e com o desemprego.[5]

Mas, se dar dinheiro aos pobres não é a mesma coisa que dar dinheiro a uma subclasse criminosa, isso pode não resolver os problemas de base. A miséria começa bem cedo na vida, de modo que simplesmente dar dinheiro não vai necessariamente trazer um trampolim para a autossuficiência. O que mais se pode fazer, então? Há um conjunto cada vez maior de evidências de alta qualidade baseadas em testes aleatórios que sugere que dar educação às crianças pobres em seus primeiros anos é algo extremamente sensato a se fazer.

O teste mais famoso desse tipo é o Perry Preschool Project, que ofereceu excelente educação básica a um grupo selecionado aleatoriamente de crianças carentes afro-americanas entre 3 e 4 anos de idade em meados da década de 1960.[6] (O custo, em valores atuais, teria ficado entre 11 e 12 mil dólares por criança.)

Quando comparadas a um grupo de controle, as crianças do teste completaram quase um ano inteiro a mais de escola, tinham 45% mais chances de se formar no ensino médio, e tinham muito menos chances de ter filhos fora do casamento ou de engravidar na adolescência. A possibilidade de, aos 40 anos, o grupo controle não ter passado nenhum tempo na prisão era alta; a taxa, para os alunos do teste, era muito menor (ainda que bem alta), tendo ficado em 28%. E, na meia-idade, as crianças do teste estavam ganhando além de 40% a mais.

Isso é de cair o queixo — tudo por causa de umas aulinhas boas quando você tinha 3, 4 anos?

Sim. Foi só um pequeno piloto, veja bem — e estamos falando de uma qualidade específica de ensino básico para um grupo particular de crianças extremamente carentes, num dado momento da história. Mas existem outros bons estudos sobre a educação pré-escolar, e ela parece realmente fazer muito bem às crianças pobres. Além disso, se você adotar uma visão de longo prazo, isso não custa nada ao governo — na verdade, até dá dinheiro. Quando você calcula os impostos que essas crianças do teste acabaram pagando, e o dinheiro que você poupou ao não ter de mantê-las na prisão, você vê que o programa pagou-se a si mesmo diversas vezes.

Minha sugestão é pegar todos os testes aleatórios que você puder — e encomendar muito mais — e ver o que você consegue descobrir a respeito de como investir para melhorar as oportunidades para crianças de famílias pobres. Apoio pós-parto, reformas escolares, boas práticas de policiamento e justiça criminal são todos candidatos altamente plausíveis para intervenções sociais eficazes. E, para ser sincero, você nunca vai poder fazer um teste aleatório de política monetária ou de gastos com estímulo, então é melhor aproveitar as evidências sérias enquanto elas estão aí.

Outra coisa. Está na moda um plano novo chamado "transferência condicional de renda", iniciado na América Latina. A ideia é dar dinheiro a famílias pobres desde que elas façam alguma coisa que você gostaria que elas fizessem — como, por exemplo, mandar seus filhos à escola ou vacinar-se. Os atrativos do plano são óbvios: você tem as intervenções sociais bacanas, como a pré-escola, e também pode dar dinheiro para famílias pobres enquanto garante que elas se comportam. As desvantagens também são bem óbvias: as crianças nas famílias extremamente disfuncionais podem precisar de mais ajuda do que todas, e, no entanto, serão excluídas. Será que isso não vale alguns programas pilotos devidamente avaliados?

Já anotei. Mas começamos essa conversa falando da desigualdade, e eu ainda gostaria de entender o que é que está acontecendo nessa área. A desigualdade está aumentando, não está?

Isso depende de como você vai medi-la. Os países mais ricos do mundo continuam ficando mais ricos, ao passo que os países mais pobres do mundo estão ficando mais pobres. Mas essa referência simplista para a desigualdade tem falhas graves. Para começar, ela passa por cima daquilo que está acontecendo em países que não são nem os mais ricos, nem os mais pobres. A China vem ficando menos pobre a uma taxa impressionante, por exemplo. Uma medida de desigualdade que dê ao paupérrimo Burundi (população: 8 milhões) o mesmo peso que dá à China, outrora pobre e hoje em expansão (população: 1,3 bilhão), vai mostrar que a desigualdade cresceu dramaticamente entre 1950 e 2000, mas diminuiu muito desde então. Mas uma medida mais sensata da desigualdade, que considera os países de acordo com suas populações, mostra um progresso inequívoco: a desigualdade caiu gradualmente entre 1950 e 1990, e depois caiu de maneira extremamente rápida após 1990.

Que grande notícia — e um tanto surpreendente. Tem alguma pegadinha aí?

Tem uma pegadinha, relacionada a outro problema em comparar a desigualdade entre as nações, que é ignorar o que está acontecendo com a desigualdade dentro dos países. As estimativas que apresentei até agora — calculadas por Branko Milanović, do Banco Mundial — comparam rendas médias para cada país.[7] Mas imagine que os Estados Unidos virassem uma utopia socialista, redistribuindo o dinheiro de Bill Gates e de Warren Buffett e de todos os multimilionários de fundos de investimentos até que todo mundo no país tivesse a mesma renda. Isso não faria a menor diferença para uma simples medida de desigualdade global que meramente comparasse médias nacionais, porque os Estados Unidos continuariam tão ricos quanto antes.

Quando Milanović tenta fazer a correção para a desigualdade dentro dos países, ele observa que a desigualdade global estava aumentando até mais ou menos o final do século XX. A desigualdade agora parece estar caindo — provavelmente pela primeira vez desde a revolução industrial —, mas a queda é bem modesta. Como sabemos que a desigualdade simples entre os países está caindo rapidamente, a lógica nos diz que a desigualdade *dentro* de muitos países deve estar aumentando, também muito rapidamente. De fato é isso que está acontecendo; se medirmos as duas ao mesmo tempo, elas quase se anulam.

Humm. Então deveríamos nos preocupar com a desigualdade entre os países ou dentro dos países?

Interessante a sua pergunta. Você pode dizer que a desigualdade entre os países é mais preocupante porque não é possível que ela seja meritocrática. Nascer numa família média no Zimbábue ou na Eritreia, digamos, praticamente condena você à pobreza, a menos que você possa emigrar, mesmo que você seja um gênio. Se você nasce pobre nos Estados Unidos ou no Reino Unido, e tem inteligência e os traços certos, você tem uma oportunidade de superar essa desvantagem. Assim, você pode dizer que a desigualdade entre as nações é mais perniciosa. Por outro lado, você poderia dizer que a desigualdade dentro de uma nação é mais corrosiva e mais fácil de ser consertada.

Vamos então nos concentrar nessa questão da desigualdade dentro dos países — é aí que a tendência está indo para o lado errado, ao que parece. O que está acontecendo?

Depende de onde formos olhar, e de como formos medir. Uma abordagem interessante é olhar os três grandes países em desenvolvimento, Brasil, China e Índia. Muitas vezes vistos em conjunto, os países são imensamente diferentes sob diversos aspectos — inclusive no que está acontecendo em relação à desigualdade.

Comecemos com o Brasil. Ele é uma sociedade notoriamente desigual. O *World Factbook* da CIA observou que o Coeficiente de Gini para o país — uma medida comum de desigualdade — era de 61% em 1998.[8] Considerando que um Gini de 100% seria uma única pessoa ganhar todo o dinheiro do país, superar os 60% é bem drástico. Em comparação, o Gini da França era 33%, o da Finlândia, 27%, e aqui no Reino Unido era de 34%, enquanto nos Estados Unidos, de 45%.

Mas aqui está a questão: o Gini do Brasil hoje caiu para 52%. Ainda é alto, mas a queda é grande, um quarto do caminho para virar uma Finlândia ultraigualitária em apenas quinze anos. Isso mostra que, nas circunstâncias corretas, a desigualdade pode ser enfrentada: Luiz Inácio Lula da Silva, presidente do Brasil de 2003 a 2010, era visto como um agitador revolucionário quando foi eleito, mas tornou-se um pragmático que ficava contente em cortejar os investimentos internacionais, mas que fazia questão de redistribuir alguns dos lucros da expansão das *commodities* no Brasil.

A Índia é um caso diferente, com um índice de Gini perto dos 40% tanto no fim dos anos 1990 quanto mais recentemente. Apesar de alguns empreendedores de muito sucesso — e da notória casa de 1 bilhão de dólares do empreendedor Mukesh Ambani em Bombaim, que chega a ter o equivalente a quarenta andares — simplesmente ainda não existe na Índia dinheiro o suficiente para que ela seja muito desigual.

A China — ainda, aparentemente, um país comunista — é um estudo em contrastes de renda. O *Factbook* diz que o coeficiente de Gini ali é de 48%. Isso já é mais alto do que o nível nos Estados Unidos, e, considerando que a China ainda é bem mais pobre que os Estados Unidos, essa desigualdade de renda significa dificuldades tremendas para as famílias mais pobres. Um estudo mais recente encontrou um coeficiente de Gini de 61%, o que, se for verdade, é bem grave.[9] Não admira que os líderes chineses estejam preocupados com agitações sociais, mesmo que o país ainda esteja crescendo de maneira realmente bem rápida.

Mas é um país socialista. Por que diabos deixaram a desigualdade chegar a um nível desses?

Por duas razões. Uma é a atitude resumida pelo primeiro grande reformista da China, Deng Xiaoping, que assumiu o poder em 1978, após o fim da era maoísta. Uma de suas máximas mais citadas era *"Rang yi bu fen ren xian fu qi lai"*, ou "Vamos deixar algumas pessoas enriquecerem primeiro". Isso faz algum sentido. O modelo de crescimento da China tem sido muito experimental, relaxando restrições diferentes para indústrias diferentes em partes diferentes do país — e em particular criando zonas industriais na costa favoráveis à globalização. É quase inevitável que esses experimentos, caso tenham sucesso, produzam vencedores e perdedores. Nem todos os lugares podem desenvolver-se na mesma velocidade, e no processo de destruição criativa muitas pessoas vão ficar para trás ou de fora. Para sermos justos, as taxas de crescimento no interior também têm sido altas — só não tão altas, e não pelo mesmo tempo, que no litoral.

A segunda razão é um pouco mais sinistra. Quase uma em cada dez das mil pessoas mais ricas da China faz parte do Congresso Popular da China — um corpo de quase 3 mil legisladores. O valor líquido médio deles é quatro vezes maior do que o valor líquido dos políticos mais ricos do congresso americano, apesar de os Estados Unidos serem uma nação bem mais rica. Muitas pessoas ficam preocupadas, achando que os Estados Unidos estão submetidos à influência demais de plutocratas; se isso é verdade, então a situação na China parece bastante pior.[10]

Mas isso levanta a questão da desigualdade nos países ricos. Qual a situação aqui?

Depois de décadas de queda, ou ao menos de uma desigualdade baixa e estável dentro dos países ricos, a desigualdade nas nações anglófonas vem crescendo nos últimos 25 anos. O sintoma mais perigoso disso é um aumento dramático na renda de que gozam os mais ricos dos ricos — os que compõem o primeiro 1%, por exemplo, ou mesmo os que perfazem o primeiro 0,1%. Você talvez ache que se concentrar nesses poucos multimilionários é fetichismo — uma distração. Mas parece haver algo importante.

Nos Estados Unidos, por exemplo, a renda média cresceu 13,1% entre 1993 e 2011. Não é muito crescimento, para dizer a verdade, ao longo de quase duas décadas. Mas o assustador é que, se você olhar a renda média dos 99% mais pobres — ou seja, todo mundo que vai dos descamisados a famílias que ganham menos de cerca de US$ 370 mil —, o aumento das rendas médias fica em só 5,8% ao longo de dezoito anos, cifra extremamente baixa. A diferença entre 13,1% (o crescimento na renda média) e 5,8% (o crescimento na renda média tirando os ricos) é enorme.[11] Os salários dos mais bem remunerados são hoje tão altos que a questão não é mais simbólica: eles estão tendo um impacto real no formato da economia.

Algo similar está acontecendo em relação ao crescimento da renda do primeiro 0,1%, e esse fenômeno não é puramente americano — ainda que, usando fatias de renda máxima como medida, a desigualdade seja maior nos Estados Unidos, e tenha crescido mais rapidamente, do que em outras economias de porte. Todavia, existe algo curiosamente anglófono nesse fenômeno: o crescimento da participação do primeiro 1% na renda nacional também aumentou bastante na Nova Zelândia e na Austrália. Mas considere França, Alemanha, Holanda, Suíça ou Japão e você vai ter bastante dificuldade para discernir qualquer aumento. Isso sugere que o crescimento na desigualdade no topo da distribuição de renda reflete alguma espécie de força cultural ou política, ou ao menos de que a economia pura e impessoal não é o único fenômeno.[12]

Você sabe, então, por que a desigualdade está aumentando nas nações anglófonas?

Há alguns anos o jornalista Timothy Noah fez um exame exaustivo de todas as ideias correntes, incluindo "raça, gênero ou o colapso da família nuclear... imigração, expansão tecnológica, políticas do governo federal, decadência dos sindicatos trabalhistas, comércio internacional, se a culpa é dos super-ricos, e que papel foi desempenhado pela decadência da educação primária e secundária".[13] Esse exame dá uma ideia de exatamente quantas explicações possíveis diferentes estão em jogo. E claro, se observarmos que — digamos

— o ambiente político nos países anglófonos é menos propício a sindicatos do que já foi um dia, e que as empresas ficaram mais dispostas a pagar muito a executivos e a mestres do universo de Wall Street, então isso simplesmente leva a um nível acima a necessidade de explicação — por que esses desenvolvimentos afetam mais os países anglófonos?

Se me perguntarem a minha opinião, acho que a tendência mais significativa de todas é provavelmente uma aliança maldita entre escolas indiferentes e mudança tecnológica. Os economistas tendem a dar muito peso a algo chamado mudança tecnológica e organização do trabalho. Resumindo, é a ideia de que há sessenta anos você precisava ser capaz de usar uma pá; há trinta anos você precisava ser capaz de controlar a pá mecânica; agora você precisa ser capaz de controlar a pá-robô quando ela quebra. Por causa da mudança tecnológica, um trabalhador qualificado pode fazer mais do que jamais fez, ao passo que um trabalhador sem qualificação está tornando-se algo como um peso morto. É por isso que as escolas são importantes. Mas, se você olhar os rankings "Pisa" da OCDE de desempenho escolar, vai ver que os Estados Unidos e o Reino Unido não estão entre os quinze primeiros lugares em ciências e interpretação de textos — mas nem nos primeiros 25 em matemática.

Num contraste impressionante, as universidades americanas e britânicas constantemente dominam os rankings das melhores instituições de ensino do mundo. É fácil ver como a desigualdade pode surgir dessa dicotomia: as duas economias ricas mais desiguais do mundo oferecem uma educação escolar medíocre para as massas, e uma educação universitária excepcional a uma elite.

Se isso é verdade, então posso presumir que a desigualdade vai crescer à medida que a velocidade da mudança tecnológica aumenta.

É possível, ainda que, em teoria, mudanças tecnológicas futuras possam favorecer trabalhadores menos qualificados de novo. Isso tudo está relacionado ao enigma que discutiremos no último capítulo, quando nos perguntamos se uma economia de crescimento zero com mudança tecnológica inevitavelmente levaria ao desemprego em massa.

Eu diria que não devemos superestimar as ameaças da tecnologia. Ela pode ter destruído muitos empregos (por exemplo, por meio da mecanização da agricultura), mas também criou novos (por exemplo, na área de web design). É razoável esperar que essa tendência continue. Mas é ao menos concebível que, no futuro, muitas pessoas não terão quase nenhum valor econômico: não haverá nada que elas possam fazer que um robô não possa fazer com maior rapidez, segurança e confiabilidade, e a menor custo. Alguns humanos — talvez a maioria — não conseguirão competir e receber qualquer tipo de salário básico. Todos os proventos econômicos iriam para os donos do capital.

Parece improvável que esse seja um mundo em que a maioria de nós vá querer viver, e certamente haveria um ponto em que teríamos de abandonar muitas das instituições econômicas que nos trouxeram até aqui; talvez tenhamos de organizar a sociedade de modo que cada um, ao nascer, receba sua própria carteira inalienável de ações dos robôs operários.

Contudo parece bem distante um futuro em que todo mundo fica relaxando enquanto é mimado por robôs servos. Vamos encerrar pensando no que o futuro mais próximo talvez reserve para a microeconomia.

15
O futuro da macroeconomia

*Em última instância, a macroeconomia é uma ciência empírica.
[Ela não pode permanecer] imune aos fatos.*

Professor Hyun Song Shin[1]

A crise recente deve ter levado alguns economistas a uma certa autocrítica, não? Nenhum deles viu a crise se aproximando.

É verdade, ainda que fazer previsões não seja a principal função do economista. Infelizmente, os economistas conseguiram estereotipar a si mesmos como autores de péssimas previsões porque as empresas de investimento perceberam que podem ganhar alguma publicidade enviando alguém chamado "economista-chefe" para os estúdios do canal Bloomberg, onde o dito economista-chefe dará sua opinião sobre a subida ou descida de tais ou quais ações. A maior parte dos economistas acadêmicos nem sequer tenta fazer previsões, por saber que previsões de sistemas complexos são extremamente difíceis — em vez de ter uma confiança excessiva em suas previsões, eles estão é mais dispostos a pôr de lado as previsões, considerando-as uma atividade para tolos e vigaristas.

É famosa a frase de Keynes: "Seria formidável se os economistas conseguissem ser vistos como pessoas humildes e competentes, no mesmo nível dos dentistas!" A piada é boa, mas não é só piada: você não espera que a sua dentista seja capaz de prever o padrão da decadência dentária, mas espera que ela consiga dar bons conselhos práticos sobre a saúde dentária e que intervenha para resolver problemas quando eles ocorrerem. É isso que devíamos exigir dos economistas: bons conselhos sobre como manter a economia funcionando bem, e soluções quando a economia vai mal.

A crise bancária já tem uns bons anos, e não temos exatamente a impressão de que as soluções foram sensacionais.

Você tem razão. Quando olhamos os trabalhos mais inovadores feitos por economistas hoje, eles vêm quase todo de microeconomistas, não de macroeconomistas. Pense no trabalho de desenho de mercado de Al Roth, em que ele usa algoritmos computadorizados para alocar crianças em vagas escolares, jovens médicos em seus primeiros empregos em hospitais e doadores de rins para pacientes compatíveis. Economistas como Paul Milgrom, Hal Varian e Paul Klemperer estão obtendo sucessos notáveis no projeto de leilões, do Google Ads a lucrativos leilões de frequência e a esforços para apoiar o sistema bancário sem dar imensas somas aos bancos. John List, Esther Duflo e outros estão projetando experimentos econômicos para revelar verdades ocultas sobre o comportamento humano. Esses economistas são muito mais parecidos com dentistas — ou com médicos, ou com engenheiros. Eles resolvem problemas.

E os macroeconomistas não?

Não deveríamos ser duros demais com eles. Como espero que você já tenha captado, a macroeconomia é difícil. Existem 10 bilhões de variedades de produtos, 7 bilhões de pessoas, e um sem-número de transações inobserváveis. A economia é moldada pela psicologia, pela história, pela cultura, por novas tecnologias imprevisíveis, por acontecimentos geológicos e climáticos, por corretores informatizados rápidos demais para a percepção humana, e por muito mais. Trata-se de um problema desconcertante e imponderável. Não admira que tenhamos dificuldades.

Mas a segunda razão pela qual não temos dentistas macroeconômicos é que, talvez em resposta à complexidade do problema, a disciplina isolou-se intelectualmente. Todas as disciplinas acadêmicas têm uma tendência a pensar de maneira compartimentada, mas na macroeconomia o problema parece particularmente grave.

Lembre-se da famosa frase de Keynes (de novo) de que "o economista-mestre deve possuir uma rara combinação de dons... Deve ser matemático, historiador, estadista e filósofo — numa certa medida. Ele precisa entender símbolos e falar em palavras. Precisa contemplar o particular desde a perspectiva do geral, e tocar o abstrato e o concreto no mesmo pensamento. Precisa estudar o presente à luz do passado tendo em vista o futuro. Parte nenhuma da natureza do homem ou de suas instituições pode ficar inteiramente fora de seu olhar".

Ao longo dos últimos quarenta anos, a macroeconomia acadêmica virou as costas para essa sua descrição.

Em vez de estender-se para pegar qualquer ferramenta metodológica que possa esclarecer a economia, a macroeconomia moderna estreitou seu foco. Existe uma gama limitada de pressupostos e de técnicas de modelagem considerados publicáveis nas principais revistas acadêmicas. Os modelos macroeconômicos ficaram elegantes e sofisticados logicamente, mas sofrem de uma séria desconexão da realidade. A ideia tem sido que primeiro deve vir a coerência lógica, e tomara que um dia os modelos comecem a parecer realistas. Isso não é totalmente ridículo — a crítica de Robert Lucas à curva de Phillips e a punitiva estagflação da década de 1970 mostraram aos economistas que não bastava simplesmente tirar conclusões a partir dos dados, porque os dados podiam mudar dramaticamente. Mas, quatro décadas depois da revolução das "expectativas racionais", existem boas razões para pensar que a macroeconomia está deixando de incorporar algumas perspectivas importantes.

Por exemplo?

Três exemplos me vêm à cabeça: o sistema bancário, a economia comportamental e a teoria da complexidade.

O sistema bancário foi deixado de fora da maioria dos modelos macroeconômicos por muitas décadas — e isso vale tanto para o lado keynesiano quanto para o lado clássico da macroeconomia moderna. Como tantos dos passos em falso da academia, esse inicialmente não foi um passo desproposital. Os bancos são extremamente complicados, mas seu produto final parece bem simples: eles fazem uma ponte entre as pessoas que querem poupar dinheiro e as pessoas que querem tomá-lo emprestado. Por que não, então, simplesmente erguer a sua varinha mágica e presumir que esse trabalho é realizado, e bem, e continuar a tentar entender questões mais interessantes?

A Grande Depressão veio de uma crise bancária, o que deveria ter sido considerado uma advertência para que o sistema bancário não fosse removido dos modelos macroeconômicos. Essa advertência foi ignorada por duas razões: primeira, os governos introduziram a garantia de depósitos, que tornou corridas bancárias muito mais improváveis e pareceu ter resolvido a mais óbvia fragilidade dos bancos; segunda, a Grande Depressão tornou-se uma lembrança cada vez mais distante. Para os macroeconomistas, preocupar-se com o sistema bancário começou a ser comparável a um estrategista militar preocupar-se com ataques da cavalaria — algo interessante, mas não mais do que uma curiosidade histórica.

Bem, esse ataque em particular da cavalaria aconteceu de qualquer jeito e acabou sendo um massacre. Os macroeconomistas estavam errados — e veja o prejuízo que isso deu.

Tenhamos cuidado. Por mais que eu fosse adorar culpar os macroeconomistas por tudo — eu mesmo sou um microeconomista —, não era responsabilidade deles manter a segurança do sistema bancário. Era o trabalho de vários políticos, banqueiros, advogados, contadores e microeconomistas — e, como digo em meu livro anterior, *Adapte-se,* provavelmente deveríamos ter dado muito mais ouvidos a engenheiros de segurança e a especialistas em comportamento organizacional.

A falha na macroeconomia foi que, quando veio a crise bancária, o *mainstream* macroeconômico não dispunha de bons modelos de quais poderiam ser as consequências econômicas, ainda que um empirismo casual sugerisse que não seriam nada boas. O resultado foi que era difícil falar com grande autoridade sobre como os bancos centrais deveriam amortecer o choque, e se os governos deveriam buscar o estímulo ou a austeridade. Teria sido melhor ver a crise bancária como um choque de demanda, levando a uma recessão keynesiana? Ou como um choque de oferta, que produziu uma recessão clássica? Ou todo esse aparato intelectual era inútil?

Pior ainda, muitos microeconomistas dizem que os sumos sacerdotes da macroeconomia demoraram a responder até mesmo depois do fato consumado — relutando em permitir que o setor bancário entrasse em seus modelos e, em alguns casos, relutando até em reconhecer que a crise demanda alguma resposta intelectual. A verdade é que, mesmo que os macroeconomistas tivessem começado a agir assim que a crise chegou, o projeto intelectual de compreender a interação entre o sistema bancário e a economia como um todo é bem difícil.[2]

O seu segundo exemplo, a economia comportamental, não é tão complicado, é? Ela já existe há um bom tempo.

Pois é, a economia comportamental, uma espécie de fusão da economia com a psicologia, fez grandes avanços no pensamento econômico nos últimos quinze anos. Daniel Kahneman, um psicólogo que ajudou a criar a área, recebeu o prêmio Nobel de economia; George Akerlof, outro laureado, é um defensor da economia comportamental, assim como Robert Shiller, especialista em finanças famoso por ter demonstrado que tanto a bolha da internet quanto a bolha imobiliária foram... bolhas. Matthew Rabin, um economista comportamental mais jovem, recebeu a medalha John Bates Clark para economistas com menos de 40 anos — ela muitas vezes prenunciou o Nobel. Outro luminar, Richard Thaler, mais famoso por ter sido o coautor de *Nudge*, há muito tempo dispõe de um influente púlpito na forma de um destaque regular em uma das principais revistas acadêmicas, *Journal of Economic Perspectives*. Os microeconomistas inicialmente estavam céticos, e muitos permanecem assim. Porém, céticos ou não, eles prestaram atenção e ou adotaram a economia comportamental ou criticaram-na.

Mas e os macroeconomistas? Eles parecem ter ignorado quase por completo a economia comportamental. Robert Shiller me contou que, se os microeconomistas iam para discutir quando ele dava seminários sobre finanças comportamentais, os macroeconomistas nem sequer apareciam.

Talvez a macroeconomia não tenha nada a ganhar com a economia comportamental.

Isso parece improvável. A economia comportamental é um campo novo e tem lá seus problemas — circunstâncias artificiais de laboratório, amostras pequenas e a dificuldade de transformar uma cartola de surpresas comportamentais numa teoria funcional do comportamento humano. Mas é absurda a ideia de que intuições do comportamento humano real não têm relevância para a economia como um todo.

Já vimos três questões comportamentais absolutamente essenciais entrarem à força na macroeconomia, porque era impossível deixá-las de fora. Primeira, salários e preços rígidos: uma das razões mais óbvias por que salários e preços podem ficar rígidos é que as pessoas adquirem um certo senso do preço "justo", e resistem fortemente à mudança; elas podem também confundir mudanças de preço reais e nominais. Compreender como e por que isso acontece pode ser fundamental para o entendimento das recessões — certamente é um ponto-chave para a abordagem keynesiana que têm.

Segunda, os salários de eficiência: como vimos no caso dos 5 dólares por dia de Ford, pode haver um incentivo para que os empregadores paguem muito mais do que o salário de mercado, o que significa que haverá pessoas que querem trabalho e não conseguem. É possível produzir modelos de salários de eficiência que não dependam de explicações psicológicas, mas a psicologia oferece algumas explicações intuitivas de por que os salários de eficiência podem ser bons para os lucros. Se os preços rígidos são essenciais para o entendimento das recessões, então os salários de eficiência são essenciais para a compreensão do desemprego. Difícil dizer que são questões irrelevantes.

Terceira, a questão de como as pessoas formam expectativas é vital. Já vimos como Robert Lucas virou do avesso a economia, e ele afirmava que fazia muitíssimo sentido presumir que as pessoas formavam expectativas racionais. Isso levava à visão de um teórico dos jogos da macroeconomia, e era certamente mais lógica do que a modelagem descuidada ou *ad hoc* das expectativas que a precedera. A compreensão das expectativas é fundamental para o entendimento do impacto de novas políticas monetárias e fiscais, mas o projeto é difícil — liderado por Thomas Sargent, prêmio Nobel em economia, que começou analisando modelos baseados em expectativas racionais mas ampliou seus horizontes para incorporar tomadores de decisão cujo conhecimento é muito mais limitado.

Em cada caso — preços rígidos, salários de eficiência, expectativas — a perspectiva psicológica que emerge da economia comportamental mostrou-se altamente relevante para um problema central da macroeconomia: as recessões, o desemprego e o impacto das mudanças de políticas. Em cada caso, os macroeconomistas fizeram o possível para dar à perspectiva psicológica o menor papel que podiam. Mesmo que no fim os economistas comportamentais estejam errados a respeito de tudo que interessa, certamente o assunto não pode ser ignorado. Ele merece no mínimo uma refutação — e provavelmente muito mais do que isso.

A psicologia certamente tem seu papel na determinação de preços de ações, de imóveis e de investimentos empresariais, não?

É possível. John Maynard Keynes — de novo! — achava que não poderíamos modelar os gastos do consumidor ou o investimento empresarial a partir do cálculo racional de recompensas futuras. O futuro era simplesmente imponderável demais. Em vez disso, o investimento seria determinado por aquilo que ele chamou de *animal spirits* [espíritos animais], um pressentimento mais emocional e intuitivo da oportunidade de assumir riscos ou não. Recentemente, George Akerlof e Robert Shiller escreveram um livro exatamente com esse título, *Animal Spirits*, com o objetivo de colocar a psicologia de volta na análise econômica. Não tem sido fácil convencer os macroeconomistas a dar muita atenção — e, para sermos justos com eles, considerar pequenos experimentos de laboratório em que haja pouca coisa em jogo e aplicar essas lições a grandes investimentos financeiros não é tarefa fácil.

E a teoria da complexidade?

Se a economia comportamental busca introduzir mais realismo psicológico na macroeconomia, a teoria da complexidade tende a empurrar as coisas para o lado oposto. (Digo "tende" porque a teoria da complexidade tem sentidos distintos para pessoas distintas.)[3] Muitos modelos de complexidade tendem a expandir enormemente o número de atores no processo — de um ou dois atores "representativos" a milhares ou mesmo milhões de unidades em interação. Se modelos econômicos tradicionais contêm equações que são resolvidas só com a matemática, modelos de complexidade são como simulações de formigueiros num computador: nunca a simulação vai dar o mesmo resultado. O ponto fraco dessa abordagem é que os atores individuais do modelo tendem a ser extremamente simples; leia-se: "burros". Entender o mercado de ações ou o mercado imobiliário passa a ser mais parecido com entender como a areia se amontoa ou como o gelo congela. Mas a esperança é que ganhemos na compreensão da dinâmica do sistema aquilo que perdemos em realismo psicológico.

Então não faltariam aventuras intelectuais na macroeconomia para um Bill Phillips dos dias de hoje.

Não mesmo. Talvez você esperasse que Bill tivesse sido arrastado para aqueles debates da década de 1970 sobre o colapso da curva de Phillips e a crítica de Lucas. Como discutimos no capítulo 11, a decepção com a curva de Phillips empurrou a macroeconomia para uma trajetória altamente matemática, e a crítica de Lucas deixou os economistas nervosos em relação a depender muito fortemente de correlações empíricas.

Mas Bill Phillips tinha mudado sua atenção totalmente de lugar: para a China. No campo de prisioneiros de guerra, Phillips estudou chinês, e aprendeu o bastante para dar aulas no campo e ler romances clássicos chineses. Contudo, em meados da década de 1960, a China era um dos lugares mais pobres do planeta. Ainda assim, Bill achava que aquele não era um local que pudesse ser ignorado, e estava determinado a estudar a China e sua economia. Em 1967, ele se mudou para a Universidade Nacional Australiana, em Canberra, com a condição de poder passar metade do tempo estudando a China. Ele infelizmente não teve muito tempo: sofreu um AVC que o deixou debilitado em 1969, e outro fatal em 1975; morreu com 60 anos.

Um triste fim.

Prematuro, sem dúvida. Mas os últimos passos da carreira de Phillips foram reveladores. Numa época em que a macroeconomia estava ficando cada vez mais abstrata, descrevendo a evolução de uma economia idealizada em momento nenhum e em nenhum lugar, Bill ainda estava fascinado pelo desafio de uma economia vasta e subdesenvolvida com uma cultura rica. Ele conseguia resolver equações diferenciais, mas nunca perdeu de vista o fato de que a economia trata de pessoas.

E Phillips também esteve, até o fim, fascinado pelas complexidades sem fim da dinâmica de sistema — com o modo como uma economia poderia oscilar, e como poderia ser estabilizada. Curiosamente, a tarefa com que a macroeconomia se depara a fim de incorporar as lições da crise tem um paralelo recente na engenharia, na forma da famosa Millenium Bridge, de Londres.

Quando ela abriu, foi o primeiro novo cruzamento do Tâmisa a ser construído em mais de um século, oferecendo uma bela passagem de pedestres entre a galeria Tate Modern e a catedral de São Paulo. Mas logo surgiu um problema: a ponte, repleta de pessoas loucas para experimentá-la, começou a cambalear preocupantemente. Imagine colocar uma mola maluca no chão e delicadamente mover uma ponta de um lado para o outro para fazer com que ela ondule horizontalmente por seu comprimento, e você terá uma ideia de como a ponte estava se mexendo. Era desconcertante. A ponte foi fechada em dois dias, até que o problema pudesse ser diagnosticado e resolvido.

Acabou que a ponte e os pedestres estavam sincronizando de maneira inesperada. Quando a ponte cambaleava lentamente, os pedestres ajustavam seu passo. As pessoas na ponte começaram a andar como se estivessem patinando no gelo, empurrando os pés de cada lado enquanto tentavam manter o equilíbrio. E, claro, faziam isso em sincronia umas com as outras, respondendo ao movimento da ponte. O movimento sincronizado de patinação bastava para aumentar o balançar da ponte. A ponte poderia ficar bem por um tempo, mas, assim que começasse a ocorrer o menor movimento, a multidão responderia ao balanço e o balanço responderia à multidão.

A ponte cambaleante interessa por duas razões. Primeira, ela mostra como é difícil resolver problemas do mundo real usando a pura teoria. Muitas pessoas acham que a engenharia se baseia nas solidíssimas leis da física, ao passo que a economia é um castelo de areia. A verdade é que, ainda que os engenheiros disponham das leis da física, eles frequentemente são pegos de calças curtas quando a realidade se intromete. Às vezes os resultados são trágicos: quando o inovador dique de Malpasset no sul da França rompeu por causa de modelos geológicos inadequados, quase quatrocentas pessoas morreram. Outras vezes, são deliciosos: a premiada Arena

Kemper, em Kansas City, desabou, sem deixar mortos, apenas 24 horas depois de receber a Convenção do Instituto Americano de Arquitetos.[4]

O problema não é o fato de que os engenheiros não entendem as leis da física — é que, realmente, modelá-las num mundo cheio de tempestades de neve, camadas de argila geológica e pedestres autossincronizantes é bem difícil. E, se às vezes os engenheiros estruturais podem ser pegos desse jeito, não devíamos culpar totalmente os macroeconomistas se a economia permanece um assunto indócil.

A segunda razão pela qual a ponte cambaleante interessa é que um dos homens que entendeu o que tinha dado errado na ponte foi um professor de engenharia de Cambridge chamado Allan McRobie — o mesmo Allan McRobie que reconstruiu minuciosamente a versão de Cambridge do MONIAC de Bill Phillips, transformando-a de uma curiosidade de museu num computador hidráulico outra vez plenamente funcional.[5] McRobie é como Phillips: um engenheiro com interesses ecléticos. Bill Phillips, lembre-se, começou como alguém que mexia nas coisas, como um mecânico. Mesmo deixando de lado as caças a crocodilos e o heroísmo de guerra, ele se tornou engenheiro hidráulico, construtor de rádios disfarçados, sociólogo, economista e pioneiro da computação. Ele tinha interesse nos detalhes de como as coisas funcionavam, e estava sempre procurando inspiração em novos campos de estudo. E, em vez de querer fechar-se numa torre de marfim, Bill Phillips queria resolver problemas práticos.

E talvez esse não seja um mau exemplo para nós.

Fontes

Se você chegou até aqui, existem algumas excelentes fontes sobre economia disponíveis para instigá-lo.

Se gosta de *podcasts*, experimente o sublime *Planet Money*, do NPR (http://www.npr.org/blogs/money/), que conta histórias sobre questões econômicas e empresariais do mundo inteiro.

Yoram Bauman e Grady Klein escreveram o *Cartoon Guide to Macroeconomics*, muito mais divertido do que livros-textos. *The Instant Economist*, de Timothy Taylor, também contém capítulos que oferecem um bom ponto de partida para o estudioso da macroeconomia.

E os debates que sempre mudam sobre economia e política econômica têm boa cobertura em diversos blogs sobre o assunto, a maioria dos quais é inteiramente gratuita. Comece me seguindo no Twitter — @timharford — e logo você descobrirá links para aquilo que acho que vale a pena ler.

Agradecimentos

Obrigado a meus colegas do *Financial Times* e da BBC — trabalhar com eles é um grande prazer, e uma fonte constante de ideias. Eu deveria agradecer particularmente a Alec Russell, cujo convite para que eu escrevesse uma nova coluna em 2011 me ajudou a desenvolver o estilo de conversa que usei neste livro.

Obrigado a todos na Little, Brown, especialmente a Iain Hunt e a Tim Whiting, pelo confiante apoio que deram a este livro — e a meus maravilhosos editores e divulgadores no mundo inteiro, que criaram um alcance enorme para meus livros, da Espanha à Coreia, da Estônia ao Brasil.

Sally Holloway, Zoe Pagnamenta e muitas outras pessoas foram agentes soberbos.

Toda vez que agradeço às pessoas que me ajudaram, acabo dizendo que Andrew Wright é um gênio. É verdade.

Em Oxford, Paul Klemperer, Anthony Courakis, John Vickers, Simon Wren-Lewis, Michael Horvath e David Hendry ofereceram conselhos, incentivos ou comentários. Tony, claro, também me ofereceu três anos de ensino paciente e memorável em macroeconomia quando eu estava na graduação. Sou grato a todos eles, e espero que o resultado não os desaponte muito profundamente.

Tenho uma dívida com o Reserve Bank da Nova Zelândia e com Carol Somervell, irmã de Bill Phillips, por compartilhar fotos e material de arquivo sobre Bill; e também a Allan Sleeman, por ter compartilhado uma monografia inédita sobre a vida de Bill Phillips.

Acima de tudo, meu amor e meus agradecimentos à sempre maravilhosa Fran Monks. A nós!

Um último agradecimento — a meus leitores. Obrigado: tenho sorte por ter vocês.

Washington, D.C., março de 2013

Notas

Introdução

1. Duas excelentes fontes sobre Bill Phillips são A. G. Sleeman, "The Phillips Curve: A Rushed Job?", *Journal of Economic Perspectives* 25:1 (inverno de 2011), e "Bill Phillips' War and his Notorious Pass Degree", *Economic Record* 86:274 (setembro de 2010). Alan Bollard ministrou uma palestra contando sua biografia em 16 de julho de 2008 com alguns detalhes bem interessantes; ela está disponível no canal do YouTube do Reserve Bank [o banco central] da Nova Zelândia. Allan McRobie mostra como funciona a Máquina Phillips na palestra "The Phillips Machine Demonstrated by Allan McRobie", em http://www.sms.cam.ac.uk/media/1094078. Um breve documentário da Rádio 4 da BBC sobre a máquina, "Electronic Brains: Water on the Brain", também está disponível: http://www.bbc.co.uk/radio4/science/electronicbrains.shtml.
2. Peter Temin, "Great Depression". Disponível em Steven N. Durlauf e Lawrence E. Blume (eds.), *The New Palgrave Dictionary of Economics*, Vol. 3 (2ª ed.), Basingstoke: Palgrave Macmillan, 2008.
3. Trabalho inédito do UK Cabinet Office Behavioural Insight Team, a partir de entrevista do autor com Owain Service, da BIT, 13 de fevereiro de 2013.

O ECONOMISTA CLANDESTINO ATACA NOVAMENTE!

1. A economia: manual do usuário

1. David Blanchflower, David Bell, Alberto Montagnoli e Mirko Moro, "The Effect of Macroeconomic Shocks on Well-Being". Trabalho apresentado em conferência em março de 2013. Disponível em: http://www.bos.frb.org/employment2013/papers/Blanchflower_Session5%20.pdf.

2. A recessão do *baby-sitting*

1. Ver Joan Sweeney e Richard James Sweeney, "Monetary Theory and the Great Capitol Hill Baby Sitting Co-op Crisis", *Journal of Money, Credit, and Banking*, fevereiro de 1977, Vol. 9, edição 1, pp. 86–89; Paul Krugman, "Baby-sitting the economy", Slate, 14 de agosto de 1998: http://www.slate.com/articles/business/the_dismal_science/1998/08/babysitting_the_economy.single.html.
2. Esse exemplo foi tirado diretamente — após a correção da inflação — de Daniel Kahneman, Jack L. Knetsch e Richard H. Thaler, "Fairness as a Constraint on Profit Seeking: Entitlements in the Market", *American Economic Review* 76 (1986).
3. Sobre a Coca-Cola, ver Daniel Levy e Andrew Young, "The Real Thing: Nominal Price Rigidity of the Nickel Coke, 1886–1959", MPRA Paper 1046 (University Library of Munich, 2004); sobre os preços de supermercado, ver Daniel Levy *et al.*, "The Magnitude of Menu Costs: Direct Evidence from Large U.S. Supermarket Chains", *Quarterly Journal of Economics* 112:3 (agosto de 1997), pp. 791–825; ver também Daniel Levy, "Price Rigidity and Flexibility: New Empirical Evidence", *Managerial and Decision Economics* 28:7 (2007), pp. 639–647. A história da Coca-Cola também foi elegantemente contada no *podcast* Planet Monkey, episódio 416, "Why The Price of Coke Didn't Change for 70 Years".
4. Essa história é contada por Tyler Cowen e Alex Tabarrok em seu livro-texto *Modern Principles of Economics* (Worth, 2012), p. 573.

3. Moeda, moeda, moeda

1. Jim Reid, "Money to Burn", *Observer*, 25 de setembro de 1994.
2. No momento em que eu escrevo, a filmagem aparece no YouTube, começando por volta dos quatro minutos, em "K Foundation Burn a Million Quid": http://www.youtube.com/watch?v=i6q4n5TQnpA.
3. A ilha de Yap está ficando famosa entre economistas monetaristas. Boas fontes são Michael F. Bryan, "Island Money", Federal Reserve Bank of Cleveland, 1º de fevereiro de 2004: http://www.cleveland fed.org/research/commentary/2004/0201.pdf; "Road to Riches", site da BBC News: http://news.bbc.co.uk/hi/english/static/road_to_riches/prog2/tharngan.stm; "The Invention of Money", *This American Life*, episódio 423, janeiro de 2011: http://www.thisamericanlife.org/radio-archives/episode/423/transcript.
4. Timothy Taylor *The Instant Economist*. Londres: Plume, 2012. p. 136.
5. "The Invention of Money", *This American Life*, episódio 423, janeiro de 2011: http://www.thisamericanlife.org/radio-archives/episode/423/transcript.
6. Além do excelente episódio de *This American Life*, ver Leslie Evans, "How Brazil Beat Hyperinflation", site da UCLA International, 22 de fevereiro de 2002: http://www.econ.puc-rio.br/gfranco/How%20 Brazil%20Beat%20Hyperinflation.htm.

4. Inflação na medida certa

1. Sobre o tema "bancos centrais têm superpoderes", recomendo fortemente o podcast *Planet Money*, "Europe Turns on the Bat Signal", de 6 de dezembro de 2011. Você vai ouvir que o Federal Reserve americano é como o Super-Homem, ao passo que o Banco Central Europeu é como o Batman, mais sombrio, mais temperamental e mais recalcitrante: http://www.npr.org/blogs/money/2011/12/06/143231194/the-tuesday-podcast-europe-turns-on-the-bat-signal.

2. Steve Hanke e Nicholas Krus, "World Hyperinflations", Cato Institute Working Paper, 15 de agosto de 2012: http://www.cato.org/sites/cato.org/files/pubs/pdf/WorkingPaper-8.pdf.

5. Estímulo

1. Dylan Matthews, "Did the Stimulus Work? A Review of the Nine Best Studies on the Subject", *Washington Post Wonkblog*, 24 de abril de 2011: http://www.washingtonpost.com/blogs/wonkblog/post/did-the-stimulus-work-a-review-of-the-nine-best-studies-on-the-subject/2011/08/16/gIQAThbibJ_blog.html.
2. Trabalhei na história de Reinhart e Rogoff com minha colega de BBC Ruth Alexander. "Reinhart, Rogoff... and Herndon: The Student Who Caught Out the Profs", *BBC News Magazine*, 20 de abril de 2013: http://www.bbc.co.uk/news/magazine-22223190.
3. Ethan Ilzetzki, Enrique G. Mendoza e Carlos A. Vegh, "How Big are Fiscal Multipliers?", Centre for Economic Policy Research Policy Insight 39, outubro de 2009: http://www.cepr.org/pubs/PolicyInsights/PolicyInsight39.pdf.
4. Os dados do comércio de mercadorias referem-se a 2011, tirados da base de dados de Indicadores de Desenvolvimento Mundial: http://data.worldbank.org/indicator/TG.VAL.TOTL.GD.ZS.

6. A recessão no campo de prisioneiros

1. R. A. Radford, "The Economic Organisation of a POW Camp", *Economica* 12:48 (novembro de 1945).
2. Numa famosa entrevista com a revista *Time*, em 1968, Friedman comentou que "num certo sentido, hoje somos todos keynesianos; em outro, ninguém mais é keynesiano". Ele explicou: "Todos nós usamos a linguagem e o arcabouço de Keynes; ninguém mais aceita as conclusões iniciais de Keynes." Para mais discussões, ver Roger

Garrison, "Is Milton Friedman a Keynesian?": http://www.auburn.edu/~garriro/fm2friedman.htm; e Nicholas Wapshott, "A Lovefest between Milton Friedman and J. M. Keynes": http://www.thedailybeast.com/articles/2012/07/30/nicholas-wapshott-a-lovefest-between-milton-friedman-and-j-m-keynes.html.

7. Hiatos de produção

1. Paul Krugman, *End This Depression Now!* (W. W. Norton 2012). [Tradução brasileira por Afonso Celso da Cunha Serra. Rio de Janeiro: Campus, 2012.] Ver também pronunciamentos de Ben Broadbent e David Miles: David Miles, "Monetary Policy and the Damaged Economy", 24 de maio de 2012: http://www.bankofengland.co.uk/publications/Documents/speeches/2012/speech576.pdf; Ben Broadbent, "Productivity and the Allocation of Resources": http://www.bankofengland.co.uk/publications/Documents/speeches/2012/speech599.pdf; dados do Federal Reserve: http://www.federalreserve.gov/releases/g17/current/table11.htm.

8. A invenção do desemprego

1. Citação de Henry Ford do *Zanesville Sunday Times-Signal* (15 de março de 1931), reproduzida em Wikiquote, último acesso em 18 dezembro de 2012: http://en.wikiquote.org/wiki/Henry_Ford.
2. Para mais detalhes históricos sobre Ford e a hipótese do salário de eficiência, ver Daniel Raff e Lawrence Summers, "Did Henry Ford Pay Efficiency Wages?". NBER Working Paper 2.101 (outubro de 1989).
3. Christopher Pissarides, Palestra pública da Royal Economic Society, 22 de novembro de 2012.
4. Department for Work and Pensions, "Impacts and Costs and Benefits of the Future Jobs Fund", novembro de 2012: http://statistics.dwp.gov.uk/asd/asd1/adhoc_analysis/2012/impacts_costs_benefits_fjf.pdf.

5. Crépon, Bruno, Esther Duflo, Marc Gurgend, Roland Rathelot e Philippe Zamora (2013), "Do Labour Market Policies Have Displacement Effects? Evidence from a Clustered Randomized Experiment". *Quarterly Journal of Economics*, 128(2).
6. Samuel Bentolila, Juan Dolado e Juan Francisco Jimeno, "The Spanish Labour Market: A Very Costly Insider-Outsider Divide". Último acesso em 20 de janeiro de 2012: http://www.voxeu.org/article/jobless-spain-what-can-be-done-about-insider-outsider-divide.

9. A economia da gestão

1. John van Reenen, palestra pública da Royal Economic Society, Londres, 2 de dezembro de 2010: http://cep.lse.ac.uk/textonly/_new/staff/vanreenen/pdf/res_2010_3.pdf; Nick Bloom, "Does Management Matter? Evidence from India". Stanford Working Paper: http://www.stanford.edu/~nbloom/DMM.pdf. Mais detalhes do estudo indiano estão disponíveis em Ray Fisman e Tim Sullivan, *The Org: The Underlying Logic of the Office* (Nova York: Twelve Books, 2013).
2. Kathy Fogel, Randall Morck e Bernard Yeung, "Big Business Stability and Economic Growth: Is What's Good for General Motors Good for America?". *Journal of Financial Economics* 89:1 (julho de 2008), pp. 83-108.

10. As sereias da macroeconomia

1. A. G. Sleeman, "Retrospectives: The Phillips Curve: A Rushed Job?". *Journal of Economic Perspectives* 25:1 (verão de 2011).
2. Thomas Sargent, "Rational Expectations and the Reconstruction of Macroeconomics". *Federal Reserve Bank of Minneapolis Quarterly Review* (verão de 1980): http://www.minneapolisfed.org/research/qr/qr434.pdf.

11. O culto do PIB

1. Richard A. Easterlin, "Kuznets, Simon (1901–1985)". Durlauf and Blume (eds.), *The New Palgrave Dictionary of Economics*.
2. Robert Costanza *et al.*, "The Value of the World's Ecosystem Services and Natural Capital". *Nature* 387 (1997), p. 259.
3. Carl Bialik, "Putting a Number on Happiness — The Numbers Guy". *Wall Street Journal*, 20 de julho de 2006: http://online.wsj.com/article/SB115331471730311053.html.

12. A economia da felicidade

1. Para meus próprios textos sobre o assunto no *Financial Times*, ver "Happiness: A Measure of Cheer", *Financial Times*, 27 dezembro de 2010; "The Difficult Question of Happiness", 14 de abril de 2012; "Happiness Rethink", 22 de outubro de 2010.
2. Michael Blastland, "Why It's Hard to Measure Happiness". *BBC News Magazine*, 16 de novembro de 2010: http://www.bbc.co.uk/news/magazine-11765401.
3. Angus Deaton, "The Financial Crisis and the Well-Being of Americans". *Oxford Economic Papers* (2011): http://oep.oxfordjournals.org/content/early/2011/11/02/oep.gpr051.full.pdf.
4. Richard Easterlin, "Does Economic Growth Improve the Human Lot? Some Empirical Evidence". *Nations and Households in Economic Growth* 89 (1974), pp. 89–125.
5. Will Wilkinson, "In Pursuit of Happiness Research: Is It Reliable? What Does It Imply for Policy?". Cato Policy Analysis 590 (11 de abril de 2007).
6. B. Stevenson e J. Wolfers, "Economic Growth and Subjective Well-being: Reassessing the Easterlin Paradox". *Working Paper* do National Bureau of Economic Research (2008).
7. Sara J. Solnick e David Hemenway, "Is More Always Better? A Survey on Positional Concerns". *Journal of Economic Behavior & Organization* 37:3 (30 de novembro de 1998), pp. 373–383.

8. Bill Frelick, "Bhutan's Ethnic Cleansing". *Human Rights Watch News*, 2 de fevereiro de 2008: http://www.hrw.org/news/2008/01/31/bhutans-ethnic-cleansing.
9. Ver particularmente Daniel Kahneman e Alan B. Krueger, "Developments in the Measurement of Subjective Well-being". *Journal of Economic Perspectives* 20:1 (2006), pp. 3–24.
10. Daniel Kahneman e Angus Deaton, "High Income Improves Evaluation of Life but not Emotional Well-being". PNAS, 7 de setembro de 2010.

13. Pode o crescimento continuar para sempre?

1. Tom Murphy, "Exponential Economist Meets Finite Physicist". *Do The Math* blog: physics.ucsd.edu/do-the-math/2012/04/economist-meets-physicist/.
2. Mark Aguiar e Eric Hurst, "Measuring Trends in Leisure: The Allocation of Time over Five Decades". *Working Paper* do Federal Reserve Bank de 06-02 (2006): http://www.bos.frb.org/economic/wp/wp2006/wp0602.pdf.

14. Desigualdade

1. Ruth Alexander, "Dollar Benchmark: The Rise of the Dollar a Day Statistic". *BBC Online Magazine*, 9 de março de 2012: http://www.bbc.co.uk/news/magazine-17312819.
2. John Cassidy, "Relatively Deprived". *New Yorker*, 3 de abril de 2006.
3. Thomas Gabe, "Poverty in the United States: 2011". Congressional Research Service Report for Congress, 27 de setembro de 2012: http://www.fas.org/sgp/crs/misc/RL33069.pdf.
4. University of York Social Policy Research Unit, "The Measurement of Absolute Poverty (E2/SEP/14/2000)". p. 31, Tabela 2.17: http://www.york.ac.uk/inst/spru/research/pdf/AbsolutePoverty.pdf.

5. Jonathan Portes, "Neighbours from Hell: Who is the Prime Minister Talking About?". *Not the Treasury View*, 17 de fevereiro de 2012: http://notthetreasuryview.blogspot.co.uk/2012/02/families-from--hell-who-is-prime.html.
6. "Perry Preschool Project". Website da Social Programs that Work: http://evidencebasedprograms.org/1366-2/65-2.
7. Branko Milanović, "Global Inequality by the Numbers: In history and now". World Bank Policy Research Working Paper 6.259 (novembro de 2012): http://www-wds.worldbank.org/external/default/WDS-ContentServer/IW3P/IB/2012/11/06/000158349_ 20121106085546/Rendered/PDF/wps6259.pdf.
8. CIA, *World Factbook*, consultado em março de 2013: https://www.cia.gov/library/publications/the-world-factbook/fields/2172.html.
9. *The Economist*, 15 de dezembro de 2012: http://www.economist.com/news/finance-and-economics/21568423-new-survey-illuminates--extent-chinese-income-inequality-each-not.
10. Bloomberg News, "China's Richer-Than-Romney Lawmakers Reveal Reform Challenge". 7 de março 2013: http://www.bloomberg.com/news/2013-03-06/china-s-richer-than-romney-lawmakers-show-xi--s-reform-challenge.html.
11. Emmanuel Saez, "Striking It Richer: The Evolution of Top Incomes in the United States" (23 de janeiro de 2013), tabela 1: http://elsa.berkeley.edu/~saez/saez-UStopincomes-2011.pdf.
12. Anthony Atkinson, Thomas Piketty e Emmanuel Saez, "Top Incomes in the Long Run of History". *Journal of Economic Literature* **49**:1 (2011), pp. 3–71: http://elsa.berkeley.edu/~saez/atkinson-piketty--saezJEL10.pdf.
13. Timothy Noah, "The Great Divergence". *Slate*, 3 de setembro de 2010: http://img.slate.com/media/3/100914_NoahT_GreatDivergence.pdf.

15. O futuro da macroeconomia

1. "New Model Army." *The Economist*, 19 de janeiro de 2013: http://www.economist.com/news/finance-and-economics/21569752-efforts-are-under-way-improve-macroeconomic-models-new-model-army.
2. Existem algumas exceções importantes, como Markus Brunnermeier, de Princeton, ou William White (hoje aposentado) e Claudio Borio, do Banco de Compensações Internacionais. Também há microeconomistas que foram atraídos para a macroeconomia por causa de seu interesse no sistema financeiro, como Hyun Shin, de Princeton, e John Geanakoplos, de Yale.
3. Ver J. Barkley Rosser Jr, "On the Complexities of Complex Economic Dynamics". *Journal of Economic Perspectives* 13:4 (outono de 1999), pp. 169–192.
4. Ver Henry Petroski, *Success through Failure: The Paradox of Design* (Princeton, NJ: Princeton University Press, 2008); Mattys Levi e Mario Salvadori, *Why Buildings Fall Down* (Nova York: W. W. Norton, 1994).
5. Sobre a Millennium Bridge, ver Steven Strogatz, Daniel Abrams, Allan McRobie, Bruno Eckhardt e Edward Ott, "Theoretical Mechanics: Crowd Synchrony on the Millennium Bridge". *Nature* 438 (3 de novembro de 2005), pp. 43-44; e a palestra no TED de Steve Strogatz, "Strogatz on Sync" (2004): http://www.ted.com/talks/steven_strogatz_on_sync.html.

Índice

Accenture, 182-184
Adams, Douglas: *O guia do mochileiro das galáxias*, 39, 43; *O restaurante no fim do universo*, 59, 64
Afeganistão, 219
Akerlof, George, 276, 278
Alemanha, 29, 167, 173, 180, 230, 257-258, 267; hiperinflação da década de 1920, 75-76, 92, 198; Bundesbank, 198-199, 203-204, 205; crescimento energético na, 244; ascensão de Hitler na, 11, 31-32, 198
Alexandre, o Grande, 84
Ambani, Mukesh, 265
Apple, 50-51, 70-71
Arena Kemper, Kansas City, 281
armadilha de liquidez, 100-102
Austrália, 29, 180, 267, 280-281

Babbage, Charles, 20
Bacha, Edmar, 79
Banco da Inglaterra, 21, 61, 62, 66-67, 199, 216
Banco Mundial, 182-183, 252-253, 258, 263

bancos centrais, 21, 43-44, 61-62, 66, 84-85, 87-89, 94, 96, 152; Banco da Inglaterra, 21, 61, 62, 66, 198, 216; Bundesbank, 198-199, 203-204, 205; Banco Central Europeu, 198, 203-205; independente, 123, 187, 197-199, 203-205; armadilha de liquidez e, 100-102; meta de PIB nominal, 97-100; definição das taxas de juro, 99-100; Federal Reserve dos Estados Unidos, 20-21, 61, 87, 94, 95, 101-102, 114, 198
barras de chocolate Mars, 73
Bartlett, Albert, 239-240
Bastiat, Frédéric, "*O que se vê e o que não se vê*", 36
bem-estar: mensuração do, 28, 214; comparação entre países ricos e pobres, 29; seguro-desemprego, 26, 165, 166-167; *ver também* felicidade
Bernanke, Bem, 23, 101-102
bitcoin, 72
Blanchard, Olivier, 96, 102
Blastland, Michael, 227

Bloom, Nick, 178, 182
bolha da internet, 276
Brasil, 29, 77-81, 115, 180, 264
Brooks, David, 151
Burundi, 262
Bush, George W., 24, 114
Butão, 226, 232-233
Byrne, Gay, 60-61

Cameron, David, 23, 225, 260
Canadá, 29, 180, 267Catar, 29, 215
Cauty, Jimmy, 59-63
"Censo de Quirino", 25
China: inflação dos anos 1980, 89-90; recessão atual (desde 2007) e, 115; PIB da, 29; crescimento da, 89-90, 133, 258, 262, 265; inequalidade na, 262, 264, 265-266; Bill Phillips e, 279-280; má administração na, 180; protestos da Praça da Paz Celestial (1989), 89-90
choque de petróleo da década de 1970, 131-132, 133-134, 189, 193
choques exógenos, 128, 131-132, 133-136, 137
Cingapura, 14, 17, 121
Coca-Cola, 51-52
Colchester, Nico, 73
Colombo, Cristóvão, 83
competição, 181-182, 185
computadores hidráulicos, 9-10, 16-20, 190, 282
conceito de "expectativas racionais", 195-196, 277-278
consultores de gestão, 182-185
Cooperativa de *Baby-sitting* do Capitólio, 39-42, 57, 128, 131-132, 136, 143, 150; problema da demanda e, 132-133, 138, 149; impressão de moeda e, 42, 44-45, 58, 62; preços rígidos e, 47, 51, 58, 625, 84-85
Coreia do Sul, 29, 121, 166-167
Courakis, Anthony, 70, 73
crash de Wall Street (1929), 10-11
crescimento populacional, 241-242, 244
crescimento, econômico, 28, 29, 90, 181, 193-194; da China, 86, 90, 134, 258-259, 262, 265; crítica do foco no, 208-209, 219, 239-243; dívida e, 248-249; ao final do século XIX, 221; crescimento energético e, 243-244, 245-246; problemas ambientais e, 249; exponencial, 239-241, 243, 245; política de estímulo fiscal e, 114-116; felicidade e, 208, 225, 289-291; do Japão, 32-33; metas de PIB nominal e, 97-100; "hiato de produto" e, 144-146, 147-149; médicos e, 239-241, 243; exemplo do arroz no tabuleiro de xadrez, 240-241; estagflação, 134-135, 141, 193, 197, 199; progresso tecnológico e, 244-2446, 247, 248, 269; nos Estados Unidos, 266-267
crise bancária e recessão (a partir de 2007), 114-121, 132-133, 148, 152, 216, 272, 274-275; medidas de austeridade e, 112, 117-121, 123-124; "curva de Beveridge" e, 166; comparações com a Grande Depressão, 21; na zona do euro,

114, 203-205; política de estímulo fiscal e, 114-117, 123-124; apoio do governo a bancos, 114; Grécia e, 204-205; felicidade e, 228; altos ônus de dívidas e, 96-97; erros de multiplicador durante, 116-117; taxas de juro nominais e, 99-100; choque do preço do petróleo e, 135; "hiato de produto" e, 145-146, 147-149; erro de Reinhart e Rogoff, 117-121

Cromwell, Oliver, 25

dados e estatísticas, econômicos, 25-28, 29, 222-223; Produto Nacional Bruto (PNB), 207-208, 209-211, 220; felicidade e, 28, 209, 211, 217-218, 225-228, 230-237; crítica de Lucas, 192-197, 274, 277-278, 279-280; erro de Reinhart e Rogoff, 118-120; *ver também* Produto Interno Bruto (PIB)

Deaton, Angus, 227, 234

deflação, 85-86, 96, 101

Deng Xiaoping, 265

desemprego, 146-148, 155-156, 173-174, 223; na década de 1930, 11, 26; "curva de Beveridge", 166-167, 168, 172-173, 175-176; cíclico, 165, 165-166, 167, 175; salários de eficiência e, 156, 162-163, 164-165, 277-278; custo humano do, 30-32, 156, 173, 235-236; experimentos de aconselhamento profissional intensivo, 171; na área do Mediterrâneo, 174-175; "índice de tristeza" de Okun, 30; modelos de "busca", 168-170; estagflação, 134-136, 147, 193, 197; preços rígidos e, 49, 57-58; "estrutural", 165-169, 173, 175-176; "curva de Phillips", 190-193, 194-195, 274; nos Estados Unidos, 147, 156-157, 164-165, 166-1637, 173; seguro-desemprego, 26, 165, 166-167, 172-173, 175

desigualdade, 28, 208, 223, 251, 255; entre países, 262, 263; dentro de países, 262-269; educação e, 268; mensuração da, 262-263; aumento nas nações anglófonas, 266-269; mudança tecnológica e, 268-269; *ver também* pobreza

Dinamarca, 219, 230, 258

dique de Malpasset, França, 281

dívida, 122, 124-125, 151-153; exigências de orçamento equilibrado e, 199; crescimento econômico e, 248-249; Grécia e, 203-204; inflação e, 75, 96-97; erro de Reinhart e Rogoff, 118-120

Domesday Book, 25

Dr. Fantástico (filme), 187, 189, 202, 205

Drummond, Bill, 59-63

Duflo, Esther, 171, 272

Easterlin, Richard, 226-232, 234, 235

economia comportamental, 12, 274, 276-279

economia da zona do euro, 99, 114, 121, 198; conceito de credibili-

dade e, 203-205; Banco Central Europeu, 198, 203-205
economistas clássicos, 125, 127-128, 145, 149-150, 151-153, 274; setor bancário e, 274; e a recessão atual (desde 2007), 132-133, 134, 145-146, 148, 275-276; choques exógenos e, 128, 131-132, 134-135, 137; e mercados de trabalho, 163, 164; choque do petróleo da década de 1970 e, 132, 135; exemplo do campo de prisioneiros de guerra, 128-134, 135-137, 149; conciliação com as perspectivas keynesianas, 138-141; Lei de Say, 136, 137, 138-139; perspectivas sobre o desemprego, 146-147, 156
economistas keynesianos, 124-125; setor bancário e, 274; e a recessão atual (desde 2007), 132-134, 147, 2075; prejudicados pelo choque do petróleo da década de 1970, 134-135; surgimento na Grande Depressão, 13-14; "lei de Keynes", 137, 138; e recessões, 128, 131-132, 134-135, 137-138, 143-145, 147, 149, 151-152, 276; conciliação com visões clássicas, 138, 141; *ver também* política de estímulo fiscal
educação, 28, 29, 114, 260-261, 268; mudança tecnológica e organização do trabalho e, 268-269
Einstein, Albert, 241
emissões de dióxido de carbono, 201, 211, 2145, 221, 245, 249

empréstimos, governo, 34, 35, 110, 113, 122, 152
engenharia, estrutural, 280-282
Espanha, 174-175, 205
Estados Unidos: programa de "dinheiro para latas-velhas" (2009), 114, 115-116; recessão atual (desde 2007) e, 99, 114, 147, 166-167; definição da pobreza no, 253-254, 256-258; crescimento energético nos, 2433-244, 256-258; pegada ecológica dos, 217; Federal Reserve, 21, 61, 88, 94, 96, 101-102, 114, 198; política de estímulo fiscal, 114-116; PIB dos, 29, 211; durante a Grande Depressão, 11, 26; desigualdade nos, 262-263, 264, 266-267, 268; tempo de lazer nos, 247-248; gestão nos, 180-181; mensuração da felicidade e, 228-229, 234, 235, 236, 237; política monetária nos, 114; dedução de juros da hipoteca, 172; estatísticas da pobreza, 257, 258-259; recessão de 2001, 134-135; guerra de independência, 73; tamanho da economia, 121-122; desemprego nos, 147, 156-157, 164-165, 173
estatísticas e dados econômicos; *ver* dados e estatísticas econômicas
Estônia, 121
estratégia de compromisso, 188-189, 197-202
externalidades, positivas, 170

ÍNDICE

fábrica de Trafford Park, Manchester, 161-162, 163, 164
Federal Reserve, Estados Unidos, 20-21, 87, 94, 95, 101-102, 114, 198
felicidade: recessão atual (desde 2007) e, 228; "método de reconstrução do dia", 234-235, 236, 237; paradoxo de Easterlin, 228-233, 234, 235-236; crescimento econômico e, 208, 225, 228-229, 230; Índice do Planeta Feliz, 217-218, 219; mensuração da, 28, 30, 208-209, 211, 217-218, 225-228, 230-237; pesquisas de uso do tempo, 236-237, 247-248; desemprego e, 30, 156, 235-236
Finlândia, 264
Fogel, Kathy, 181-182
Ford, Henry, 155, 156-165, 175, 277
França, 171, 180, 226, 230, 233, 235, 264, 267; taxas de pobreza, 257, 258; revolucionária, 91-92
Franco, Itamar, 79
Frank, Robert, 247
Friedman, Benjamin, 32
Friedman, Milton, 134, 193, 197
Fundação Joseph Rowntree, 256
Fundo Monetário Internacional (FMI), 96, 99, 102, 116, 117-118, 122
futebol americano, 193-194
Future Jobs Fund (FJF), 170-171

Gallup, 225
gestão, 177-185
Ghayad, Rand, 30-31

Grande Depressão, 10-11, 13-14, 25, 32, 87, 101, 107, 274
Grécia, 73, 115, 174, 180, 203-205
Greenspan, Alan, 95

Haldane, Andrew, 216
Hemenway, David, 231-232
Heritage Foundation, 219
Herndon, Thomas, 119
Hitler, Adolf, 11, 32, 198
Holanda, 267
Hollande, presidente, 24
Hong Kong, 121, 219
Human Rights Watch, 233
Hungria, hiperinflação na, 76, 92
Hussein, Saddam, invasão do Kuwait, 135
Hyun Song Shin, 271

ilusão monetária, 56-57, 84
Ilzetzki, Ethan, 121
impressão de moeda, 58, 80-81, 87-89, 94-95, 97, 102, 133, 135; exemplo da Cooperativa de *Baby-sitting*, 42, 44-45, 58, 62, 85; crise bancária (desde 2007), 114; custo de impressão de cédulas, 61-62; padrão-ouro e, 87; hiperinflação e, 73, 74-76, 83, 92-93; armadilha de liquidez e, 100-102; preços rígidos e, 46-47, 62; recursos de base e, 43-44
Índia, 29, 89, 253, 264-265; gestão na, 179, 180, 181, 182-184
inflação: espiral de salários e preços, 93-94; na China da década de 1980, 90; meta de 2%, 84, 89,

96, 97; meta de 4%, 96-97, 99-101, 102; no Brasil, 77-81; dívida e, 75, 97; o Federal Reserve e a, 101-102; no tempo de Alan Greenspan, 96; hiperinflação, 73, 74-76, 77-81, 89-90, 198; bancos centrais independentes e, 197-198; mau investimento e, 95-96; mensuração da, 223; metas de PIB nominal, 97-99; choque do petróleo da década de 1970 e, 134-135, 193; "índice de tristeza" de Okun, 30; durante uma recessão, 149; na Europa do século XVI, 84; estagflação, 134-135, 147, 193, 197; metas, 198, 201; "curva de Phillips", 190-193, 195, 273; como algo útil, 84-91, 96-102; salários e, 56-57, 85, 86, 93-94, 96-97, 99, 192, 195, 197, 200; sinais de advertência, 93-96

Irã, 92, 95, 134

Irlanda, 25, 115, 122, 210

Islândia, 115, 167

Itália, 115, 174, 180, 205

Iugoslávia, hiperinflação na, 76

Japão, 14-16, 29, 33, 99, 133, 180, 198, 231, 244, 267

Jobcentre Plus, 12

Jobs, Steve, 51

Journal of Economic Perspectives, 276

Journal of Financial Economics, 181

Journal of Money, Credit and Banking, 42

justiça, 48-51, 96-97, 174-175, 222

Kahneman, Daniel, 48-50, 132, 233-234, 236, 237, 276

Kennedy, John F., 188

Kennedy, Robert F., 207-208, 209, 211, 220

Keynes, John Maynard, 9, 24, 37, 102, 195, 271-272; *animal spirits* [espíritos animais] e, 278; *As consequências econômicas da paz*, 13; "As possibilidades econômicas de nossos netos", 239, 247, 248; *Teoria geral do emprego, do juro e da moeda*, 103, 105-106, 107, 190; "lei de Keynes", 137, 138-139; metáfora do "problema no alternador", 13-14, 37, 44-45, 127

Kissinger, Henry, 188

Klemperer, Paul, 272

Krueger, Alan, 226, 233, 236, 237

Krugman, Paul, 40, 44-45, 96, 139, 140, 147; *Um basta à depressão econômica*, 45

Kublai Khan, 66

Kubrick, Stanley, 187-188

Kuznets, Simon, 13, 26, 27-28, 213, 226

Kydland, Finn, 196, 198

Lehman Brothers, 216

Lei de Gresham, 129

Levitt, Steven, *Freakonomics*, 14

Levy, Daniel, 53

List, John, 272

livre-comércio, 112

London School of Economics (LSE), 14, 16, 11, 129, 190-191; Seminário de Lionel Robbins (1949), 9-10, 16-18

Lucas, Robert, 192-197, 273, 277, 279-280
Lula da Silva, Luiz Inácio, 264

macroeconomia: exigências de equilíbrio orçamentário, 199; sistema bancário e, 274-275; economia comportamental e, 276-279; nascimento na Grande Depressão, 11, 13-14; fronteira entre a demanda e a oferta, 149-151; David Brooks e, 151-152; abordagem estrutural combinada com abordagem de estímulo, 152-153; estratégia de compromisso e, 188-189, 197-202; teoria da complexidade e, 274, 278-279; conceito de credibilidade, 187-189, 196-205; crise de 2007 e, 275; e a teoria dos jogos, 188-189, 196-197, 277-278; gastos do governo, 21, 33-34, 35-36, 1403-113, 116-117, 122-125, 132-133, 134, 151, 153; crítica de Lucas, 193-197, 274, 277-278, 279-280; analogia com a Millenium Bridge, 280-281, 282; falhas modernas da, 271-272, 273-274, 275; natureza da, 12-13, 37; conceito de "hiato de produto", 143-149; "curva de Phillips", 190-193, 195, 273; "Máquina Phillips", 16-20, 21, 190, 282; problemas de precisão, 271-272; conciliação das visões clássica e keynesiana, 138-141; erro de Reinhart e Rogoff, 117-121; conceito de "curto prazo" e "longo prazo", 138-141, 152, 153; pensamento compartimentalizado na, 273; multiplicador fiscal, 106-121; *ver também* economistas clássicos; política de estímulo fiscal; economistas keynesianos; política monetária

Malthus, Thomas, 241-242
Mankiw, Greg, 96
Marco Polo, 66
Marshall, Alfred, 149
Martin, William McChesney, 94
McNamara, Robert, 188
McRobie, Allan, 20, 282
Meade, James, 9, 13, 16, 20
meio ambiente, 29, 208, 215-216, 249; emissões de dióxido de carbono, 201, 211, 221, 244-245, 249; mudança climática, 200-201; conceito de pegada ecológica, 217
Mendoza, Enrique G., 121
mercado imobiliário, 69, 171-172, 173, 279
mercados de trabalho: e economistas clássicos, 163, 164; em Detroit (período de 1914), 156-165; facilidade de demitir, 153; Future Jobs Fund (FJF), 169-172; modelo alemão, 173; experimentos de aconselhamento profissional intensivo, 171; procura de emprego e recrutamento, 12, 31-32; "entesouramento do trabalho", 148; modelo mediterrâneo, 174-175; leis de salário mínimo, 57, 165, 175; mudar de cidade em busca de trabalho, 171-172, 173;

"perfeito", 161-162; benefício social da formação para o trabalho, 169-170; salários rígidos e, 48-49, 57, 108, 276; modelo americano, 173-174
Merkel, Angela, 24
México, 29
microeconomia, 11-12, 105, 272; economia comportamental e, 275-276; crise de 2007 e, 275, 276; modelos econômicos baseados na, 194-195
Milanović, Branko, 263
Milgrom, Paul, 272
Millennium Bridge, Londres, 280-281, 282
moeda: bitcoins, 72; cigarros como moeda, 129131, 132, 133; cartões de débito e *internet banking*, 69; história de Drummond e Cauty, 59-64; moeda fantasma no Brasil, 78-81; padrão-ouro, 20, 33-34, 65, 66, 67-68, 71-72, 83-84, 87, 105-106; hiperinflação, 73, 74-76, 77-81, 89-90, 198; notas/papel, 65-67, 88; sal como, 67-68, 71; dinheiro de pedra de Yap, 63-66, 67, 68, 69; três papéis/funções da, 67-77, 78, 81, 90-91; guerra de independência americana e, 73; *ver também* impressão de moeda
MONIAC (*Monetary National Income Analogue Computer*, "Máquina Phillips"), 9-10, 16-20, 189-190, 282
Morck, Randall, 181-182

mudança climática, 201
mudança tecnológica, 144, 145, 242; crescimento econômico e, 245-246, 247, 248, 269; desigualdade e, 268-269; tecnologia celular, 130-131, 133-134; mudança tecnológica e organização do trabalho, 268-269
Murphy, Tom, 240, 242-243

Nakamoto, Satoshi, 72
New Economics Foundation (NEF), 217-218, 219
Noah, Timothy, 267-268
Noruega, 219-220
Nova York, cidade de, 245
Nova Zelândia, 10, 20, 198

O'Rourke, P. J., *Eat the Rich*, 23, 63
Obama, Barack, 24, 114, 116, 226, 233
Office for Budget Responsibility [Órgão de Responsabilidade Orçamentária] (OBR), 131-133
Okun, Arthur, 30
OPEP (Organização de Países Exportadores de Petróleo), 134
Organização para a Cooperação e Desenvolvimento Econômico (OCDE), 167
Orshansky, Mollie, 253, 257
Osborne, George, 24
Oswald, Andrew, 253, 257
ouro, 19, 25, 33, 65, 66, 67, 72-73, 83-84, 87, 105

pensões do governo, 199-200, 201
Perry Preschool Project, 260

Perry, Percival, 161-162, 163, 164
Petty, William, 25
Phelps, Edmund, 193, 197
Phillips, Alban William (Bill), 10-11, 13-14, 15-20, 21, 37, 127, 189-190, 282; morte de, 280; MONIAC ("Máquina Phillips"), 10-11, 15-20, 190, 282; estudo da China, 279-280; "curva de Phillips", 190-193, 195, 273, 279; serviço militar durante a guerra, 13-16, 279-280
Pissarides, Christopher, 168
Plano Marshall, 188
pobreza, 28, 251-252; definições absolutas de, 252-255, 256-258, 259; abordagens do problema da, 259-262; "transferência condicional de renda", 261-262; educação básica para crianças pobres, 261-262; definições relativas de, 255; como condição social, 255; estatísticas, 257-259; *ver também* desigualdade
política de estímulo fiscal, 102-108, 122-125, 152; suavização do consumo e, 109-110; recessão atual (desde 2007) e, 114-116, 123-124; comércio internacional e, 112-113, 121; "multiplicador fiscal", 106-121; nos EUA, 114-115; grupos de interesses e, 113
política monetária, 41-46, 66, 85, 93-94, 114; espiral de salários e preços da década de 1970, 93-94; conceito de credibilidade, 187-189, 196-205; de Alan Greenspan, 96; durante uma recessão, 41-43, 121-123, 132-133; preços rígidos e, 46-58, 84-85, 89; nos EUA, 114; *ver também* impressão de moeda
Polônia, 167
Portugal, 258
prata, 25, 83-84, 105
Pratchett, Terry, *Making Money*, 20
preços, rígidos, 46-58, 62, 84-85, 87, 89, 108, 121, 131132, 277, 278
Prescott, Edward, 196, 198
Produto Interno Bruto (PIB), 26-28, 29-30, 106, 209-212, 215-216, 219-223; produção doméstica e, 212-214; valor dos ativos e, 214-216
Produto Nacional Bruto (PNB), 207-208, 209-211, 220
Programa das Nações Unidas para o Desenvolvimento (PNUD), 28, 219, 220

Rabin, Matthew, 276
Radford, R. A., 127, 128, 130, 131, 132
Rajoy, Mariano, 24
Ravallion, Martin, 252
recessões: medidas de austeridade e, 116-121; causas da, 12-13, 32-33, 44-45; soluções de "bom senso" contraproducentes, 35; deflação e, 85-87, 96, 97, 101; demanda transferindo-se para a oferta e, 149-151; guia de quatro passos para a política fiscal durante uma, 122-125; custo humano da, 30-32, 156, 175; keynesianismo e, 128, 132, 135,

137-139, 143-145, 147, 149, 151-152, 276; soluções à esquerda do centro, 33-35, 123-124; armadilha de liquidez e, 100-102; choque do petróleo em miniatura de 1990, 134-135; política monetária durante, 41-43, 122-124, 132-133; consequências morais das, 31-33; choque do petróleo da década de 1970 e, 131-132, 135, 193; conceito de "hiato do produto", 143-149; soluções à direita do centro, 35-36, 123-124; preços rígidos e, 46-58, 84-85, 87, 108, 121-122, 131-132, 277-278; desemprego e, 165, 166, 167; salários durante, 12, 86, 87, 155, 156; *ver também* crise bancária e recessão (desde 2007); Cooperativa de *Baby-sitting* do Capitólio

Reid, Jim, 59, 60

Reinhart, Carmen, 118-120

Reino Unido: Banco da Inglaterra, 21, 61, 62, 66-67, 198, 215-216; recessão atual (desde 2007) e, 99, 114, 132-133, 146, 147-149, 152, 255; crescimento energético no, 244; empresas familiares no, 182; importância do setor financeiro, 148, 215-217; banco central independente, 198; desigualdade no, 264, 267, 268; gestão no, 180, 182; mensuração da felicidade no, 230; Office for Budget Responsibility [Órgão de Responsabilidade Orçamental] (OBR), 131-133; choques do petróleo, 134-135; taxas de pobreza, 258-259, 260; desemprego no, 166-167, 169-171

Remarque, Erich Maria, *O obelisco negro*, 75-76, 83

Renda Nacional Bruta (RNB), 208-211

renda nacional; 25, 26, 28, 209-210; *ver também* Produto Interno Bruto (PIB)

Resources for the Future, 115

revista *Punch*, 20

Rickards, James, 72

Robbins, Lionel, 9, 190

Rogoff, Ken, 118-120

Roosevelt, presidente Franklin D., 26

Roth, Al, 272

Rowntree, Joseph, 252, 256

Rowntree, Seebohm, 252-253, 254, 256-257

Rússia, 29

salários: espiral de salários e preços da década de 1970, 92-94; salários de eficiência, 156-162, 163-164, 165, 175, 277-278; inflação e, 56-57, 85, 86, 92-94, 96-97, 99, 192, 195-196, 197, 200; leis de salário mínimo, 57, 165, 175; "nominais", 56-57, 85, 90, 96-97, 190; "curva de Phillips" e, 190, 191; durante uma recessão, 12, 86, 87, 155, 156; rígidos, 48-49, 57, 108, 276-277

Samuelson, Paul, 191, 192

Sargent, Thomas, 193, 278

Sarkozy, Nicolas, 225, 233
Sarney, presidente, 78
Say, Jean-Baptiste, 136, 137, 138
Schelling, Thomas, 187-189, 196, 197
Schwarz, Norbert, 227
Segunda Guerra Mundial, 14-16, 32-33, 188
setores bancário e financeiro: ausência dos modelos macroeconômicos, 274-276; inflação e, 90-91; Reino Unido fortemente dependente dos, 148; valor para a economia dos, 215-217
Shiller, Robert, 276, 278
Smith, Adam, *A riqueza das nações*, 256
Solnick, Sara, 231-232
Somália, 219
Stevenson, Betsey, 226, 231, 233
Suécia, 180
Suíça, 29, 210-211, 267
Sunstein, Cass, 226, 233
Sweeney, Joan e Richard, 42, 44, 45

taxas de câmbio, 204, 210, 211; fixas, 121, 123-124; flexíveis, 19-20, 123-124
taxas de juros, 34, 86, 89, 91, 96, 97, 99-100, 110-111, 112, 122-123, 132-133
tempo de lazer, 247-248
teoria da complexidade, 274, 279
teoria dos jogos, 188, 196, 277-278
terremoto e tsunami de Tohoku, 133
Thaler, Richard, 276
Thatcher, Margaret, 200
The Office (programa de TV), 177

Transparência Internacional, 219
tributação, 25, 34, 35-36, 107, 109-110, 113; de emissões de carbono, 215, 249; imposto sobre o consumo, 247-248; recessão atual (desde 2007) e, 114, 124-125; redistributiva, 235-236, 247-248; imposto sobre o comércio, 113-114, 124-125

União Europeia, 29, 166-168, 198, 244, 255, 257-259
União Soviética, 92
usina nuclear de Fukushima Daiichi, 133

Van der Post, Laurens, *The Night of the New Moon*, 15
Van Reenen, John, 178, 182
Vanuatu, 217, 218
Varian, Hal, 272
Vegh, Carlos A., 121
violência doméstica, 222-223
Volcker, Paul, 20, 102, 198
Von Wachter, Till Marco, 31-32

Wolfe, Tom, *A fogueira das vaidades*, 259
Wolfers, Justin, 231

Yap (ilha da Micronésia), 64-65, 67, 68, 69
Yeung, Bernard, 181

Zimbábue, hiperinflação no, 74, 76, 92

Este livro foi composto na tipologia Palatino LT
Std, em corpo 11,5/16,5, e impresso em
papel off-white no Sistema Cameron da
Divisão Gráfica da Distribuidora Record.